丁潔 著

《華僑日報》
與香港華人社會
———
1925-1995

JPC
HK

責任編輯	向婷婷	
書籍設計	陳德峰	

書　　名	《華僑日報》與香港華人社會（1925-1995）
著　　者	丁潔
出　　版	三聯書店（香港）有限公司
	香港北角英皇道 499 號北角工業大廈 20 樓
	香港浸會大學當代中國研究所
	香港九龍塘浸會大學道 15 號
	教學及行政大樓 13 樓 AAB1301 室
香港發行	香港聯合書刊物流有限公司
	香港新界大埔汀麗路 36 號 3 字樓
印　　刷	中華商務彩色印刷有限公司
	香港新界大埔汀麗路 36 號 14 字樓
版　　次	2014 年 11 月香港第一版第一次印刷
規　　格	16 開（170 × 230 mm）300 面
國際書號	ISBN 978-962-04-3663-5

© 2014 Joint Publishing (H.K.) Co., Ltd.

Published in Hong Kong

目 錄

第一章 ....

緒論：中文報刊與華人社會

香港是世界上報業非常發達的地區之一，中文報業的起源亦很早，自十九世紀中葉以來，本地出版的中文報刊為數相當可觀，對海內外華人社會影響頗大，在近代中國報業以至全球華文報業史上，擔當着十分重要的角色。原因之一，是外國傳教士率先在香港鑄造活體中文鉛字，近代中國報刊和圖書出版，就是在中文鉛字的基礎上逐步發展起來的，中文鉛字在當時且有「香港字」之稱。第一家用活體鉛字排印的中文報紙，就是《香港中外新報》（後來稱為《中外新報》）。[1] 該報刊行逾六十年，蛻變為《香港華商總會報》，不久改組為《華僑日報》，三者實有一脈相承的關係。

　　《華僑日報》承接香港早期的辦報傳統，開創中文報紙的嶄新局面，第二次世界大戰後成為香港第一大報，見證了香港社會的急劇變化和迅速發展。該報在相當程度上亦能反映華人社會的訴求，傳達了華人精英的見解和廣大市民的心聲；在報導內地消息和服務海外僑胞兩方面，均作出了貢獻。以《華僑日報》七十年的報業歷史和報紙內容為線索，探討二十世紀香港報業的進程和香港社會的變遷，尤其是華人社會的現代化歷程，是很重要和有意義的。

第一節　香港報業的獨特角色和發展概況

　　香港報業始於 1840 年代初，早期出版的都是英文報刊，中文報刊方面，最早面世的是 1853 年 9 月創刊的《遐邇貫珍》。[2] 不但在香港，在中國內地以至全球華人社會中，這是鴉片戰爭後，最早出現、而且是用鉛字排印的中文報刊。「報刊」是報紙和雜誌（期刊）的統稱，從內容來說，報紙主要是刊登新聞，雜誌則以揭載評論為主；一般人區別報紙和雜誌的方法，多從外觀着手，因為報紙為摺疊的，雜誌為裝訂的。[3]《遐邇貫珍》是雜誌，《中外新報》是報紙，雜誌的出現是先於報紙的。

　　論者指出，報紙構成的要素包括公告性、定期性、時宜性和一般性：一、公告性，即消息傳達的方法；二、定期性，因新聞的公佈需要定期刊行；三、時宜性，一切廣義有新聞價值的材料均可包含在內；四、一般性，指普通報紙的內容有一般興味而言。前二者為報紙外觀方面的特色，後二者為報紙內容方面的特色。概括地說，報紙（newspaper）的原質「即新聞公佈之謂也」；再扼要一些，「直可謂為新聞 [news]」。[4]香港早期的報紙或為周三日刊（即星期一、三、五或星期二、四、六出版），或每日出紙，星期日都休刊。後來由於社會發展和需求漸增，加上同業競爭，每日出版遂成報紙常態，《華僑日報》首創報紙星期日照常出

版的先河。

一、香港早期的中英文報紙

在 1990 年代中，新聞史研究者李少南將香港報業史分為「精英報業」時期（1841-1873 年）、「黨派報業」時期（1874-1924 年）和「社經報業」時期（1925 年以後）。[5] 1925 年創刊的《華僑日報》，是商營企業報紙出現的標誌，可以視為「社經報業」時期的代表性報紙，而且該報一辦就是七十年，戰前、戰時及戰後持續出版，至 1995 年 1 月停刊。同年 6 月創刊的《蘋果日報》[6]，「以完全市場導向的姿態加入競爭，衝擊整個報業市場」[7]，從而躍居香港三大暢銷報紙之一。所以不妨認為，以商營企業報紙為標誌的「社經報業」時期，是 1925 年至 1995 年；1996 年以來，香港報業已踏入以完全市場導向為特色的「大眾報業」時期，銷量最多的報紙依次是《東方日報》、《太陽報》和《蘋果日報》。這是從香港報業本身的發展而言，而香港報業與近代中國報業以至海外華文報業又有千絲萬縷的關係。

早期的中文報刊都是來華的外國人創辦的，中文報紙最先都是英文報紙的附刊，1894 年中日甲午戰爭爆發以前，報界幾乎是「外報」的天下；後來這些中文報紙或歸由中國人獨立經營，而國人自辦的報紙亦逐漸抬頭，取代了外報的部分勢力，下開「民報」勃興現象。[8] 此後的中國報業，主要走兩條路線：政治性的報紙，在經濟上常有固定的輔助或津貼，對營業不甚注意；營利性的報紙，雖然時刻謀求經濟獨立，但限

於政治和社會環境，起初未有任何成就。1912 年中華民國成立後，尤其是 1926 年國民革命軍北伐以降，至 1937 年抗日戰爭爆發期間，是中國報業空前蓬勃的時期，不僅營利性的報紙在企業化的道路上邁進一步，不少政治性的報紙亦向企業化道路推進，甚至出現「企業化與政治化的合流」。推其原因，一方面由於日本侵略日亟，民氣高漲，刺激報紙銷路；一方面由於工商進步，交通發達，產生有利報紙滋長的環境。而報紙本身不斷改進，銳意於社會服務與業務推廣，益使它獲得讀者的信賴與支持。[9]

香港報業的發展情況大致相同，不過「民報」的出現顯然較內地的報業中心上海還早。所謂「民報」，就是由華人自己辦理的報紙，亦即「民辦報紙」，文人和商人所辦的報紙都包括在內。論者已予指出，在中國新聞事業發展的歷史上，香港於幾個方面都擁有特殊的地位：第一，它是中國近代報業的發祥地；第二，它曾經是國內各種政治力量共同的輿論基地；第三，它是中國大眾化的商業報紙起步較早、發展較為充分的地區；第四，不少香港報紙，立足香港面向內地和海外，其影響不僅限於香港一隅之地。[10] 以下舉述若干重要的報紙略加說明。

1842 年起，西方人士在香港相繼出版了一些英文報刊，第一種每天出版的日報是 1857 年創刊的《孖剌報》（*The Daily Press*），該報旋即創辦一種商業性質的中文報紙，名為《香港船頭貨價紙》，後來又創辦《香港中外新報》，除了伍廷芳（1842-1922）曾參與其事而廣為人知之外，該報早期的歷史缺乏可以佐證的材料。香港中文報紙最為學界注意的，首推 1874 年王韜（1828-1897）主辦的《循環日報》[11]，因其開中文報紙論政的

先河，當時連日本報界也受到香港報紙的影響；其後有《中國日報》[12]，是 1900 年孫中山（1866-1925）派陳少白（1869-1934）等人來港創辦的報紙，被譽為「革命報紙的元祖」，辛亥革命後遷至廣州出版。此外，抗日戰爭時期廖承志（1908-1983）所辦的《華商報》[13] 也備受重視；1941 年的《光明報》[14]，則是北京《光明日報》的前身。至於早期在香港社會一直佔有重要席位的商業報紙，例如向來受到香港史研究者注意的《香港華字日報》[15]，至今仍缺乏全面而深入的探討，不過學界大體上對這類報紙的價值是予以肯定的。中國報業史權威方漢奇說：

> 中國資產階級的商業報紙起步於本世紀 [20 世紀] 的最初十幾二十年，華東地區的上海和華南地區的香港，曾經是這一類報紙相對集中的地區。20 世紀 30 年代前後，上海香港兩地的資產階級商業報紙，都曾有過比較大的發展。直到抗日戰爭和太平洋戰爭爆發，才歸於沉寂。中華人民共和國成立後，經過社會主義改造，內地的資產階級商業報紙已經風流雲散，而香港則由於實行資本主義制度，這一類報紙仍然保持着強勁的發展勁頭。[16]

香港報人、報業史專家林友蘭指出，1920 年代中，「香港社會受了新增的大量人力財力所影響，各方面都起了變動，在經濟方面，最顯著的是新九龍地區的開發。在文化方面，是兩家商辦報紙的創刊」[17]。他所說的兩家商辦報紙，一是岑維休（1897-1985）創辦的《華僑日報》，另一則是《工商日報》[18]，都在 1925 年相繼面世。其後雖經香港淪陷時期的

打擊，但戰後香港報業很快復興，這是由於香港商務繁榮，是南中國一大吞吐港，又是東南亞一大商港，報紙發達實與商務繁榮息息相關；加上交通發達，無論海陸空，香港都扮演着國際橋樑的重要角色，電訊發達也促進了報紙的發展。「所以香港華僑所辦的報紙，無論在歷史上，在質量上，比諸國內任何一個通商口岸或任何一個大都市的報紙，並無遜色，甚至更為優越」，眾多的原因總結起來，「這是因為香港具有一切現代條件所致」。[19]

二、研究《華僑日報》的動機和關鍵

《華僑日報》創刊時，《循環日報》和《香港華字日報》仍是香港的大報；《工商日報》作為《華僑日報》的競爭者登場後，香港商業報紙至此已趨成熟。1938 年 8 月，又出現新的對手《星島日報》[20]；但商業報紙的發展因戰火蔓延而一度備受摧殘。第二次世界大戰結束後，始出現《華僑日報》、《工商日報》、《星島日報》三大中文報紙鼎峙爭雄的局面；直至 1984 年《工商日報》和 1995 年《華僑日報》先後停刊，這個時代也就宣告結束。代之而起的，是以娛樂性為主導的大眾化報紙；至於免費報紙的登場和日趨普及，已是進入二十一世紀的事了。

《華僑日報》刊行長達七十年，成為二十世紀香港歷史最悠久的中文報紙，這一紀錄直至 2009 年才被《星島日報》超過，該報在 2011 年已進入第七十三個年頭。如果將《華僑日報》連同它的前身都計算在內，總共有一百三十八年，在香港以至全中國報業史上，則仍然獨佔鰲頭。《華僑

日報》一向與香港各界團體關係密切，於香港社會、文化、教育等多方面都有積極參與；香港是國人往返海外和內地的南大門，長期起着橋樑的作用，該報又是以「華僑」命名的重要報刊，以服務香港和各地僑民為辦報宗旨，對於促進海外僑務和加強華人社會的聯繫，所擔當的角色是值得注意的。

　　換句話說，《華僑日報》在香港報業史、華南報業史以乃至海外華文報業史上，都佔有極其重要的地位，單是報紙本身的悠久歷史就已具有研究價值。（參閱附錄一）報上刊登的大量新聞、信息、文章和廣告等，見證了香港二十世紀前期至 1997 年回歸祖國前夕這數十年間的社會變遷和發展歷程，一套報紙有如一個龐大的資料庫，加上相關的出版物，例如華僑日報出版部持續編印了四十六年的《香港年鑑》，內容是非常完備而且可觀的。有鑑於此，就《華僑日報》作出研究的重要性實在不容忽視。關鍵在於如何以該報為脈絡，把複雜多變的香港社會發展有條理地貫串起來；而社會變遷又如何賦予《華僑日報》以時代特色，並且影響了它的命運。

第二節　報業史及新聞研究的學術回顧

　　報業史有時也稱為報學史、報刊史或新聞史，主要的研究對象是報紙；至於新聞傳播史、大眾傳播史，研究對象則包括廣播、電影、電視等較後出現的傳播媒介。有關中國報業史的著作很多，其中亦有涉及香港報業和海外華文報業的介紹；而專論香港報業發展的書，一般也注意到香港報業與近代中國的關係。回顧學界的研究成果，不難發覺對於個別報紙的探討是頗為缺乏的，包括《華僑日報》在內，香港出版的報紙極少有專書或專文作出全面論述或專題研究。

一、近代中國報業史研究述要

　　關於中國報業史、新聞史的著作為數不少，戈公振的《中國報學史》是奠基之作 [21]，曾虛白主編的《中國新聞史》[22]、方漢奇主編的《中國新聞事業通史》[23]，這些專著大多是由中國報刊的起源講起，概述中國新聞事業的發展歷程，穿插介紹重要的報刊和報人。書中通常都會提及香港幾種在報業史上有着重要地位的報紙，如《遐邇貫珍》、《中外新報》、《循環日報》等，方漢奇主編的《中國新聞事業通史》第二十五章第二節，就

是專門論述港澳新聞事業的。但是，這些著述大多集中於縷述香港新聞報業的早期歷史，即晚清時期香港的報業狀況，極少提及民國時期的香港報業發展，第二次世界大戰後的情況，甚至隻字不提。

　　還有一本很重要的著作，就是卓南生的《中國近代報業發展史》[24]。卓南生發掘許多第一手的資料，彌補了報業史研究的一些空隙，並利用這些資料考證和修訂了以往其他著作中有分歧、有錯誤的地方，且進一步提出自己的觀點。例如關於《中外新報》，卓南生找到了 1872 年 5 月 4 日的《香港中外新報》，是迄今為止所發現的最早的一份；[25] 他還找到了 1859 年間的《香港船頭貨價紙》七十九份。利用這些資料，卓南生指出早期的《香港中外新報》是周三次刊，而不是戈公振所說的兩日刊，並推斷該報是在 1873 年改為日刊的；通過比較，認為《香港船頭貨價紙》是《香港中外新報》的前身；又考證了日本刊印流傳的《官版香港新聞》和《香港新聞》，斷定所根據的中文原刊即為《香港船頭貨價紙》。[26]

　　關於香港新聞報業史的專書不多，林友蘭著《香港報業發展史》是這方面的先驅著作，收錄〈香港報業發展史略〉、〈近代中文報業先驅黃勝〉、〈一份百年前的華字日報〉、〈成舍我先生與香港報業〉、〈香港標題戰〉、〈香港的出版法與新聞自由〉、〈香港中文報業的現況及展望〉七篇文章，還有一篇〈近五年香港新聞與傳播事業〉作為附錄。[27] 此書雖然印製較為粗糙，提出的觀點往往只有簡單論證，不夠嚴謹，也屢有錯漏之處，但是作為第一本關於香港報業的專書，它保存了不少有用的資料，列舉了不少獨到的見解，記錄了作者所見所聞，林友蘭是香港資深報人，此書因而頗有回憶錄的意味。另一位研究香港報業史的重要學者

是李谷城，他有兩本專著：一是《香港報業百年滄桑》[28]，一是《香港中文報業發展史》[29]；前者以專題形式論述香港報業發展史中幾個主要方面的問題，後者則系統地闡述了香港中文報業發展的歷程。李谷城還對報紙報刊的定義予以界定，對香港報業史作出分期，並分析了過往兩岸三地的研究成果，書中記述的內容和引用的材料尚算豐富。此外，值得注意的一種是陳鳴著《香港報業史稿》[30]，該書論述了晚清時期香港報業的發展情況，對於《華僑日報》前身的《香港船頭貨價紙》和《香港中外新報》，都作了較詳細的考證和分析；李家園著《香港報業雜談》[31]，雖然不是系統性的著作，但記述了香港一些重要報紙包括《華僑日報》在內的史事，保留了不少珍貴材料和軼聞掌故。

　　在內地，最早研究香港報業史的專著是鍾紫主編的《香港報業春秋》[32]，此書是文章結集，提供了一些有價值的基本史料。但其不足之處是缺乏系統整理，而且由於時代和作者個人的局限，該書在選題和內容上顯然有左的傾向，論述或有缺乏客觀中立的一面。另一本專書是陳鳳昌的《香港報業縱橫》[33]，系統地闡述了香港報業發展的概況。難得的是，大多數關於香港報業史的專著都側重於香港報業的早期發展情況，對戰前筆墨較多，對於戰後乃至現代的香港報業發展大都研究不夠細緻，或僅敘述大概情況，或片面側重於產業經營等方面，而此書卻將研究的重點擺在戰後至九七回歸這一時期的香港報業發展，填補了過往研究的一些空白。除了這些專書以外，一些香港史著述也會專闢章節討論香港報業發展。[34] 長久以來，香港與鄰近地區的報業發展一直有連帶關係和相互影響，這方面也有若干專著加以探討，或進行比較研究。[35]

探討香港報業發展的論文實亦不多，《新聞研究資料》中有幾篇可供參考。[36] 香港學者撰寫的文章，有鄭鏡明〈香港報業斷代史 —— 香港淪陷期間的中文報業〉[37]、李少南〈香港的中西報業〉[38]、周佳榮〈香港報刊發展及研究述評〉[39]。

二、關於《華僑日報》的研究狀況

關於《華僑日報》，至今未有研究專著。上述各種香港報業史書籍，大多都會提到《華僑日報》的前身《中外新報》，對於《華僑日報》創刊和經營概況，一般也會涉及。例如：李家園著《香港報業雜談》，就有一篇〈《華僑日報》二三事〉[40]；鍾紫主編的《香港報業春秋》，收有林鈴〈歷史悠久的香港《華僑日報》〉[41]。這些文章主要介紹《華僑日報》一些軼聞，但篇幅不多，內容略為簡單，各篇的內容也有雷同。

記述《華僑日報》早期情況最為詳細的，是吳灞陵在《香港年鑑》上發表的一系列文章，包括〈華僑日報二十五年〉、〈華僑日報概況〉、〈華僑日報現狀〉和〈華僑日報之過去與現在〉等篇，內容大同小異，敘述了《華僑日報》的創立經過、經營近狀、聯營報業、出版事業及社會服務，扼要而有條理，還提及許多具體細節，可惜只寫到 1950 年代中。吳灞陵是《華僑日報》早期副刊「香海濤聲」的主編，在報社任職多年，熟悉該報歷史，所述都較具體。他還寫過一篇〈香港五十年 —— 華僑日報在半個世紀裏見到的社會面〉[42]，以一個報人身份概括了該報自創辦以來所經歷和報導的香港事情。

其後《香港年鑑》每回均有一篇介紹《華僑日報》的文章，但僅有一兩頁，不著撰人，內容又多重複。無論如何，從中仍可看到《華僑日報》的一些進展和逐年變化。最後一篇，是《香港年鑑》第四十五回刊出的〈華僑日報六十七年〉，內容談到 1990 年代初，可惜仍過於簡略。總的來說，《香港年鑑》這四十四篇連載式的專文，連同年鑑內保留的相關記載和廣告，都是研究《華僑日報》的重要文獻資料。（參閱附錄二）其他關於《華僑日報》的文章大都是根據這些材料寫成，內容相差不遠，例如〈華僑日報簡史〉[43]，基本上亦屬此類。

《華僑日報》停刊後，學者史文鴻撰寫了一篇題為〈從《華僑日報》的厄運看本港社會的轉化 —— 為何一份歷史大報會遭市場淘汰？〉的長文，闡述了自 1950 年代以降香港社會的變化，以及對《華僑日報》經營的影響，分析了《華僑日報》在 1950 年代及 1960 年代雄霸報業，到 1970 年代中衰，1980 年代風雨飄搖，1990 年代數度救亡無效乃至最終停刊的原因。[44] 至於《香港飛躍七十年：華僑日報歷史見證》[45]，則是《華僑日報》停刊後的紀念特刊。此外關於《華僑日報》的文章，多是雜記、隨筆之類的感想或憶述。[46]

《華僑日報》的廣告非常豐富，種類繁多，大小具備，可惜至今未有專深的討論。[47] 該報的副刊則較受注意，例如「兒童周刊」曾有讀者會於1988 年編印了一份題為《崢嶸歲月：原香港華僑日報兒童周刊創刊暨讀者會成立五十周年紀念》的資料冊；最值得重視的，是香港中文大學中國語言及文學系進行了一個「《華僑日報》副刊研究」計劃，於 2006 年印製了一本《〈華僑日報〉副刊研究（1925.6.5-1995.1.12）資料冊》，內容包

括：一、〈《華僑日報》副刊研究計劃概述〉；二、〈研究文章〉；三、〈口述歷史訪問〉；四、〈文藝副刊表列〉；五、〈文藝副刊創刊號版面〉；六、〈文藝副刊目錄選〉。這個研究主要集中在《華僑日報》的文藝副刊方面，並不是對《華僑日報》所有副刊或該報歷史進行全面的探討，不過研究計劃包括相關人物的口述歷史訪問 [48]，從中可以看到《華僑日報》一些鮮為人知的事情，資料彌足珍貴。

　　香港中央圖書館根據館藏資料，於 2010 年出版了名為《華僑日報》的小冊子，作為「香港早期報刊簡介系列」的一種，供讀者參考。內容主要選出該報重要版面、專刊和副刊，包括「工人世界」、「兒童周刊」、「集郵」雙周刊等，略加說明，指出「《華僑日報》的副刊是香港市民接觸中外文化的渠道之一。《華僑日報》多年來設立不同專欄，刊登文藝作品，報導文學資訊，藉此向市民介紹不同種類的文化活動，成為研究香港文學的重要議題。」[49]

第三節 《華僑日報》的研究思路和架構

在二十世紀的香港，《華僑日報》的重要性是不容置疑的，該報刊行的七十年間，經歷了香港社會發展和轉型的過程。為了釐清思路，《華僑日報》的研究價值和歷史意義，本文的研究方法和基本架構，都應先予交代；然後就各章內容和主旨，逐一作出扼要的說明。

一、研究價值和歷史意義

從《華僑日報》的歷史淵源、自身發展、聯營報刊、姊妹刊《華僑晚報》以及該報的出版物等來看，該報在香港報業史上佔有舉足輕重的地位，但時至今日，幾乎未有人對該報的歷史和報上刊載的內容展開全面而專門的研究。研究香港歷史文化的學者，引用《華僑日報》報導的情況也不普遍，相信是由於該報的重要性沒有受到適當的重視，加上篇幅龐大，翻查費時，因而較易為學界所忽略。

《華僑日報》出版時間長，連續性強，版面豐富，發行量大，立場較為中立，是一份頗具影響力的報紙。同期刊行的主要報紙不下四五十份，《華僑日報》一直都有自己的特色和位置。透過研究《華僑日報》的

歷史還可以看到香港報業以至近代中國報業的趨勢，包括：一、香港商業報業的興起和發展歷程；二、香港報紙廣告的演變和效力；三、報紙副刊和專題版面的發展，以及報紙雜誌化的趨勢，等等。除了報導新聞、刊載消息之外，它還有大量的副刊和專欄，例如專刊《彩色華僑》、副刊「僑樂村」，以及「人文」、「中國文學」、「汽車」、「音樂」、「人物與風土」、「朗誦」、「花鳥蟲魚」、「掌故」、「香港史天地」等多個周刊或雙周刊，涵蓋了文學、藝術、教育、婦女、兒童、市井民俗等方面，對推動香港文化的普及和教育的發展做出了不可磨滅的貢獻，該報甚至還成立了一個救貧助學基金，專為貧苦的大專學生和中學生提供獎助學金和貸款。因而，《華僑日報》也可以反映香港文化事業的興起過程，以及教育的逐步發展狀況。

追根溯源來看，《華僑日報》一直從香港及海內外華人的立場和利益出發，特別是為他們提供經濟貿易、交通旅遊等方面的信息，從而受到人們的歡迎和關注；《華僑日報》也刊登了不少關於華商、華僑的新聞、消息、廣告等，通過研究《華僑日報》及其前身，可以瞭解海內外華人的生活狀況和事業發展，華僑的遷移和定居情形，海外華人社區的形成等等。這些方方面面的問題，都可在《華僑日報》上找出答案。然而論述中文報業史的著作，對《華僑日報》及與該報有關係的幾種報刊向來缺乏足夠的重視。

總的來說，《華僑日報》的發展可以與香港的社會變遷形成一個互動關係，該報由成立、受挫、復興、鼎盛、滯後、易手以至停刊，都與當時香港的社會狀況息息相關，社會變遷帶動了報紙的發展，也深刻地影

響了這份報紙的興衰軌跡。《華僑日報》自身的影響力和歷史作用,也反過來對香港進程施加了一個助力,在香港的社會、經濟、政治、文化層面留下了它獨特的烙印。最能反映《華僑日報》與香港社會之間這種互動的,莫過於該報與香港文教、工商和福利社團的關係。《華僑日報》及其前身都與香港及海內外的社團有良好的聯繫,樂於報導與社團相關的新聞,因此是社團發佈公告、消息和刊登廣告的首選報紙之一。在海外華人社會史上,《華僑日報》亦是刊行歷史較長的華僑報紙之一。可以說,《華僑日報》為香港及海內外社團研究提供和保存了大量詳實的史料,透過它,可以看到香港華人社團發展的清晰脈絡。

可以肯定的是,《華僑日報》由一開始就相當重視報導經濟新聞、商業信息、船期消息等香港華人及華人社團較為關注的內容;在立場上,該報多為社團着想,關注他們的利益,樂於作為社團提供發佈信息的平台。另一方面,香港的社團在《華僑日報》的創立、發展過程中提供了助力;社團成員及相關人士,作為該報的重要讀者群、訂閱戶和信息及資料的供給者,影響了報紙報導的內容和傾向、立場等;報紙可以起到消息流通和呼籲群眾的作用,一些社團還與《華僑日報》展開合作,共同服務社會,造福地方和祖國。

二、研究方法和基本架構

《華僑日報》本身是香港歷史文化的一個組成部分,該報更是研究香港社會發展的珍貴材料。本書擬就《華僑日報》前身三種報紙及該報本身

的刊行經過作全面性的系統論述，並對報上登載的消息、文章、圖片、廣告等作詳細統計，分析該報在不同時期的內容和特色，進而探討《華僑日報》與本地乃至內地、海外社團的關係，分析該報在香港社團的發展歷程中所擔當的角色，以及香港社團對該報所作出的回饋，從而考察二十世紀香港中文報刊與華人社會發展之間的一個互動關係。

　　本書最重要的研究資料，是《華僑日報》的報紙原件和微縮膠片。報紙方面，主要保存在香港中央圖書館、香港大學圖書館和香港中文大學圖書館，由於年代久遠，舊報紙又保存不易，大部分已經不供讀者使用了，不過現時仍可看到戰前、戰時和戰後少量報紙原件。微縮膠片方面，香港中央圖書館、香港大學圖書館及香港中文大學圖書館都有收藏。其中，香港中央圖書館的膠片拷貝複製自香港大學圖書館，這個版本比較齊全，收入了《華僑日報》自 1925 年創刊以來，直至 1995 年它停刊為止的報紙微縮膠片，但仍不無缺漏，蓋因為報紙原件早已有所遺失，或者由於質素太差而無法清晰影版。香港中文大學圖書館的《華僑日報》膠片只收戰後報紙，即從 1945 年開始。《華僑晚報》於戰後創刊，但因圖書館很少保留晚報，亦沒有微縮膠片，只有少量原版報紙可見。例如香港歷史博物館便藏有日佔時期《華僑日報》二十份（1944 年 9 月 30 日至 1945 年 8 月 6 日）及《華僑晚報》十份（1945 年 7 月 12 日至 8 月 10 日）。[50]

　　必須強調，由華僑日報出版部編印的《香港年鑑》，總共有四十六巨冊，是研究《華僑日報》必備的參考文獻；年鑑的內容大都根據報社資料寫成，執筆者又多是報社人員，在很大程度上，可以把《香港年鑑》視為

《華僑日報》的年度報告或它的濃縮版本。香港浸會大學圖書館完整收藏
了整套《香港年鑑》，香港大學、香港中文大學等院校的圖書館都有，
不過間中出現缺頁，有時要用不同圖書館的收藏互相補足。《華僑日報》
其他相關的出版物不下十數種，散見於本港各大圖書館，其中最重要的
是何建章、歐陽百川、吳灝陵、岑才生合著的《報紙》一書，對報社組
織和報紙印刷等都有交代，是新聞教育的參考，有如《華僑日報》的說
明書[51]。至於在《華僑日報》刊行期間出版的報紙，為數甚多（參閱附錄
三），主要如《工商日報》、《星島日報》等等，大抵都能保存下來，必要
時可供參考。

　　近代中國的新聞事業與社會變遷息息相關，論者指出，中國近代史研
究已經形成三種範式，第一種是「革命化」範式，第二種是「現代化」範
式，第三種是新興的「民族國家」範式。而與上述三種研究範式相對應，
就形成了三種中國新聞史的話語體系：「革命化範式突出輿論動員、宣傳
引導，現代化範式強調新聞自由、思想啟蒙，民族國家範式講究國家認
同、專業主義等。」[52]

　　《華僑日報》屬商業報紙，不過具有強烈的華僑關心國事的心態，在
一方面，它應對市場要求信息公開、及時，所以推崇新聞自由；另一方
面，又突出僑民對祖國的認同感。換言之，「現代化」範式和「民族國家」
範式較有助加深對《華僑日報》的認識；不過，在近代中國激昂的革命情
緒影響下，「革命化」範式亦非可以置諸不理，所以三者應該兼容而不應
相互排斥，始能深化對相關問題的剖析。範式轉換的意義，在於打開我
們的歷史思維空間，從更加寬廣的視角去觀察和解釋歷史，可以進一步

逼近歷史的真實。

在中國新聞思想史上，有三種較為成型的「報刊角色觀」，其一是變革政治的「輿論喉舌」，其二是傳播新聞的「職業組織」，其三是組織工作和運動的「指導機關」，《華僑日報》屬於第二種。作為社會的一個「職業組織」，這種報業具有以下兩大角色特徵：第一就是「公共性」或「公益性」，意思十分明確，報業就是為社會公眾服務的，「公共性」使報業與社會公眾的關係形成一種「福利」關係，換句話說，報業是社會的「公用事業」，為公眾的利益服務；第二就是「營業性」，即報紙作為一種商品，其生產、銷售完全由市場所決定，因為報紙產生於現代社會普遍的信息需要，報業與公眾之間形成供求的關係，所以報業的角色具有「營業性」的一面，廣告和發行對報紙商業化都是很重要的。「公共性」和「營業性」構成了報業作為「職業組織」的雙重性格，說得具體一些，就是「以公益為精神，以營業為手段」。報紙傳播的內容，就是以新聞為中心；傳播者的職業角色，就是作為社會的耳目；而傳播目的就是信息的傳遞與交流，報紙的社會功能首先在於滿足公眾對信息交流的需求，其次則在於促進社會乃至整個人類的和諧與進步。[53]

對報紙媒體進行系統的研究，大致上包括報紙和相關出版物（媒體本身）、報人或發行人（媒體製造者）、讀者（媒體受眾或反應者）和社會（媒體所處的環境）這幾個組成部分。論者指出：「作為語言和交流最典型性的載體之一，報紙媒體既是一種客觀的信息傳播的物質載體，又是形成、複製、擴散和強化社會輿論的重要工具。」尤其是在二十世紀前期，電台廣播和電影、電視等媒體形式或未出現，或未成為普及的傳播

方式，報紙媒體有着普遍的影響力，報人得以運用他們擁有的資源和掌握的話語權，向社會群體宣揚自己的思想和理念。「由此在社會中創造了一個有別於官方的公共輿論空間，使各種信息成為這一空間和群體關注的中心。」[54]

近年來，「公共領域」（public sphere）理論和「市民社會」（civil society）理論被應用於近代現代中國史研究之中，成為審視歷史的一種理論視角；就報紙媒體而言，讀者通過閱讀報紙和參與討論的方式，形成了一個閱讀公眾的群體，形成了一個相對密切的公共交往網絡，並且對社會發展形成一定的助力。[55] 按照這種「公共領域」理論，《華僑日報》是香港華人社會「公共領域」出現的重要標誌，對於探討《華僑日報》與轉型社會之間錯綜複雜的關係是相當有啟發意義的。

這些新聞學理論和觀點，主要是應用於加深對《華僑日報》歷史的認識，探討報紙與社會變遷的關係，以及從歷史進程看報紙的角色。本文採取歷史學的研究方法，包括：一、搜集和整理材料；二、探討和歸納史事；三、分析和研究問題。概括地說，就是在通覽報紙、年鑑等基本原始資料之後，結合其他文獻著述，勾勒出與《華僑日報》創辦和刊行期間種種相關的史實情況，進而探討研究對象 —— 尤其是《華僑日報》與香港社會發展及其與工商、文教社團和讀者群組之間的互動關係。由於本研究涉及報業發展、新聞史和大眾傳媒，所以在必要時亦會參考這方面的著作以及採用一些相關的理論，例如內容分析法，以分類量化的方式研究報紙的內容，探求其言論的立場及態度的形成，務使研究和分析能夠更加深入。本書分為八章，內容架構如下：

　　第一章是緒論，旨在說明中文報刊與華人社會的關係，首先闡述了香港報業的獨特角色和發展概況，接着對報業史及新聞研究作了必要的學術回顧，然後交代研究《華僑日報》的動機、思路、方法和基本架構。

　　第二章記述《華僑日報》創辦的經過、辦報宗旨和創始時期的新氣象，對於該報前身 ——《香港船頭貨價紙》、《香港中外新報》和《香港華商總會報》的情況，亦作了一些必要的探討和說明，並分析了《華僑日報》成功發展起來的幾個要素，尤其是在香港、廣州、澳門三地都有聯營報紙，從而形成一個華南報業集團。

　　第三章探討《華僑日報》與戰前香港社會變遷，尤其是該報關於省港大罷工的報導，在聯繫和促進華人社會團結方面所作的貢獻，以及該報在香港淪陷期間的情形。與香港社會同步成長，克服時代變遷所帶來的種種困難，在眾多的中文報紙中脫穎而出，從而奠定了戰後五十年間的基業。

　　第四章論述戰後香港社會復興與報業發展的情況，集中闡明《華僑日報》新增的各種業務，包括刊行《華僑晚報》、編印《香港年鑑》和成立出版部，探討《華僑日報》如何在戰後加強報紙版面和改進報社設施，以及該報與工商社團的關係。

　　第五章分析《華僑日報》的組織和營運狀況，介紹了該報的主要成員岑維休、岑才生父子，以及歷任總編輯和編採人員等，並就該報的讀者對象作了說明，旨在解構報紙媒體與社會受眾的互動關係。

　　第六章交代《華僑日報》後期的改革方向、廣告策略和社會聯繫，探討該報兩度易手及停刊的因由，藉此說明香港社會轉型對該報所造成的

影響。坊間報刊文章對《華僑日報》的感想和評論，均有助於加深對該報的認識。

第七章剖析《華僑日報》參與香港社會福利和文教事業的具體情況，包括賑災籌款及各種社會服務，並敘述該報與東華三院、保良局、香港保護兒童會等慈善團體的關係，對於《華僑日報》發起和持續舉辦了三十多年的救童助學運動，且有詳細的記述。

第八章是結論，總括全文，首先從《華僑日報》的歷史分期看香港社會發展趨勢，然後闡述該報與華人社會和文化的互動關係，以及評價該報的貢獻和歷史地位。

總的來說，本書第一章就研究課題展開論述，第二、三章集中說明戰前的《華僑日報》，第四至七章探討戰後該報從興盛到式微的轉變，並且凸顯了該報在不同時期的表現和特色，尤其是對工商、文教、慈善事務的注重；章節編排也考慮到該報的階段性發展，第二、四、六章概括了《華僑日報》前期、中期、後期的狀況，第三、五、七章論述了該報與香港華人社會的關係和互動情形，最後在第八章中就有關課題作了回應和總結。

註釋

1　林友蘭著《香港報業發展史》（台北：世界書局，1977 年），第 1 頁。

2　《遐邇貫珍》（*Chinese Serial*），香港英華書院主辦。月刊，每期均附英文目錄；十六開線裝書形式，每冊十二頁至二十四頁不等。內容有論說、新聞、廣告等，1956 年停刊。

3　戈公振著《中國報學史》（長沙：岳麓書社，2011 年），第 4 頁。

4　戈公振著《中國報學史》，第 6-11 頁。

5　李少南〈香港的中西報業〉，王賡武主編《香港史新編》下冊（香港：三聯書店，1997 年），第 513 頁。

6　《蘋果日報》創於 1995 年 6 月 20 日，創辦人是黎智英。當時香港中文報章每份售價是五元，該報出版初期以優惠券形式，變相售賣兩元，藉以刺激銷量，由此掀起報紙減價戰，導致 1995 年下半年間有幾份報紙停刊。

7　《香港報業 50 載印記：香港報業公會金禧紀念特刊》（香港：明報報業有限公司，2004 年），第 42 頁。

8　戈公振著《中國報學史》，第 17 頁。

9　曾虛白主編《中國新聞史》（台北：三民書局，1966 年），第 351 頁。

10　陳昌鳳著《香港報業縱橫》（北京：法律出版社，1997 年），方漢奇〈序〉；〈香港報業縱橫〉，《方漢奇文集》（汕頭：汕頭大學出版社，2003 年），第 651-652 頁。

11　《循環日報》是中國人主辦的早期報刊之一。王韜於 1862 年從上海到香港，長期在英華書院工作，1872 年集股購買英華書院印務部的器材，成立中華印務總局。1874 年在這個基礎上，創辦《循環日報》，王韜常在報上發表評論，是中文報刊上有政論之始。由於出版時間長，在香港和境外都很有影響力。太平洋戰爭爆發前，還經營《循環晚報》和《香港朝報》。日本侵佔香港期間，曾將該報與他報合併而成《東亞晚報》；戰後一度以原名復辦，1946 年 9 月停刊。

12　《中國日報》初時是興中會所辦，1905 年成為中國同盟會的機關報，先後由陳少白、

馮自由（1881-1958）擔任社長。1911 年辛亥革命爆發後移到廣州出版，1913 年停
刊。該報附屬的《中國旬報》也很有名。

13 《華商報》創於 1941 年，以堅持團結和抗戰為辦報方針，旗幟鮮明地宣傳抗日，日軍
侵佔香港期間停刊，抗戰勝利後復刊。1949 年 10 月，《華商報》自動在香港停刊，
進入廣州，籌辦中共機關報《南方日報》。

14 《光明報》是中國民主政團同盟在香港的機關報，社長是梁漱溟，宣傳抗戰，呼籲實行
民主自由與法制。日本侵佔香港期間停刊，其後兩度復刊，1949 年 6 月，改在北京
出版《光明日報》。

15 《香港華字日報》創於 1872 年，其前身是《德臣西報》的中文版《中外新聞七日報》
（逢星期六發行）。《香港華字日報》創刊時的主筆，是著名報人陳藹亭。1919 年報社
失火，從此脫離《德臣西報》，自立門戶，成為香港重要的中文日報。1941 年 12 月，
日軍侵佔香港，該報由是停刊，結束了七十七年的出版歷程。戈公振《中國報學史》
說：「陳氏邃於國學，因鑑香港割讓於英以後，華人以得為買辦通事為榮，不特西學僅
得皮毛，且將祖國文化視若陳腐，思借報紙以開通民智，乃展轉向教會西人，購得舊
鉛字一副，編輯陳氏自任之，印刷發行由《德臣報》任之。」（第 66 頁）

16 陳昌鳳著《香港報業縱橫》，方漢奇〈序〉；〈香港報業縱橫〉，《方漢奇文集》，第
651-652 頁。

17 林友蘭著《香港報業發展史》，第 39 頁。

18 《工商日報》由洪興錦、容守正等人創辦，1929 年 12 月改組為股份公司，何東
（1863-1956）任董事長。1930 年 11 月增版《工商晚報》，1933 年 2 月加出《天光
報》，日軍侵佔香港期間停刊。1946 年 2 月，《工商日報》和《工商晚報》復刊，至
1984 年 11 月，兩報同時停辦。

19 吳灞陵〈報紙之史的發展〉，見何建章、歐陽百川、吳灞陵、岑才生合著《報紙》（香
港：華僑日報有限公司，1955 年），第 2-3 頁。

20 《星島日報》是華僑企業家、永安堂虎標萬金油東主胡文虎（1882-1954）創辦，同時
出版《星島晚報》。香港淪陷期間，報社被日軍接管，改名《香島日報》，戰後日報和
晚報均恢復以原名出版。《星島晚報》於 1996 年 12 月停刊，《星島日報》刊行至今。

21 戈公振著《中國報學史》（上海：商務印書館，1927 年），是研究中國報業史的必讀

之書，其後面世的專著大多是以此書為參考依據。但是此書成書年代較早，資料缺乏，書中有不少錯漏之處，也影響了不少其他書籍出現同樣的錯誤。按：長沙岳麓書社 2011 年重排本是以 1955 年三聯書店版為底本編印的。

22　曾虛白主編《中國新聞史》（台北：三民書局，1966 年）。

23　方漢奇主編《中國新聞事業通史》三卷（北京：中國人民出版社，1992 年）。

24　卓南生著《中國近代新聞成立史》（東京：ぺりかん社，1990 年）出版後，著者撰寫了此書的中文版《中國近代報業發展史，1815-1874》（台北：正中書局，1998 年），其後有所補充，另出《中國近代報業發展史：1815-1874》增訂本（北京：中國社會科學出版社，2002 年）。

25　在此之前，可見到的最早的《中外新報》是載於戈公振《中國報學史》上一張 1912年的報紙。

26　卓南生著《中國近代報業發展史》，第 99-146 頁。

27　林友蘭著《香港報業發展史》，書首有成舍我撰寫的〈成序〉，強調香港新聞史是中國新聞史的一部分；著者〈自序〉，認為「國內一部分人士，多年來一直把香港中文報業當做『海外』報業，這個觀念，現在也許已到轉變的時候了」（第 2 頁）。

28　李谷城著《香港報業百年滄桑》（香港：明報出版社，2000 年），主要記敘香港早期中、英文刊物，中國名人與香港報業，抗戰時期香港報業的狀況，和近五十年來香港報刊創辦情形等。

29　李谷城著《香港中文報業發展史》（上海：上海古籍出版社，2005 年），分十章介紹香港報業史的分期及演變，交代了抗戰勝利後國共兩黨在香港的新聞宣傳活動，和香港本地中間派報刊的政治分化情形。

30　陳鳴著《香港報業史稿》（香港：華光報業有限公司，2005 年），分六章探討中國近代報業的源頭、香港報業史分期、清末香港英文、葡文、日文、中文報刊和香港新聞出版法概要。

31　李家園著《香港報業雜談》（香港：三聯書店，1989 年），收錄有關香港報壇舊事見聞的文章二十六篇。

32　鍾紫主編《香港報業春秋》（廣州：廣東人民出版社，1991 年），收錄了關於香港報業研究的文章三十九篇，多為老報人的回憶和論述。

33 陳鳳昌著《香港報業縱橫》（北京：法律出版社，1997 年），是作者在新聞史權威方漢奇教授指導下完成的博士論文。

34 例如余繩武、劉存寬主編《十九世紀的香港》（香港：麒麟書業有限公司，1994 年）第七章第二節〈創辦報刊〉，就專門介紹了香港早期中英文報紙的創辦情況。

35 例如：方積根、王光明編著《港澳新聞事業概觀》（北京：新華出版社，1992 年），鍾大年主編《香港內地傳媒比較》（北京：北京廣播學院出版社，2002 年），柯達群著《港澳當代大眾傳播簡史》（香港：香港中國新聞出版社，2009 年）。

36 例如：潘賢模〈鴉片戰爭後的香港報刊〉，《新聞研究資料》總第 11 輯（1982 年）；秦紹德〈我國近代新聞史探微 —— 兼論香港、上海早期報刊〉及雷渝平〈1988 年的香港新聞事業〉，《新聞研究資料》總第 48 輯（1989 年）；卓南生〈早期香港傳媒與國家民族意識〉，《新聞研究資料》總第 55 輯（1991 年）；謝駿〈香港初期報業研究〉，《新聞研究資料》總第 59 輯（1992 年）等。這些文章多集中於論述香港早期報業。

37 載《明報月刊》第 23 卷第 10 期（1988 年）。

38 載王賡武主編《香港史新編》下冊。

39 載《當代史學》第 7 卷第 4 期（2006 年）。

40 李家園著《香港報業雜談》，第 58-64 頁。

41 鍾紫主編《香港報業春秋》，第 49-54 頁。

42 《華僑日報》，1975 年 6 月 5 日，第 3 張第 1 頁。

43 載《華僑日報六十周年紀慶專刊》（香港：華僑日報，1985 年）。

44 《星島日報》，1995 年 1 月 15 日，第 50 頁。

45 《香港飛躍七十年：華僑日報歷史見證》（香港：香港南華早報出版有限公司，1995 年）的內容，主要摘錄《華僑日報》出版期間香港社會的大事，對該報本身的歷史着墨甚少，此書出版目的之一是向社會各界傳達《華僑日報》救童助學基金由《南華早報》管理的訊息。

46 例如：周蜜蜜〈華僑日報〉，《香港聯合報》，1995 年 1 月 12 日；林保華〈《華僑》停刊和香港報業〉，《香港聯合報》，1995 年 1 月 14 日；蔣英豪〈華僑〉，《香港聯合報》，1995 年 1 月 15 日；謝盈〈《華僑日報》停刊，報壇再起風雲〉，《經濟一周》總第 691 期，1995 年 1 月 15 日；蒲楓〈華僑日報〉，《星島日報》，1995 年 1 月 16

日；毛孟靜〈華僑〉，《明報》，1995 年 1 月 20 日。

47　《融會中西的香港文化 —— 新亞中學歷史考察小組報告》（香港：獲益出版事業有限公司，2000 年），當中有〈早期《華僑日報》的版面變化與廣告設計〉一文，資料收集和文字撰寫是由該校歷史科老師帶領一組學生完成，內容相對簡單。

48　《〈華僑日報〉副刊研究（1925.6.5-1995.1.12）資料冊》收錄的口述歷史訪問，有訪問社長岑才生和編輯甘豐穗（甘兆光）、江河、何天樵以及作者阿濃（朱溥生）的記錄，透露了不少關於報社歷史、人員去留和副刊作者等情況，補充了文獻載錄的不足。

49　香港中央圖書館五樓微縮資料閱覽區《華僑日報》（香港早期報刊簡介系列，香港：康樂及文化事務署，2010 年）。

50　《華僑日報》，1984 年 6 月 7 日，第 3 張第 3 頁。

51　何建章、歐陽百川、吳灞陵、岑才生合著《報紙》（香港：華僑日報有限公司，1955 年）共有七章，包括：吳灞陵〈報紙之史的發展〉，岑才生〈香港報紙的組織〉、〈報紙出版程序〉、〈甚麼是新聞〉、〈怎樣讀報〉，何建章〈畧論記者工作與修養〉，歐陽百川〈編輯工作概說〉。書中列舉事例和採錄圖片，足以說明 1950 年代報社內部的運作情況。

52　李彬著《中國新聞社會史（1815-2005）》（上海：上海交通大學出版社，2007 年），第 34 頁。

53　黃旦、丁未〈中國報刊思想史中的三種報刊角色觀〉，俞旭、郭中實、黃煜主編《新聞傳播與社會變遷》（香港：中華書局，1999 年），第 17-28 頁。

54　侯杰著《〈大公報〉與近代中國社會》（天津：南開大學出版社，2006 年），第 5 頁。

55　[德] 哈貝馬斯（Juergrn Habermas）著，曹衛東譯《公共領域的結構轉型》（上海：學林出版社，1999 年），第 3 頁。

第二章

《華僑日報》創辦經過和前期進展

《華僑日報》承接着《香港華商總會報》改組而成,《香港華商總會報》的前身是自十九世紀中葉已刊行的《香港中外新報》,該報是英文《孖剌報》的中文版,有逾半個世紀的悠久歷史。但《香港中外新報》的創刊年份、辦報人士,以及何時改名為《中外新報》,眾說紛紜。另外,《孖剌報》在 1857 年刊印一種名為《香港船頭貨價紙》的中文報紙,有的學者認為它是《香港中外新報》的前身,至於改組為《香港中外新報》是在何時則不得而知。即是說,作為《華僑日報》前身的報紙應有三份,依次是《香港船頭貨價紙》、《香港中外新報》和《香港華商總會報》,前後刊行總共長達六十八年,是香港早期華人社會的重要記錄和資訊來源,「這史前光榮的一頁,創出了《華僑日報》後來的成功」。[1]

　　《華僑日報》的創辦人岑協堂、岑維休等以「在商言商」的原則經營該報,從原先「華商」的立場擴展到「華僑」,於刊行之初即具有服務各地僑民和造福華人社會的志趣,這從該報創辦的宗旨可以充分反映出來。在動盪不安的 1930 年代,《華僑日報》得以脫穎而出,躍居本港有代表性地位的中文報紙,而且成為華南地區一大報業集團,這既與該報本身的出色表現有關,同時也是時代趨勢使然。

第一節　作為「前史」的三種先驅中文報紙

《華僑日報》強調繼承《中外新報》的傳統，而《中外新報》的創辦又與《香港船頭貨價紙》有密切關係，後來《中外新報》改組為《香港華商總會報》，所以《華僑日報》的「前史」共有三種報紙。在香港以至中國報業史上，這三種報紙各具獨特的地位，不過可據的記載很少，有關說法亦存在若干分歧和疑點，而報紙原件又幾乎散失殆盡，無從作有條理的闡述。茲就僅有材料說明各報刊行概況，釐清《華僑日報》的背景。

一、《香港船頭貨價紙》

要從頭追溯《華僑日報》的歷史，就要由香港第一家英文報紙講起。這份西報就是 1857 年 10 月 1 日創辦的《孖剌報》，初期報頭印有中文名稱「每日雜報」。該報最初的出版人是美國商人賴德（George M. Ryder），不過從創刊時起，英國商人孖剌（Yorick Jones Murrow，1817-1884）即為該報最主要的決策人物，他並於 1858 年收購了該報的全部股份，早期香港華人習慣上以辦報人的名字作為報紙名稱，所以叫它做《孖剌報》，又作《孖剌西報》[2]。至於《中國郵報》（*The China Mail*）則叫《德臣西

報》[3]，《香港電訊報》（*The Hongkong Telegraph*）俗稱《士蔑西報》[4]。《孖剌西報》是香港第一份每天上午出版的日報（早刊）[5]，在當時頗有影響。據說該報曾印製《英華字典》，購買過一套中文活字，於是，在英文報紙刊行一個月後，1857 年 11 月 3 日，就利用那批中文活字另出中文版，名為《香港船頭貨價紙》。周三次刊，逢星期二、四、六出版，單張兩面印刷，大約可容納四千多字的內容，當中只有三四百字為新聞，其餘都為商船往來消息、廣告及通告等。[6] 在中國報刊史上，這是最早的經濟類報紙和最早以單頁報紙形式兩面印刷的中文報紙。

現時所見的《香港船頭貨價紙》，右上角登有一則啟事：

> 啟者：此紙係在孖剌處每日所印之新聞紙同館印刷，每逢禮拜二、禮拜四、禮拜六為期，遍派香港各舖戶，每月收回銀一大員 [圓]。如貴客有事要印落此紙內，務宜早一日走字通知未士孖剌，便妥印刷。唐字價錢如左：一凡每次落唐字者，五十個字已 [以] 下收銀一員 [圓]；倘五十個字已 [以] 上，每字收銀一個先士。如欲再落者，每個禮拜照前一半算。如意者祈請到本館印刷便是。未士孖剌新文紙館謹啟。

另一則啟事云：

> 啟者：唐人如有切要時事，或得之目擊，或得之傳聞，不論何事，但取其有益於唐人，有合於同好者，均可攜至本館刻印，分文不

取，特此佈聞。新聞紙館謹啟。[7]

　　這類刊載船期和貨品價錢的資訊報紙，頗受商界人士歡迎，在鄰近地區以至日本，亦受注意。有一說認為，《香港船頭貨價紙》其後改名為《香港中外新報》，擴充篇幅和內容，但何時改名則無一致說法，多數都說是在 1858 年，這是根據該報後期的報頭資料，學界殆成定論。另有新說認為，日本於 1861 年起翻印《香港船頭貨價紙》，改名《官版香港新聞》，除記載船期、貨價外，還有新聞，並加日文註解；還出版日文版，稱為《香港新聞紙》[8]。若以日本翻印《香港船頭貨價紙》一事為佐證，結合其他推斷，則改組為《香港中外新報》是在 1864 年至 1865 年間，但此說目前仍欠確鑿憑據。

　　學者卓南生認為，繼《香港船頭貨價紙》之後，《孖剌報》創辦了一份名為《香港中外新報》的中文報紙，《香港船頭貨價紙》應該就是《香港中外新報》的前身。他強調以當時香港的情況，《孖剌報》同時印行兩種中文報紙是不可能的，因此兩者應是接續的關係。他又指出，改名《香港中外新報》大概是在 1864 年 9 月至 1865 年 4 月間。[9]《香港中外新報》起初也是周三次刊，不久改為日刊，白報紙鉛印，出紙一張，除新聞外，還刊載船期、貨價、行情和廣告。據現時所見報紙得知，早期《香港中外新報》，報頭有「並附船頭貨價行情」字樣，且註明「一三五行情紙，二四六新聞紙」。《香港船頭貨價紙》則每逢星期二、星期四、星期六出版，當時商戶店舖都很注重「行情紙」，兩報配合起來，由星期一至星期六都可以提供最新資訊，所以有一段時間，兩報同時出版的可能性是存

在的。因此不必要由於《香港船頭貨價紙》仍在印行，而要將《香港中外新報》創刊的年份推遲。換言之，《香港船頭貨價紙》創於 1857 年；大多數記載都說《香港中外新報》創於 1858 年，學界至今沒有足夠證據推翻此說。

早在 1853 年至 1856 年間，香港已有過一種叫做《遐邇貫珍》的中文月刊，但它採取的是小冊子的形式，因此《香港船頭貨價紙》，作為中文商報的濫觴；尤其是《香港中外新報》，更被認為是中國最早的近代意義上的中文報紙。該報重視商業消息，受到粵港商人的歡迎，行銷不限於香港一地，可能由於這個緣故，後來報名刪去「香港」二字，而稱《中外新報》。晚清光緒年間（1875-1908 年），《香港中外新報》兩次增加篇幅，可能就是在這個過程之中，刪除了報名「香港」二字。

二、《香港中外新報》/《中外新報》

《華僑日報》視《中外新報》為「史前的光榮」，曾在早期報史論述中隆重其事。吳灞陵於介紹《華僑日報》創辦經過時，就這樣說：

> 《華僑日報》創刊於中華民國十四年六月五日（一九二五年），直至現在，已經有了二十五年的歷史，在目前的香港新聞界裏，他是一張最老的報紙，因為戰前那幾個老報，像《華字日報》、《循環日報》、《大光報》等，都不復存在了，縱使那幾個老報現在依然存在，回溯往史，《華僑日報》也要比《華字日報》和《循環日報》的歷史為長遠，因為《華

僑日報》前身是《華商總會報》，而《華商總會報》的前身是《中外新報》，「一脈相承」，屈指計算起來，《華僑日報》應該有了九十二年的歷史，無論在過去或現在，《華僑日報》都配得上稱為香港最老的一張報紙，甚至是我國最先的一張日報，現在讓我們回溯一下《華僑日報》史前的光榮。

接着吳灞陵根據以前在《中外新報》及《香港華商總會報》工作、當時仍在《華僑日報》服務的老職員梁君談述，交代了《中外新報》創立的經過：

> 最初，《孖剌報》要印刷一本中文的商業人名錄（據戈公振《中國報學史》，是印刷中英合璧字典），叫首飾店雕刻了一批中文活字，字體像今天的四號活字一樣大小，這種活字一天一天的多起來，而在商業人名錄出版之後，便毫無用途。當時，我國有名的外交家伍廷芳先生還在《孖剌報》服務，因而建議利用這副活字，出版一張中文報，報方認為可行，於是就聘請伍氏主持這一事業，因為西人對於經營中文報紙，完全沒有辦法，而且，在當時，香港還沒有任何中文日報，辦起了更不容易，所以，名義上是《孖剌報》所有，實際上是中國人主辦，所有一切營業權利，都屬於中國人，《孖剌報》每年只享有若干權利以為報酬而已。[10]

文中有幾處內容需要澄清，首先，是《香港中外新報》的創辦年份，

此處作 1858 年，學者卓南生則認為是在 1864 年至 1865 年間，待考。其次，《孖剌報》要印一本中文的商業人名錄，此說較戈公振謂該報要印刷中英合璧字典為可信，因為香港印行中英雙語辭典是 1860 年代中的事。具體地說，羅布存德（William Lobscheid）編印的《英華字典》（*An English and Chinese Dictionary*），於 1866 年至 1869 年分四冊出齊；他另編有《漢英字典》（*A Chinese and English Dictionary*），則於 1871 年出版。[11] 無論《香港中外新報》是在 1858 年抑或 1864 至 1865 年間創辦，都是在雙語辭典出版之前，報館製成的活字「毫無用途」之說，是不存在的。再者，伍廷芳確曾參與《中外新報》的出版工作，不過是在 1860 年代，因為 1858 年《香港中外新報》創刊時，伍廷芳只是一個十六歲的青年，仍在聖保羅書院讀書，至 1861 年才畢業。《孖剌報》請伍廷芳主持《香港中外新報》，應在 1861 年以後；該報另外一個重要的主持人是黃勝（1828-1902），他曾留學美國，但一年後因病返港，先後在《德臣西報》和《孖剌西報》工作，從事編輯和翻譯，精通印刷技術，《香港中外新報》創辦時，黃勝無論在年齡上，還是在個人經歷上，都要比伍廷芳佔優勢。[12]

上面提到這位縷述《中外新報》歷史的梁君，叫做梁德同，曾在《中外新報》服務，其後又在《香港華商總會報》工作，《華僑日報》創刊時起，即任體育記者等職，至 1966 年 4 月去世，享年七十三歲。[13] 據此推算，他的出生年份應為 1893 年；他從事新聞工作凡四十餘年，大概是在《中外新報》停刊前兩三年服務於該報。

二十世紀初年，《中外新報》以勇言著稱。據載：

　　《中外新報》之在當時，便具有大無畏精神，積極發揮言論的力
量，著名的主筆有陸伯洲（文昌舊侶）、林孝充、林燦如、潘惠儔、譚
荔垣等，他們都有一枝犀利的筆，不畏強權，痛加攻擊。陸伯洲擅長駢
體文章，不論小說社論，都寫駢文，一度和《有所謂報》的名記者鄭貫
公筆戰。當時因華僑抵制日貨，民眾放火焚燒日本商店，香港當局認他
有煽動行為，勒令出境，但因讀者都愛讀他的文章，因此他仍然從廣州
寄文章來登。潘惠儔的文章也極犀利，有一次痛論段祺瑞當國的不是，
題目是：〈誅段祺瑞之首懸於都門〉，十分激烈，極得讀者同情，可是
後來為香港當局控告，罰了報館一百元。[14]

　　《中外新報》的全盛時期是在民國初年。廣東軍閥龍濟光（1867-1925）
倒行逆施，大失民心，該報對龍濟光的施政大加抨擊，深受廣東人民歡
迎，銷量大增，超過一萬份，最風行的時候出紙二萬數千份，搭廣州《世
界公益報》印刷。[15]但因經營無方，以致經濟拮据。第一次世界大戰期
間，報社在參戰問題上持反對意見，被香港政府罰款，股東紛紛退出，
財政更為困難。當時龍濟光已退守海南島，但仍力圖恢復其勢力，遂出
資收買該報，為他製造輿論。《中外新報》接受津貼後，由反龍變為擁
龍，讀者越來越少。其後龍濟光被逐出海南島，該報經濟告絕，只得停
刊，而由香港華商總會接辦。[16]

　　1919年初，香港華商總會舉行同人聚會時，主席劉鑄伯（1866-1922）
指出會中各項消息的傳遞，殊有不便之處，提倡創辦報紙，以廣宣傳。
稍後召開的額外敍會，正式通過此案，並建議承頂《中外新報》，試辦一

年，如有成績，再行續辦。起初撥出一萬元為開辦費，後因不敷應用，而要增撥五千元。印刷方面，由華商總會與《孖剌西報》簽訂合同，附於該西報館之內。報紙原本擬用有限公司名義出版，但經法律審查員研究結果，認為須用華商總會名義方合，因此任馮承焰（煥如）為督印人，並以華商總會司庫李葆葵、副司庫馮平山及司理葉蘭泉等人具名擔保。當時純為興辦一種通傳消息的商報，不涉黨派政治意味。[17]

三、《香港華商總會報》

《香港華商總會報》創辦之初，仍與《中外新報》保持合作關係，報上印有 Incorporated with the *Chung Ngoi Sun Po*（*Chinese Daily Press*）字樣，意謂與《中外新報》聯合出版。《孖剌西報》的館址，最初是在鐵崗（原稱忌連拿利，現稱已連拿利），後來搬到大道中勝斯酒店和公主行之間的巷裏，再搬到德輔道中 10A 現在東亞銀行大廈所在的地址。由於東亞銀行收回屋址，《孖剌西報》搬往銅鑼灣，《香港華商總會報》則遷至乍畏街，自己設置印刷機器，獨立經營，從此不再加上「華商總會報中外新報聯合刊」字樣。[18]

根據香港華商總會的記錄，得悉《香港華商總會報》與《孖剌西報》聯合辦理達四年之久，至 1923 年間，聯辦之約已滿，是時適《孖剌西報》須遷址，華商總會乃集資一萬五千元，購置印刷機器，自行出版，推舉李亦梅、胡少蓬負責辦理。初時營業成績一般，後來始漸有所改善。[19]

《香港華商總會報》作為全港華商的喉舌，報導商務消息，意義極為

重大，成績亦佳。當時中文報章所載的香港新聞，只用唯一採訪員梁晉明的通稿，沒有專訪；《香港華商總會報》因試出晚刊，特聘專員採訪，首創專訪，此後各報才陸續跟隨。直至 1925 年，華商總會覺得虧蝕太大，無意繼續辦報，於是把全盤生意（包括機器和鉛字）出讓，由岑維休等人集資頂受。據說該報的負責人因與岑維休相識，所以建議他把報紙買下來。[20] 但初時仍沿用《香港華商總會報》名稱繼續出版，大約兩個月後，報館始由乍畏街遷到荷李活道，改出《華僑日報》。[21]

總括來說，香港華商總會在會長劉鑄伯的提議下，接手了《中外新報》，改出《香港華商總會報》，由馮煥如任督印人，聘李大醒為總編輯。該報自此成為一份工商社團創辦的報紙，面向香港華商和海內外商人，主要刊登經濟新聞、商業消息，並延續《中外新報》的傳統，載錄貨價行情和船期信息。《香港華商總會報》曾試出版晚報，是本地日報兼出晚報的先例；該報還特聘專員採訪，首開本地中文報紙專訪的先河。[22] 1925年中，《香港華商總會報》改為《華僑日報》後，得該報同意撥出篇幅，刊登華商總會各項通告，因此《華僑日報》上社團消息特多，且成為持續數十年的傳統，直至該報停刊為止。[23]（表 1）

表 1 《華僑日報》及其前身的刊行狀況

報紙名稱	刊行狀況
1.《香港船頭貨價紙》	1857 年 11 月 3 日創刊，周三次刊；日本曾於 1861 年翻印該報，改名《官版香港新聞》。
2.《香港中外新報》/《中外新報》	一般認為創於 1858 年，亦有認為是在 1864 年至 1865 年間；初為周三次刊，後改為每日出版。後來改稱《中外新報》。前後刊行約六十年。
3.《香港華商總會報》	1919 年香港華商總會承頂《中外新報》，改組為《香港華商總會報》，與《孖剌西報》聯合辦理至 1923 年，始自行出版。
4.《華僑日報》	岑維休等承頂《香港華商總會報》，於 1925 年 6 月 5 日創辦《華僑日報》，一直出版至 1995 年 1 月 12 日停止，刊行達七十年。

第二節　《華僑日報》的創辦人和辦報宗旨

從《香港船頭貨價紙》到《香港中外新報》，從《中外新報》到《香港華商總會報》以至《華僑日報》，報紙名稱雖異，但接續刊行，不曾間斷，報導的內容一直以商業消息和社團活動為主，可見各報實是一脈相承並逐漸成長起來的，見證着香港一百多年間的歷史進程，尤其是華人社會的成長和迅速發展。《華僑日報》的變遷，則一直與創辦人岑維休及其家族息息相關。

一、岑維休創報經過和辦報宗旨

《香港華商總會報》放盤後，華南石印局代表岑維休與兄長岑協堂及其同事陳楷集資，組成一間有限公司，於 1925 年 3 月至 4 月間接手了該報的設備和出版權，並於 6 月 5 日正式創辦《華僑日報》。[24] 岑維休，字穎相，號熙堂，1897 年生於廣東省恩平市江洲草朗村，幼年父母雙亡，隨兄旅居香港。[25] 在香港育才書社讀書，該校是華商劉鑄伯與猶太人嘉道理集資創辦的學校，以教中文為主，英文其次。1915 年岑維休得英文教師推薦，進入英文《南華早報》（*South China Morning Post*）工作。《南華

早報》創於 1903 年，初稱《南清早報》，亦稱《南華晨報》，創辦人是英國人克銀漢（Alfred Cunningham）和謝纘泰（1872-1943），由外商資本和華人資本合股經營。每天出紙對開一張，售價一角，日銷約五六百份；以普通市民為讀者對象，傾向「大眾化」路線。該報於 1906 年出現財政危機，次年美國人諾布爾（J. W. Noble）成為董事會主席。1909 年，《南華早報》的印刷出版經營發生困難，董事會聘用一位年輕的蘇格蘭人懷利（一譯威利；Ben Wylie）監管印刷業務，他在六年間做出相當成績，獲任總經理，此後懷利一直在該報服務。[26] 至 1948 年退休，居港凡三十八年，1955 年在南非的德爾班病逝。[27]

　　岑維休初時在《南華早報》做文員，負責校對，常常校出一般人不容易看到的錯誤，為報社「老總」懷利賞識，承諾他只要做得好，過了試用期，月薪就由十五元跳升到七十五元。岑維休學會了使用英文打字機，成為老總的助手[28]，不出數年，就升任為營業部門的高級職員。在《南華早報》十年的工作閱歷，使得岑維休對辦報既有興趣又有經驗，於是着手創立自己的報紙。[29] 他從 1925 年創辦《華僑日報》開始，直至 1985 年 12 月逝世為止，主持《華僑日報》逾六十年，這在報業史上是極為罕見的。《華僑日報》的創辦人，據載還有林建生、黃應元，及其後加入的李星明等。[30]

　　據《華僑日報》創刊號的報頭資料，該報的英文名稱是 *Overseas Chinese Daily News*（*Wah-Kiu-Yat-Po*），督印人是黃應元，社址在元安里一至二號，代理處包括香港、九龍、省城、澳門和佛山，其餘各埠俱由郵局代寄。[31] 全份報紙共有十四版（頁），編排如下：第一版為副刊「香海濤

聲」，第二版為「論說」、「本報專電」，第三版為「粵省要聞」，第四版
為「中外要聞」（一），第五版為「粵省新聞」、「華僑消息」，第六版為
「西電譯要」、「本港新聞」，第七版為「本港新聞」，第八版為「本港新
聞」（二）、「經濟新聞」，第九版為「專載」，第十及十一版為「遊藝錄」，
第十二版為「中外要聞」（二），第十三版為「常識」，第十四版為「船
期」。副刊放在頭版，並且有〈香海濤聲的出版宣言〉，是頗為別致的，
瞬即廣泛受到讀者歡迎。

《華僑日報》創刊時，中華民國成立已十四年，但政局動盪，社會不
安，香港情況雖稍異於內地，不過本地佔大多數的華人實與全國聲氣相
連，識者尤具憂國憂民之思，愛國之情亦常溢於言表。當初《華僑日報》
甚至連所刊的廣告，也有一番高論：

> 頻年變亂，舉國騷然，虎視眈眈者，外有強鄰，欲逐逐者，內有
> 軍閥，民生凋敝，正誼淪胥，國勢阽危，有如纍卵，仝人等怒焉憂之，
> 愛國家興亡，匹夫有責之義，共組是報，以期矯正群眾之視聽，聯絡工
> 商之感情，進而維持國際地位，發揚民治真諦，外察潮流，內觀現狀，
> 凡有可以貢獻於社會者，當竭其一得之愚，但救國匡時，責非獨任，同
> 人等抱此宏願，尤望社會人士進而教之。

接着宣稱「本報主持正誼，不偏不黨，本平民互助之精神，促進社
會教育，輸進群眾智識，提倡國家實業，發揮民治真詮」。接着認為報紙
「非一家之私言，而社會之公言也，惟其為公言，自當本良心之主張，發

公平之論調，與甘為一黨一系之宣傳機關者，不可同日而語」。[32] 文人辦報的本色現於言詞，但強調「不偏不黨，本平民互助之精神」，「以期矯正群眾之視聽」，藉此「促進社會教育，輸進群眾智識」，發揮民辦報紙的功能，此其一；「聯絡工商之感情」，「提倡國家實業」，表現了商人辦報的用心，此其二；「進而維持國際地位，發揚民治真諦」，亦具建構現代民族國家的抱負，此其三。上述論調，充分反映了商業報紙初現時期的特色，當中仍夾雜着文人辦報的作風，《華僑日報》並非自始即是純然「在商言商」的報紙。

《華僑日報》的創刊詞〈本報出版宣言書〉指出，中國內則「南北分裂，軍閥割據，……而奸魁豪猾，利用共和」；「外而僑民散處各地，無軍艦之保護也，有駐在各國之公使，而公使對僑民，漠然不關痛癢也，有駐在各埠之領事，而領事對於僑民，又漠然不關痛癢也，故我本有國，而幾等於無國之民，亦可哀也。今於本報出世之日，惟有申明本報宗旨及其希望之前途。嗚呼，舉國棼亂，手無斧柯，而惟藉此無聊之筆墨，思挽狂瀾於既倒，吾固極知其難也，然雖知其難，律以匹夫有責之義，焉敢不勉，仲尼氏 [孔子] 知不可而猶為之，竊慕斯旨，願與海內人士共勖焉。」繼而以注意教育、體育、實業和道德四項為言：

第一、僑民當注意教育。「近數年來，要人萃其全神於兵爭，……方且藉教育為名，百端向商民抽剝，某項捐輸，則曰撥作教育費也，某項附加，又曰撥作教育費也，實則移於戰鬥，學校不能沾漑其毫末。」因而認為「今欲振興教育，惟有由海內外人民，自籌自辦，絲毫不經達官偉人之手，免被其侵漁，此本報所欲告我僑胞者一也」。

第二、僑民當注意體育。「吾國以不武聞於天下，東方病夫之誚，自宜急謀湔雪，故德育智育體育三者，誠宜並重，然體育苟先欠缺，則德智二者，均無可言，……三育當以體育為根本，此不磨之論也。」所以，「本報有見於此，極力提倡體育，近人盛言新文化，吾人欲以新武化代之，凡對遠東運動，及學校團體運動，無不鼓舞之而振作之，而尤以對外競勝，視為關於國體之榮譽，故於報內增加足球消息一欄，他時更及籃球壘球排球泅泳國技等記載，以振起我國魂，而一新其氣象，此本報所欲告我僑胞者二也」。

第三、僑民當注意實業。〈本報出版宣言書〉舉例說，「辛亥革命，藉僑民援助之力，至多且偉」，但民國建立以來，百廢待興，如以僑民資本「開發內地之富源，速則十年，遲則二十年，民強國富，計日可待，良以我國工人堅忍耐勞，實為優點，以此特別優美之性質，利用海外僑商之投資，何業不成，何事不就，乃近日當局者，不為勞資互調之論調，而偏為勞資互鬩之狡謀，……而因此之故，海外僑胞，遂以官廳為騙子，視內地若畏途，相率裹足不前，影響及於實業前途，殊非淺鮮」。在此情況下，僑民既無望於官廳之援助，「惟有量其力之所及，向前奮鬥，能自辦則自辦之，不能則合眾擎之力，以開設大工廠，振興一切實業，而不許官吏橫來干預，此本報所欲告我僑胞者三也」。

第四、僑民當注意道德。「我國自歐風輸入以還，浮浪之徒，於新道德無所獲，而先吐棄五千年神聖相傳之舊道德，近且愈弄愈橫，而有仇孝獎淫之邪說，不遏其流止其沸，勢將淪人道於獸道。」影響所及，即使旅居海外之僑民亦所難免，「而邇來青年之士，已多被此等惡空氣所傳

染」。政治混濁終有整理之時，武人橫行終有廓清之日，「而獨此道德淪
亡，人心陷溺，不啻墜全國於萬劫不復之深淵，所關非細故也，孟子有
云，吾為此懼，竊本斯旨，以提倡道德自任，願共勉焉，此本報所欲告
我僑胞者四也」。

《華僑日報》於創刊之日，即舉此四項與僑民共勉，由注意教育到注
意體育，由注意實業到注意道德，宗旨明晰，先後有序。結語說：

> 以上云云，不過略舉梗概，而勿謂老生常談而不屑注意也。凡辦
> 一事，必須貫以精心持以毅力，然苟帶有一黨一派之色彩，則言論宗
> 旨，失其持平，莫由發表其良心上之主張，本報惟跳出黨派以外，以冷
> 靜之頭腦，批判時局之是非，凡有利於國，有益於民，雖艱險勿避，不
> 為威屈，不為利誘，區區此心，必求無負我天職，本此宣言，堅守無
> 悔，知我罪我，聽之而已。[33]

平心而論，《華僑日報》的創刊詞表達了對國計民生的關懷，向廣大
的僑民提出建議，報紙以「華僑」為名，因此要有華僑的視點和考量。其
宗旨在平實中見真摯，在務實中見理想，證諸此後七十年《華僑日報》的
作風和路線，基本上並沒有偏離當初作出的承諾，教育與實業並重，也
一直得到文教界及工商界的支持和讚賞。

二、《華僑日報》初創時的特色

　　《華僑日報》創辦的時候，社會環境和物質條件並不十分理想，根據報社中人的分析，主要原因有四：首先，是文化不振，「香港在未開闢之前，不過是一條漁村，毫無文化可言，開闢以後，我們華僑，又注全力於商務的發展，因之，香港到了那個時候，雖然有了八十年以上的歷史，而仍然是一個文化落後的地方，學校不多，報紙更少，因為華僑的教育不普遍，沒有讀報的習慣，報紙極難站得住腳」；其次，是讀者不多，「由於華僑注意商業，尤其是和英國及其他各國做生意，有了子女的人，多數要他學習洋文，對於國文，都似乎滿不在乎，如果他們要讀報，讀的都是西報，決不會拿中文報紙來閱讀，因此，在當時辦一張中文報紙，極難取得廣大的讀者」；再次，是商情未好，當時香港「因為國內軍閥割據，頻年戰爭，對內貿易無法展開，報紙所靠的廣告收入，微乎其微，因為商家沒有相當生意可做，就不大注重廣告宣傳」；還有，就是物力未充，當時「一切印刷報紙的器材，都不甚充實，譬如排印新聞的活字，就只有二號，四號，五號這三種，鑄字機器，印報機器，也不易設備，多數報紙限於資金或其他原因，都要排用『搭印』辦法，即是要找別人代印，工作異常草率」。[34]

　　六十年後，1985 年 12 月 21 日，《華僑日報》一篇悼念創辦人岑維休的社論，強調在六十年以前的香港，要創辦一份中文報，需要莫大的勇氣及魄力。接着說：

維休先生與其令兄協堂先生及陳楷先生三人，六十年前創辦《華僑日報》時，均非如何富有，以致開辦《華僑日報》之後，遭遇無數困難，其中最重大的一項，不消說是經濟，其次是中文報業各種人才非常缺乏，加上印刷工具又不像目前這樣現代化，所以備嘗艱苦。[35]

《華僑日報》在那樣的環境下，仍然拿着九牛二虎的力量去辦，「其動機純然出於愛祖國，愛同胞」，而在發展過程中是有幾個成功因素的。首先，就是倡始星期日不停止出報。當時不僅香港的報紙有一個星期日停刊的習慣，就是國內各地報紙也有這樣的習慣，但站在報導的立場來說，一張報紙是應該無間斷地出版的，因為新聞天天發生，讀者也不會因為星期日而不讀報。《華僑日報》一創辦就首倡星期日不停刊，但因為當時排字工友照例要在星期日休息，必須排除這一困難，報紙才可以繼續不斷地印出來供應給讀者，於是該報就巧妙地利用石印這一方法來解決排字的困難。6月5日創刊之後，跟着在第二天就用石印出版新聞紙號外，使消息不致中斷。「石印」即石版印刷，是平版印刷的一種方式。[36]當時承印《華僑日報號外》的，是南華石印局，舖址在荷李活道元安里一號至二號[37]，亦即《華僑日報》社址。

1925年6月6日出版的《華僑日報號外》共有四版（頁），五彩石印，內容編排如下：第一版是廣告，第二版是「時評」、「本報專電」、「粵省要聞」，第三版是「西電譯要」、「香港新聞」、「最近之要聞」、「體育消息」，第四版是新聞圖片。第一版有大幅插畫，繪一個穿西服、結領帶的人騎在奔馳的馬背上，手持大旗，旗上有「華僑日報」四字，旗杆頂部

是毛筆筆端，非常吸引人注意；下面印出〈本報七大特色〉，內容與創刊
號所列的相同。[38] 報紙印出後引起社會很大的注意，全港讀者為之讚嘆，
這在當時是其他報紙難以做到的，但讀者漸漸習慣了星期日仍要買報看
報，甚至認為星期日出刊是報紙的責任。《華僑日報》有首倡之功，因而
在報界佔了優勢。不過，6 月 7 日星期日該報並沒有出紙，最先在星期日
出紙是 6 月 14 日，原因可能是創報之初，一時並未準備就緒；更可能是
基於讀者沒有在星期日看報的習慣，所以先作預告，然後在第二個星期
日才出版號外，以收更大效益。

　　岑維休創辦《華僑日報》後，繼續錄用《香港華商總會報》的工作人
員，因此，《華僑日報》的第一任總編輯就是《香港華商總會報》的總編
輯李大醒。李大醒又名鵬超，筆名醒，別號砭頑，在任職《香港華商總會
報》之前，做過香港《廣東日報》協編，曾於 1905 年 5 月 23 日發表長篇
論說〈敬告會議對付美約之諸君〉。[39] 但《華僑日報》創辦不久，李大醒
即辭職離開，岑維休遂邀請自己的好友胡惠民出任該報的總編輯，胡惠
民原先在廣州孫科（1891-1973）、李錄超辦的英文報紙 *Daily-Sun* 擔任記
者，是一位比較理想的人選。胡惠民上任後，聘請熟悉廣東情況的張知
挺主編廣州和廣東各縣的新聞版，力求較快較多地報導內地重要新聞，
方便一些香港居民瞭解家鄉的情況。此外，胡惠民還親自赴上海物色記
者（當時稱為「訪員」），將上海即日發生的新聞，第一時間以電報的方
式發回香港，使《華僑日報》可以比其他報紙更迅速地報導上海的消息，
方便了香港的上海幫商人，以及與上海生意來往密切的香港商人。他還
在上海為《華僑日報》買了一副捲筒機回來，使印刷報章的速度加快了，

當時香港報紙都是用平板機印報，出紙緩慢，而且要用人力攪動，捲筒機則用電力發動，出紙很快。[40] 胡惠民任《華僑日報》總編輯時，只不過二十餘歲，他在《華僑日報》服務了十年左右，轉而從事商業，創辦恒興紙行，專門為各報社供應新聞紙張，憑着他在報界的關係，生意興隆，隨後他也出版過幾種日報、晚報、雜誌和畫報。[41] 第二次世界大戰結束後，胡惠民辦的《東風》周刊，是一種畫報，1946 年仍在出版。[42] 在胡惠民之後繼任《華僑日報》總編輯的，即是張知挺。

第三節　《華僑日報》初創時期的新氣象

　　《華僑日報》創辦之初即遇到省港大罷工的衝擊，但該報能夠突破困局，不單在中文報界突圍而出，並且爭取達成與西報同等的地位，除了因緣際會，實亦有其本身成功的要素。扼要地說，就是具有新聞報導的快速性、持續性和時效性。

一、《華僑日報》的幾個成功要素

　　《華僑日報》創辦之初，即刊登題為〈香港華僑日報之七大特色〉的廣告，強調：一、宗旨純正；二、言論正大；三、消息靈通；四、電報快捷；五、星期號外；六、撰述豐富；七、印刷精美。[43] 該報除了本港消息外，還重視廣東、上海等內地新聞，並擁有一些其他中文報章難以比擬的優勢。首先，《華僑日報》保存了《中外新報》以來的傳統，重視經濟新聞、商業信息，刊錄船期貨價等方便商人乃至普通市民的消息；作為《香港華商總會報》的繼承者，《華僑日報》在本地紳商以至海外華商心目中的地位是很尊崇的。此外，由於《華僑日報》本身的改進，在香港報業發展史上居於領先地位：

其一，《華僑日報》首創了在星期日照常出版的先例。在此之前，香港乃至內地的報紙都有在星期日停刊的習慣。《華僑日報》在星期日排字工人放假的情況下，用石印的方法照常出版報紙，保持了新聞報導的持續性，使讀者在假日節日也有報可讀，有新聞可看。《華僑日報號外》第一號刊出題為〈報紙不能中斷之理由〉的「時評」，強調「新聞紙者，世界上之現世史也，人事無一息之停，則現世史上，不能無一日之紀載，故他種商業，可以有假期，而新聞事業，萬不容有假期也。⋯⋯人類進化，日新月異，咸賴新聞紙為之宣傳，為之通達其消息，此即吾所謂不能中斷之真確理由也」。進而指出：

> 星期日及各種紀念日，工商學各界，更得藉休息之餘暇，繙閱報紙，甚於世界大事，國家大事，及凡有益身心之言論及紀載，平時從匆忙中一瞥即過者，至此日則倍加研究，蓋非借為消遣之具，實以拓其智識，養其心靈，得一星期日及各種紀念日之報紙，不啻得一良友也，本報有見及此，不敢自逸，非立異也，完其現世史之責任而已。[44]

《華僑日報》認為：「星期停版為我國報界之通例，然社會不可一日而無新聞，星期日更有閱新聞之餘暇，本報有見於此，星期日另出號外，凡種種紀念日，亦減少停工時刻，發行特刊，以免消息有停滯之弊，視聽有隔閡之虞。」並以「星期號外」作為該報特色之一。[45]

其二，《華僑日報》盡力排除障礙，維持報紙接續出版的狀態。1925年省港大罷工期間，《華僑日報》也面臨到排字工人集體罷工的困境，當

時香港大多數報紙在這情況下都暫時停刊了。《華僑日報》則採取石印的方式，由 6 月 21 日起，至 7 月中旬，每日照常出版。《華僑日報》近乎獨家報導的做法，維持了大半個月，保證了讀者可以及時瞭解國內外的重大消息，贏得了讀者的讚賞。

其三，《華僑日報》對報紙的時效性相當重視。舉例來說，1929 年 3 月 11 日，香港最豪華的英皇酒店突發大火，火勢兇猛，而當時廣東省政府主席陳銘樞（1889-1965）及其夫人、隨員就下榻於此處，為避火舌以致狼狽跳樓，着實是一件大新聞。但大火發生之時已近深夜，各家報紙都已經上版印刷，趕不及報導此事。而《華僑日報》卻發動外勤記者、新聞編輯，齊齊出動，分頭徹夜採訪，騰出版面，於翌日的報紙上，即以「今晨英皇酒店被焚詳情」及「陳銘樞等要人均重傷」的大字標題，圖文並茂地獨家刊載了這條重要新聞。[46] 經此一役，《華僑日報》報導新聞既詳盡又快捷給廣大讀者留下了深刻印象。隨着《華僑日報》社會地位的提高，香港政府從 1933 年起承認它「為登載法律廣告之有效刊物」，即一切關係法律的商事告白，如果刊登於《華僑日報》，即可發生效力。[47]

至於《華僑日報》的英文名稱，該報從 1920 年代後期開始，已不再出現 *Overseas Chinese Daily News* 字樣，而正式使用粵音翻譯 *Wah Kiu Yat Po*。這大概是因為當時香港居民大多不是在本地出生，習用「華民」、「華人」、「華僑」、「僑胞」等用語，不少人都視香港為僑居地，對「海外華人」（Overseas Chinese）一詞則有所保留，英文名稱「海外華人」也不利於爭取中國內地的讀者。不過，《華僑日報》停刊前一年，即 1994 年該報進行版面革新，再度恢復使用 *Overseas Chinese Daily News* 英文名稱。[48]

二、《華僑日報》的聯營報紙

《華僑日報》由一間有限公司經營，不特以華南石印局為後盾，還有若干僑商及其他人士的支持。創刊之初，即有可觀的廣告，在新聞方面，也較他報靈通，而以「新聞能與西報同時發表」自豪。[49] 此後，《華僑日報》穩步發展，在香港的影響日漸增大，先後在香港聯營《南中報》、《南強日報》、《中華日報》、《華強報》，在廣州聯營《大中報》、《大華晚報》，加上在澳門創辦外圍報紙《華僑報》，形成一個華南報業集團。(表2)

因為《華僑日報》是綜合性質的大報，對象以工商社團、學校和各大機構為主，一般讀者則多按照個人嗜好和閱讀興趣購買報紙，所以《南強日報》特重體育消息，《中華日報》以副刊見長，《華強報》份量稍輕，《南中報》則以晚報補諸日報的不足。這些聯營報紙鞏固了《華僑日報》的「旗艦報」地位，用今日的字眼來說，就是「衛星報」，而廣州的聯營報紙則起了互相呼應、壯大聲勢的作用。

《大中報》創於 1929 年 2 月 4 日，社址在廣州第七甫 33 號，社長盧章，日出紙二張半，與廣州其他報紙大事競爭，在新聞方面務求快捷，副刊名「大鐘」，一時銷路大增。逢星期六出《大中報圖畫周刊》，隨報附送。1933 年，《大中報》的發行人是歐陽俊，編輯人梁鐵生，社址在光復中路 103 號。其姊妹報《大華晚報》雄視廣州報壇，銷紙成績極高。《大華晚報》創於 1929 年 8 月，社址在廣州第七甫，經理人麥乙樓，總編輯楊勁伯。日出紙二張。〈大華晚報宣言〉說：

表 2 戰前《華僑日報》聯營報紙一覽表

報紙名稱	出版地點	內容特色
1.《南中報》 （晚報）	香港	1927 年創辦，館址初在閣麟街，後遷荷李活道，最後搬入《華僑日報》總辦事處。除爭取新聞時效外，並採取一種刺激的作風，首創用超級活字把重要新聞標題放在報頭旁邊，吸引讀者注意。
2.《南強日報》 （日報）	香港	1927 年創辦，份量比《華僑日報》為輕，作風亦稍有不同，注重體育記載，全盛時期有「體育報」的綽號，一到香港足球季節，這張報紙就滿場飛。
3.《中華日報》 （日報）	香港	此報風格與《南強日報》又有不同，副刊注重小品小說，執筆者是當時一流作家，爭取得不少讀者。
4.《華強報》 （日報）	香港	此報份量與《南中報》差不多，而比《南強日報》和《中華日報》稍輕，也注重體育新聞的報導。
5.《大中報》 （日報）	廣州	1929 年 2 月 4 日創辦，與廣州其他報紙大事競爭，在新聞方面務求快捷，一時銷路大增。
6.《大華晚報》 （晚報）	廣州	1929 年 8 月創刊，是《大中報》的姊妹報，雄視廣州報壇，銷紙成績極高。
7.《華僑報》 （日報）	澳門	1937 年 11 月 20 日創刊，是《華僑日報》的外圍，在新聞、副刊、印刷各方面，都較當時澳門的報紙有特色，創刊後即佔澳門報紙第一位。

晚報在報業中佔重要地位,方諸歐美各國恒有駕日報而上者。乃反觀我國,結果輒不盡然,即新聞事業最發達之上海,亦無一規模宏大組織完備之晚報。我南方唯一都會之廣州,則可謂之絕無晚報存在,即或下午發刊而強冠以翌日報(即所謂明日報)一若晚報之必不能發展者,詎不知求報紙自身之猛進,而祇求延長時間之推銷,非正道也。

繼而談到 1927 年在香港辦《南中報》的情況:

三年前,當吾人創辦《南中晚報》時,香港晚報事業亦極衰微,在港辦報者,動曰港地不能容規模宏大之晚報。迨《南中晚報》一出,不特開港地晚報之新紀元,簡直可稱全國晚報之冠。以此例彼,在廣州亦何獨不然,此吾人所以敢決定廣州晚報事業之必能發展也,閱者請拭目俟之。

《大華晚報》於 1929 年 12 月 6 日加上《大華晨刊》,但在翌年 5 月前停刊;《大華晚報》繼續出版,至 1938 年廣州淪陷後停刊。[50]

1937 年七七事變後,岑維休派編輯趙斑斕、雷渭靈二人到澳門,於 11 月 20 日創辦《華僑報》(日報),新聞報導和營銷網絡都很可觀。當時澳門報紙於新聞及副刊方面均不甚注意,《華僑報》率先使用電訊收報機等先進設備,積極宣傳抗日,報紙在當天下午就運到中山、新會、江門等地,獲得各地讀者好評,出版後銷紙迅速增長至一萬份,打破澳門報業的紀錄,居於澳門報紙的第一位。澳門其他中文報刊亦不甘人後,熱情投入各項救亡活動之中。《華僑報》的社長是趙斑斕,資金來自岑維

休，辦報方針與香港《華僑日報》一樣，可以說是《華僑日報》的澳門
版。二十多年後，直至 1960 年代該報始與《華僑日報》分家，人事和經
濟都獨立。[51] 不過《華僑報》的風格和路線仍與《華僑日報》相若，是綜
合性質的報紙，該報一直刊行至今，仍為澳門的重要報紙之一。

聯營報紙的好處之一，是可以互通消息。香港的地方通訊社，以香港
報界公社為最早，當時港、九社團發佈新聞，都送請報界公社分發。報
界公社由各大報社輪值，設有訪員，除送發政府和社團的消息外，每天
法庭案件也有發送。其後華裔通訊社（華聯社）成立，才有外勤記者擔任
採訪，該通訊社初時隸屬華南報業公司，新聞稿只供給《華僑日報》、《南
強日報》、《華強報》、《中華日報》幾家報館；後來由《循環日報》、《華
字日報》、《工商日報》、《華僑日報》合作，改名華聯通訊社，除供應新
聞給這四家股東報紙外，也歡迎其他報紙採用該通訊社的新聞稿。後來
《循環日報》、《華字日報》、《工商日報》三家退出華聯社，組織環球通
訊社；華聯社改名新亞社，與環球通訊社成為本港兩大新聞通訊機構。[52]

經過一個時期，這兩家通訊社分而復合；環球通訊社一部分記者，
從新創設一家世界通訊社。由於新聞事業漸趨蓬勃，通訊社逐漸增多，
辦理比較完善，而稿件又為全港報紙樂於採用的，計有民眾通訊社、香
港新聞社、譯述社，以及劉文藻個人的通訊社等。1933 年 4 月，中央通
訊社香港分社成立，是國民黨中央宣傳部的宣傳機關，每日由南京總社
發出電訊，並有少量香港新聞，還取得香港政府特准收發新聞電訊的便
利，香港的中文報紙，幾乎沒有一家不採用該通訊社新聞的。[53] 這情況一
直維持至太平洋戰爭爆發，香港淪陷時止。

註釋

1　吳灞陵〈華僑日報二十五年〉，《香港年鑑》第二回（1949 年），特載，第 2 頁。

2　1884 年孖剌去世後，《孖剌報》仍為他的家屬所有，由他的兒子 H. L. Murrow 繼承。1861 年後，改名為 *The Hong Kong Daily Press*。1941 年 9 月 30 日的報紙上印有「孖剌西報」四字，可以視為正式的中文名稱。此外，也有人稱該報為《孖剌沙西報》，見香港中央圖書館編《香港報刊及微縮資料介紹》（香港：康樂及文化事務署，2006 年），第 6 頁。

3　《德臣西報》創於 1845 年，初為周刊，是英國蘇格蘭的蕭特里德（Andrew Shortrede）所有，1858 至 1863 年間，該報由他的助手德臣（Andrew Scott Dixson）掌管，1867 年改為日刊，成為香港早期重要的英文報紙之一。

4　《士蔑西報》是士蔑（Robert Fraser-Smith）於 1881 年創辦的日報，1901 年至 1910 年間，該報業權為香港華商公局（後來改稱香港華商總會，即香港中華總商會的前身）所有，在有些問題上反映了華商的意見和要求。1911 年，該報的督印人是《南華早報》（*South China Morning Post*）的董事長諾布蘭（J. W. Noble），隨後《士蔑西報》合併於《南華早報》，成為後者的晚報。

5　李谷城著《香港中文報業發展史》，第 97 頁。

6　卓南生著《中國近代報業發展史》，第 106 頁。

7　《香港船頭貨價紙》第一百九十七號，己未年正月初一日。

8　[日] 小野秀雄著，陳固亭譯《中外報業史》（台北：正中書局，1966 年）載：「《香港新聞》是《孖剌報》（*China Mail*）的副刊，從西曆一八六一年（咸豐十一年）九月初五日起，出版八卷，專登船期、貨價，是商業雜誌。曾傳入日本，譯為日文發行。」（第 143 頁）按：此處誤將《德臣西報》（*China Mail*）作為《孖剌報》（*The Daily Press*）。

9　卓南生著《中國近代報業發展史》，第 106-110、132-134 頁。

10　吳灞陵〈華僑日報二十五年〉，《香港年鑑》第二回（1949 年），特載，第 1 頁。

11　周佳榮〈十九世紀香港書刊在日本的傳播〉,《歷史與文化》第二卷（2001 年 1 月）,
　　第 82-83 頁。

12　張禮恒著《伍廷芳的外交生涯》（北京：團結出版社,2008 年）,第 14-16 頁。

13　〈一年來之香港報業〉,《香港年鑑》第二十回（1967 年）,第二篇,第 118 頁。

14　吳灞陵〈華僑日報之過去與現在〉,《香港年鑑》第八回（1955 年）,特載,第 2 頁。

15　同上註。

16　參閱史和、姚福申、葉翠娣編《中國近代報刊名錄》（福州：福建人民出版社,1991
　　年）,第 78 頁。

17　參閱麥思源〈六十年來之香港〉,《循環日報六十周年紀念特刊》（香港：循環日報社,
　　1932 年）,第 67-68 頁。

18　參閱〈華僑日報二十五年〉,《1949 年香港年鑑特載》（香港：華僑日報社,1950
　　年）,第 2 頁。

19　周佳榮、鍾寶賢、黃文江編著《香港中華總商會百年史》（香港：香港中華總商會,
　　2002 年）,第 39 頁。

20　李家園著〈《華僑日報》二三事〉,氏著《香港報業雜談》,第 60 頁。

21　參閱〈華僑日報二十五年〉,《1949 年香港年鑑特載》,第 2 頁。

22　吳灞陵〈《華僑日報》之過去與現在〉,《香港年鑑》（第八回,香港：華僑日報社,
　　1955 年）,第 2 頁。

23　周佳榮、鍾寶賢、黃文江編著《香港中華總商會百年史》,第 39 頁。

24　林友蘭著《香港報業發展史》（台北：世界書局,1977 年）,第 39 頁。

25　《恩平岑氏族譜》（恩平：恩平岑氏族譜編輯委員會編印,2001 年）,第 79-80 頁。岑
　　維休的出生年份,另有一說是 1898 年,按照他在 1985 年 12 月逝世時是八十九歲推
　　算,應以 1897 年出生的說法為準確。

26　陳鳴著《香港報業史稿》,第 60-62 頁。

27　〈一年來之報業〉,《香港年鑑》第十回（1956 年）,第（甲）99 頁。

28　Robin Hutcheow, *SCMP The First Eighty Years* (Hong Kong: South China Morning
　　Post, 1983), p. 44.

29　林鈴〈歷史悠久的香港《華僑日報》〉,鍾紫主編《香港報業春秋》（廣東：廣州人民

出版社，1991 年），第 49-50 頁。

30　〈華僑日報簡史〉，《華僑日報六十周年紀慶專刊》，第 3 頁。

31　《華僑日報》，1925 年 6 月 5 日，第 1 頁。

32　〈香港華僑日報七大特色〉，《華僑日報》，1925 年 6 月 5 日，第 6 頁。

33　〈本報出版宣言書〉，見〈華僑日報二十五年〉，《香港年鑑》第二回（1949 年），特載，第 8-11 頁。

34　吳灞陵〈華僑日報之過去與現在〉，《香港年鑑》第八回（1955 年），特載，第 3 頁。

35　〈敬悼香港中文報一位先驅的逝世〉（社論），《華僑日報》，1985 年 12 月 21 日，第一張第 2 頁。

36　石印的方法，是以表面磨光的天然多微孔石灰石板為版材，將圖文用一種含有脂肪的油墨（即「轉寫墨」）直接寫畫在石板上，或通過「轉寫紙」加壓轉印到石板表面，經酸性液等處理後，增強了圖文的親墨性，並製成印版。印刷時先用水潤濕版面，使非圖文部分吸水而具有拒墨性，然後上墨覆紙印刷。因工藝不便和效率不高，逐漸被膠印等所取代。

37　《華僑日報號外》，1925 年 7 月 29 日，第 2 頁。

38　《華僑日報號外》，1925 年 6 月 6 日，第 1-4 頁。這是《華僑日報》最初出版石印的號外，當天是星期六；報頭仍用「華僑日報」之名，下面印「新聞紙第一號」，報端則有「華僑日報號外」字樣。第 2 頁有〈本報啟事〉：「石印發行號外，為本報之創舉。開辦伊始，尚未完備，版面號外第一號字樣，抄寫人誤將號外二字脫漏。特此更正，此佈。」

39　陳玉堂編著《中國近現代人物名號大辭典》全編增訂本（杭州：浙江古籍出版社，2005 年），第 401 頁。

40　李家園〈《華僑日報》二三事〉，氏著《香港報業雜談》，第 61-62 頁。

41　林鈴〈歷史悠久的香港《華僑日報》〉，鍾紫主編《香港報業春秋》，第 50 頁。

42　黃天石〈二十五年來之香港報業〉，《星島日報創刊廿五周年紀念論文集》（香港：星島日報，1963 年），第 122 頁。

43　〈香港華僑日報七大特色〉，《華僑日報》，1925 年 6 月 5 日，第 6 頁。

44　尊者〈報紙不能中斷之理由〉，《華僑日報號外》，1925 年 6 月 6 日，第 2 頁；並參

吳灞陵〈華僑日報現狀〉,《香港年鑑》第三回（1950 年），特載,第 11 頁。

45 〈本報七大特色〉,《華僑日報號外》,1925 年 6 月 6 日,第 1 頁。

46 《華僑日報》,1929 年 3 月 11 日,第 1 頁。

47 吳灞陵〈《華僑日報》之過去與現在〉,《香港年鑑》（第八回）,第 4 頁。

48 《華僑日報》,1995 年 1 月 8 日,第 1 頁。

49 林友蘭著《香港報業發展史》,第 42 頁。

50 梁群球主編《廣州報業（1827-1990）》（廣州：中山大學出版社,1992 年）,第 128-130 頁。

51 1966 年趙斑斕向岑維休購買了《華僑報》的全部股本,該報自此為趙氏獨家經營。趙斑斕與《大眾報》社長蔡凌霜、《澳門日報》社長聯合發起澳門新聞工作者協會,於 1968 年正式成立。參鍾紫〈澳門的新聞傳播事業〉,氏編《香港報業春秋》附錄,第 317-318 頁。

52 〈報業〉,《香港年鑑》第三回（1950 年）,上卷,第 105 頁。

53 同上註。

《華僑日報》與戰前香港社會變遷

報紙傳媒具有與大眾社會的相關性和密切性，作為戰前崛起的新興中文報紙，《華僑日報》藉着在省港大罷工期間的持續和獨家報導，建立了該報在香港華人社會中的地位。華人慈善團體和工商業團體在大罷工期間所起的積極作用，在《華僑日報》中亦得到較為充分的反映。

　　省港大罷工事件平息後，《華僑日報》在促進華人社會的聯繫和團結方面仍多所努力。1930 年代本港和國內的政治、社會、經濟、文化情況，該報都作了很多的報導，因此從《華僑日報》可以較全面地看到時代的變遷；抗日戰爭爆發後，尤其是香港淪陷期間，該報仍不致中斷，保留了不少珍貴的記錄。

第一節　報導省港大罷工消息獨佔鰲頭

　　《華僑日報》創辦之初，華南地區爆發了轟動一時的省港大罷工，對香港社會各界和市民大眾影響甚巨，報業亦受到打擊。在近代中國工人運動史上，這是規模最大、影響最深、持續時間亦最長的罷工運動。但《華僑日報》因能克服印刷出版方面所遇到的困難，對罷工事態發展又做了大量報導，其間爭取了不少讀者，從而奠定了該報在華人社會中的聲譽和地位。事件平息後，《華僑日報》繼續報導與華人社會息息相關的新聞和資訊，並開始參與本地一些重要的社會活動，加強其社會影響力；而該報的內容，又能充分體現出 1920 年代中至 1930 年代香港華人社會興起的情況。

　　除了報紙版面所見之外，還有一件事值得注意的，就是《華僑日報》與《南華早報》的關係，以及兩份報紙之間的互相支援。上文已經提到，岑維休在《南華早報》任職十年後離開，他創辦《華僑日報》，亦得到《南華早報》執行董事懷利（Ben Wylie）的鼓勵及協助。早期兩家報館合作無間，在省港大罷工期間，立法局議員葛和爾（Robert Kotewell）曾要求《南華早報》盡一切能力協助港府工作，岑維休亦被邀出席這次立法局會議，他提出在自己的中文報紙上深入報導工潮，此舉獲得懷利的支持。[1]

《南華早報》提供一手新聞給《華僑日報》，然後譯成中文發佈；另一方面，《華僑日報》則勸導《南華早報》內的華人職工打消回鄉念頭，堅守崗位，還供應食物給《南華早報》上下人員。在二十世紀初，很多香港華人都抱着過客心態，每逢香港遇有事故，例如較早時的瘟疫，或其後的罷工潮，不少華人都逃回鄉間。當年《南華早報》的華籍職工為數有限，影響不大，但作為主要骨幹的洋籍僱員，他們最擔憂的，莫過於三餐不繼，皆因不少華人（包括傭人）離去，洋人要自己預備膳食，甚為不便，在這段非常時期，唯有靠《華僑日報》供應三餐。[2]

一、省港大罷工的起因和初期事態

1925 年（民國十四年）2 月，上海日商「內外棉株式會社」廠內發現一具童工屍體，胸部曾受重擊。工人相信該童工是被日籍管理人員用鐵棍毆打致死，於是全體罷工抗議。5 月，多間日本紗廠以男工引發工潮為由，將所有男工解僱，引起二十二家工廠大罷工。八名工人代表於 5 月 15 日向資方交涉，其間雙方發生衝突，共產黨員顧正紅被日本人開槍擊斃，另七人受傷。顧正紅被殺事件成了「五卅運動」的直接導火綫。[3]

事件激起上海社會各界對外國勢力的不滿，和反抗帝國主義的情緒。5 月 30 日，有數千名工人、學生、群眾到上海公共租界各條馬路組織大示威，抗議帝國主義者槍殺工人的暴行，一百多名學生於演講時在南京路被捕；同日下午 3 時，上萬群眾湧到捕房門前進行交涉，要求釋放被捕學生。英籍捕頭下令向群眾開槍，當場打死十三人，重傷數十人，輕傷

者難以數計，還逮捕了五十餘人。工部局宣佈戒嚴，租界內的大學被封閉。這就是「五卅慘案」的經過，其後並發展成為聲勢浩大的「五卅運動」。[4]

慘案發生後次日，上海總工會成立，先後發動了二十萬人次的總罷工。全國各地陸續出現對反抗外國在華勢力的回應，學生發動罷課，工人發動罷工，上海等地商人亦罷市支持。民眾提出的要求，包括廢除不平等條約和收回列強在中國的各種特權。廣州國民政府則策動香港及廣州沙面英租界的工人實行罷工，稱為「省港大罷工」。

《華僑日報》於 1925 年 6 月 5 日創刊時，適值「五卅慘案」發生不久，報紙對事件的發展情況，尚可及時地作出相關報導。當時廣東軍閥楊希閔、劉震寰發動叛變，與廣州軍政府對戰，此事對粵港居民的日常生活和生意往來都大有影響，因此《華僑日報》在省港大罷工之前，將新聞報導的重點放在廣東軍閥混戰上，對「五卅運動」的報導較為簡略。但隨着事態不斷發展，《華僑日報》對「五卅運動」和相關事情開始重視，報導這一事件的主要欄目有「本報專電」、「西電譯要」、「中外要聞」等。

在初期報導中，《華僑日報》稱「五卅慘案」為「滬潮」或「滬案」。報上發佈了上海學生罷課遊行、工人罷工的情形，例如 6 月 5 日《華僑日報》創刊當天，即在「本報專電」一欄中載有「三日滬學界萬餘人在華界遊行演講，並電英國向英政府抗議」和「洋行華人職員會宣言四日罷工，西報印刷工人亦於四日罷工」等新聞[5]。隨着事件的蔓延，關於各地支援活動的消息、社會各界對罷工潮的態度等，《華僑日報》的報導也逐漸增多，例如 6 月 12 日刊登了〈工學兩界對於上海風潮之態度〉[6]；次日在

「中外要聞」欄目中發表題為〈各地援助滬案之奮起〉的文章，詳述了各地的支援活動[7]。

此外，對於西人在罷工潮下的生活情況、西人和西報對罷工潮的態度，《華僑日報》亦有報導，如提及西人的侍役也已罷工、向西人供給糧食的店舖停止交易並引發了恐慌[8]；6 月 17 日刊出〈西人對滬案言論之一斑〉，記述了在華聖公會的美國教士對此次事件的看法。對於北京政府與列強各國交涉的經過，《華僑日報》實行逐日跟進，更不時對事態發展做出總結，例如在 6 月 16 日發表〈關於滬案消息之種種〉一文。另外，有感於事態發展可能對香港造成影響，該報加強對香港各工會消息與動向的關注，如 6 月 11 日在題為〈本港之海員消息〉的新聞中，提到香港海員工會「忽爾散發傳單，措詞頗為激烈，本報因此特派專訪員前往切實調查其事」[9]。

總的來說，在事態發展初期，《華僑日報》對「五卅慘案」及其相關消息尚未進入全面報導階段，該報更為關注的是香港本地的新聞事件，以及與港人生活關係較大的廣東軍閥混戰情形。直到省港大罷工爆發，該報才開始對罷工的消息作全面而詳盡的跟進。

二、獨家報導省港大罷工爆發和蔓延

由於廣東軍閥混戰的緣故，廣州的罷工因而延遲。6 月 15 日，香港的工會由中華全國總工會總書記、共產黨人鄧中夏（1894-1933）及香港海員工會蘇兆征（1885-1929）等人組織，以全國總工會名義召集香港各

工會聯席會議，成立全港工團聯合會，決議罷工。6 月 19 日起，各個由共產黨指揮的工會，包括：海員、電車、印刷、船務，首先響應，三日內即有二萬人離開崗位，返回廣州。與此同時，各學校學生亦實行罷課。

廣州方面隨即起來響應，6 月 23 日，廣州的學生、工人、農民代表及黃埔軍校學生等在遊行的時候，遭英軍開火射擊，造成五十多人死亡，稱為「沙基慘案」。罷工至此進入高潮。7 月 6 日，廣州政府在廖仲愷（1877-1925）的主導下，成立省港罷工委員會，下設各部門主持罷工，成立二千多人的工人武裝糾察隊，封鎖香港，禁止糧食輸出香港及經香港的貨物入口。至 7 月 8 日，已有十三四萬人離港。

對於罷工、罷課事件在香港的可能發生，《華僑日報》早有警惕，除了上文提到的，還加強了對香港各工會尤其是激進海員工會的關注。該報對有關罷工罷課的風吹草動都有所留意。譬如，在 6 月 18 日，該報發表〈某中學有今天罷課消息〉的新聞，指街上盛傳有某英文中學學生醞釀罷課。[10] 次日，該報又發表題為〈皇仁中學之昨日情形〉的報導，證實皇仁中學有數班學生罷課。[11] 到了 6 月 20 日，《華僑日報》除了繼續跟進皇仁中學的罷課情況外，還發表了一篇名為〈諱無可諱之香港罷工潮〉的專題文章，提及「連日本港空氣緊張，謠言甚盛，謂港地行將〇工 [12] 風潮發生。惟各方均一再否認。但昨日則事實漸露，已無可為諱矣。」[13] 此文預料到罷工的爆發是遲早的事情，但對事態發展的估計卻過於樂觀。文中雖然提到已有學生罷課，部分海員、酒店銀行的侍役也已罷工；另一方面則認為，罷工的全面爆發應該不會這麼快。又說罷工的勢頭這麼明顯，香港政府應該做好了一切準備。但是，第二天罷工就全面爆發了。

　　罷工的全面爆發正值 6 月 21 日星期日。當時香港的報紙在星期日是停刊的，只有《華僑日報》例外，該報在星期日以石印方式發行《華僑日報號外》。[14] 罷工爆發當日出版的《華僑日報號外》，刊有一則〈工界準今日宣佈總罷工〉的報導，提到「昨晚本報接到可靠消息，謂各工團已議決由今日起，宣佈總罷工以為滬案聲援」。該號外還發佈了數條有關罷工的消息，包括〈居民之遷居離港〉、〈山頂酒店侍役罷工〉、〈居民之預備糧食〉、〈學生罷課者愈弄愈多〉等；此外還有一輯「廣州變亂三大寫真」，刊登了十幅有關罷工情況的照片。[15] 由此可見，《華僑日報》應是全港首份報導罷工全面爆發消息的報紙。

　　到了 6 月 22 日，罷工愈演愈烈。其中與《華僑日報》息息相關的，是香港絕大多數的排字工人都罷工了。排字工人罷工，意味着報紙無法排版付印。由於《華僑日報》已有平時在星期日出版號外的經驗，遂採用石印的方法，在當日出紙四版，照發新聞。《華僑日報號外》並於第一版醒目位置發佈了以下三則啟事：

　　（1）本報啟事一：啟者本報排字部工人突於昨晚停工，事前並未接有漢文排字社正式公函，事起倉猝，無可挽救。現在群情紛擾，報紙傳述各項消息尤關緊要迫得，於罷工期內，仍用石印每日照常出紙，更以靈敏手腕探訪握要新聞，以餉閱者。此佈。

　　（2）本報啟事二：現罷工時期，本報每日派送報紙，容有未周之處，倘有漏派，敬請閱者諸君飭人到營業部補領。此佈。

　　（3）本報啟事三：本報現用石印出紙，成本較昂，所有紙張油墨及

抄工、印工等件，比之排字印刷幾於倍蓰。特定價零沽每張五仙，畧收
回紙墨工費，以資彌補。全年者仍照常價，每日派人送到，不在此例。
此佈。[16]

啟事陳述了《華僑日報》改用石印的理由、派送報紙的安排、零售臨
時加價等情況，並向讀者宣佈了該報獨家的報導方式。

受到罷工影響，《華僑日報》從 1925 年 6 月 22 日起，至 7 月 15 日，
一連二十幾天，全部改為石印印刷，並以《華僑日報號外》名稱出版。版
面和欄目因應實際情況，變化不定；6 月 22 日至 26 日，出四版，有「中
外新聞」、「時評」、「本報專電」、「香港要聞」、「華僑消息」、「粵省新
聞」、「體育消息」、「西電快訊」等欄；6 月 27 日至 7 月 4 日，出兩版，
有「本報專電」、「西電快訊」、「本港要聞」、「粵省要聞」等欄。7 月 5
日及 6 日，暫停出刊。7 月 7 日至 15 日，出四版，欄目與 6 月 22 日至 26
日相同。7 月 16 日起恢復鉛印，出兩版；7 月 17 日至 28 日，出四版；7
月 29 日、31 日，出六版，第五及第六版為石印；7 月 30 日，出四版；8
月 1 日至 16 日，出八版，其間星期日只出四版。8 月 17 日起，出十版。
此後，則恢復到罷工爆發前的鉛印狀況，每日出十二版。《華僑日報》在
恢復鉛印的當日，即 7 月 16 日，又發佈了三則啟事：

（1）本報緊要啟事一：自排字工人離職，本報不得已改用石印，惟
手續過繁，成本亦鉅。今各報已用排字出紙，本報自不容獨異。但工人
尚未返工以前，祇得勉為其難，每日暫出兩版。此後仍當逐漸擴充，務

求恢復原狀。此佈。

（2）本報啟事二：本報每日出紙逾萬，排印極忙，如有遲派或漏派
之處，務請閱者諸君飭人到本報營業部補領或電話通知，當立即補派。
此佈。

（3）本報啟事三：啟者各界函件如有欲在本報刊登者，務請每日
下午四點半鐘以前送到，以便隨同稿件送到華民政務司署檢查，遲則不
及。此佈。[17]

至於香港當時其他報紙的出版情況又是如何的呢？《華僑日報號外》
在 6 月 22 日刊登一則題為〈中國報紙與西報之情形〉的報導當中提到，
所有漢文排字工人都已經罷工，並搭乘火車北上，6 月 22 日起，所有其
他中文報紙都一律停刊了；西文排字工人則尚未罷工，因此西文早報仍
可在 22 日照常出紙。[18] 之後，在 6 月 24 日，該報又在〈西報之香港罷
工消息〉中提到，自 6 月 23 日起，由於西文排字工人也一律罷工了，西
報只能由辦事人和主筆親自擔任排字工作，因此篇幅減少，《南華早報》
（*South China Morning Post*）出紙兩張，共八版；《士蔑西報》（*Hongkong
Telegraph*）和《德臣西報》（*The China Mail*）兩晚報只出紙半張（兩版）。[19]
由此可知，《華僑日報》是當時唯一能夠繼續出版的中文報紙。直到 7 月
8 日，港商洪興錦、黃德光等人創辦了《工商日報》，市面才有另一種中
文報紙，不過《工商日報》最初僅出紙半張。

《華僑日報》在受影響期間的新聞報導，與之前的報導在篇幅和言論
上都有所不同。該報開始稱「五卅慘案」為「五卅案」，每日跟進其交涉

經過。罷工最初的幾日，《華僑日報號外》詳細報導香港各行業罷工、罷課情況，例如 6 月 23 日就有〈各醫院罷工情形〉、〈大學堂之現狀〉、〈香港大酒店罷工後之內容〉、〈豬肉行罷工〉等篇。該報作為唯一繼續出版的中文報紙，不但刊登華民布政司的告示，並對港英政府應對罷工的言論和措施加以報導，如在 6 月 23 日的報上提到，政府雖不阻人離港，但禁止離港北上的罷工工人攜帶米石、麵粉、罐頭以及超過五元的金銀紙幣 [20]；此外，同日還刊登〈周壽臣解釋政府態度〉，次日又有〈對於罷工潮之港督言論〉[21] 等新聞。

《華僑日報號外》尤其關注市面與民生息息相關的消息，例如〈罷工期間之重要問題〉，報導了清潔工罷工後，清潔局安排市民傾倒糞便污物的具體場所；[22] 又刊登〈街市分男女賣肉處〉、〈華人餅店、西餐館之今昔觀〉等消息 [23]，報導食物和食肆的情況；此外，還特別發表時評〈為高抬物價者告〉，抨擊市面奸商趁亂抬高物價的行為。[24] 該報並對粵省的罷工、民生情況有所注意，刊登了〈廣州市華人與沙面西人衝突〉（6 月 25日）、〈省城糧食飛漲之消息〉（6 月 27 日）、〈罷工上省者將編為工團軍〉（6 月 28 日）等消息。

《華僑日報號外》特別注意慈善團體和工商業團體的消息，例如〈廣華醫院之賣米情形〉，報導了廣華醫院以低價賣米給貧民，以穩定市面的情況；[25] 又如〈華商總會開會討論維持商業事〉，報導了華商總會召集值理與各行業代表敘會，商討維持商業的辦法、商議向政府請求增加運銀出口數、建議組織自衛消防隊。[26] 到了 7 月中旬左右，罷工的事態開始逐漸有所好轉，《華僑日報號外》也及時刊載復工、復市的消息，如〈傳聞

街市將全數復開訊〉（7 月 12 日）、〈各茶樓復業調查〉（7 月 15 日）；7 月 17 日，《華僑日報》有〈自來水工人復工〉的報導。

三、《華僑日報》反映的現象和問題

省港大罷工爆發後，由於排字工人進行罷工，《華僑日報》也受到了影響。其間，該報對「五卅案」和大罷工的報導力度與之前大有不同，相關的報導佔新聞篇幅的大半，特別是一些與普通民眾生活攸關的問題，包括民生、交通等情況，每每詳加關注。此外，《華僑日報》對華人慈善、工商團體為維護社會安定所作的努力，也不吝地予以報導。但是由於電訊中斷，《華僑日報》的外國新聞和國內消息，大部分都轉載自西報。

廣州政府封鎖香港，使香港市面一度陷入恐慌，至 7 月中旬後，市況始稍微回復。但經濟受封鎖影響出現蕭條，1925 年香港出入口貨總值只有 1924 年的一半，大量商戶倒閉，政府收入大減，要向倫敦借款三百萬英鎊以渡過難關。[27] 港英政府對事件最初持強硬態度，要求倫敦派遣海軍封鎖華南各港口；並且試圖煽動反對廣州政府的地方軍事力量進攻廣州。但英國則指示港府保持克制。到了 1925 年年底，對峙開始出現緩和現象。原本主張強硬的港督司徒拔（Reginald Edward Stubbs，1876-1947）離任，新任港督金文泰（Cecil Clementi，1875-1947）11 月到任後，表現出較為友善態度，派出輔政司到廣州與國民政府談判解決罷工。1926 年 3 月，省港罷工委員會因「中山艦事件」而被蔣介石（1887-1975）繳械[28]。4 月初以後，國民革命軍開始北伐，注意力有所轉移，大罷工逐漸鬆懈。

6月，廣州國民政府派宋子文（1894-1971）、陳公博（1892-1946）及陳友仁（1879-1944）與英國政府談判罷工問題，港督覆函指「罷工實際已成過去」。[29] 9月18日，廣州國民政府宣佈將於10月10日解除對香港封鎖。10月10日，罷工委員會解散，省港大罷工正式宣告結束。大罷工自1925年6月19日發生至此，歷時將近一年半。

應予注意，1925年7月中旬以後，有關省港大罷工的報導已經不再是《華僑日報》的主要內容了，該報的新聞題材逐漸恢復到罷工爆發前的形態。但是對於與罷工相關的重要消息，該報仍有所關注，例如1925年下半年有〈酒業工潮之解決難〉（8月30日）、〈工潮解決聲中之工人狀況〉（9月28日）、〈連日解決工潮大會議〉（9月29日）等；1926年起，有〈解決風潮之別訊〉（1月1日）、〈解決罷工潮又一好消息〉（3月6日）等。

總括來說，省港大罷工期間，《華僑日報》報導了大量有關的消息，又刊載了一些評述文章，從中還可以看出以下幾點：

其一，是《華僑日報》在省港大罷工爆發前後的態度、言論有明顯轉變。由「滬案」、「滬潮」到「五卅案」的稱呼的變化，可以看出《華僑日報》最初是以旁觀者的態度看待「五卅慘案」和隨之而來各地的罷工事件的；然而省港大罷工發生後，《華僑日報》或者說是香港市民，已由旁觀者轉為身處其中的當事人了。省港大罷工爆發之前乃至爆發初期，《華僑日報》在言論上對在港華人參與罷工是持否定態度的，對罷工的發展也不樂觀，如該報曾發表文章聲稱「香港工人解釋並非自願罷工，謂為外界所壓迫」。[30] 之後，該報的態度卻又大為轉變，曾發表題為〈工人罷工與報紙出版之界線〉的時評，文中提到「此次罷工乃表同情於全國工人為愛

國之運動」，而「社會不可一日無報紙，人心驚憂事情，尤不可一日無報紙」，因此《華僑日報》以石印方式繼續出版的做法「當為一般明白事理之工界，及凡熱心愛國之各界所心許也」。[31]

其二，是罷工實質發生影響的開始和結束時間。通常認為省港大罷工是由 1925 年 6 月 19 日起開始，至 1926 年 10 月 10 日結束。但從《華僑日報》的報導可以看出，省港大罷工對香港造成實質影響是始自 6 月 22 日，而到 7 月中旬左右，香港社會已經恢復基本的秩序，民眾受罷工影響逐漸變小。特別是 1925 年 7 月 18 日，香港遭遇大雨，普慶坊房屋倒塌，死傷無數。之後的數日，《華僑日報》都將報導的重點集中在此一災難上，取代了對罷工事件的關注。

其三，是華人慈善團體和工商業團體在罷工期間所起的積極作用。由《華僑日報》的報導可以看出，以東華三院為首的華人慈善團體，及以華商總會為代表的工商業團體，均在香港遭遇罷工期間起了相當積極的作用。慈善團體通過低價賣米、賣肉等民生必需品安定了市面，穩定了物價；而工商團體則出面維持商業、組織自衛隊及消防隊，維護社會安寧，並在政府與罷工團體之間出面斡旋。這些華人團體對香港社會在罷工中迅速恢復秩序作出了極大的貢獻。

第二節　促進華人社會的聯繫和團結

　　《華僑日報》立足於香港華人社會，放眼各地華人的動態，致力溝通海外華僑與國內社會，在當時起着橋樑的作用。從 1925 年該報創辦時起，至 1937 年抗日戰爭爆發時止，報上刊登的消息和各類文章，足以反映出 1920 年代中至 1930 年代香港的政局變化和社會情況。當時華商已在社會上取得較重要席位，繼香港華商總會之後，1934 年有香港中華廠商聯合會的成立，1939 年有九龍總商會的成立；華人社團方面，1931 年東華醫院、廣華醫院和東華東院統一由一個董事局管理，合稱「東華三院」，並致力推行慈善福利事業，海內外華人均受其惠。作為華南報業集團的旗艦，《華僑日報》起了溝通社會各界的作用。

一、從《華僑日報》看香港華人社會的興起

　　《華僑日報》作為「華僑」的報紙，在其刊登的〈本報出版宣言書〉中提到，「本報所欲告我僑胞者」，是「僑民當注意教育、僑民當注意體育、僑民當注意實業、僑民當注意道德」。[32] 該報在香港出版發行，實際面向的讀者主要是香港的華人（當時視香港華人為「僑民」的情況甚為普

遍），所報導的也主要是與香港華人社會息息相關的各種內容；由於本地華人與海內外的華人社會往來頻仍，該報對香港以外地區的華人消息也表示了關注。在這方面，可以分三點予以說明：

其一，是對於內地尤其是粵省以及海外華人華僑的報導。華人之間總是血濃於水，不論是內地、海外抑或是香港的華人，彼此之間總是互通有無、交往頻繁，更不用說是距香港咫尺之遙的廣東了，瞭解各地華人、華僑的資訊，對香港華人來說是相當重要的。《華僑日報》創辦之初就在上海設有新聞專員，第一時間將上海乃至全國的新聞以電報形式發回香港，使得該報的讀者可以盡快瞭解內地發生的事情，有關內地的新聞通常在「本報專電」和「中外要聞」欄目中發表。《華僑日報》不僅報導內地新聞，在有重大國家事件發生之時，也往往與內地華人站在同一立場，譬如 1928 年日本侵佔我國濟南的事件發生之後，該報立即響應內地的反日言論，並且設立專版，以「全國一致對日」作為版頭，抗議日本的所作所為。[33]

廣東省與香港有着一衣帶水的關係，在港的華人或有親朋在廣東，或頻繁往來於粵港之間進行貿易。所以，《華僑日報》特設的「粵省要聞」、「粵省新聞」等欄目，專門報導廣東一帶的新聞，並派專員在廣東各地採訪，後更設立了「各屬專訊」一欄，專門報導順德、江門、四會、恩平等各縣的新聞。對於身處海外的華僑，《華僑日報》也多有關注，設立了「華僑消息」、「華僑情報」等欄目加以報導，如〈赴馬來亞華僑去年增加十四萬人〉、〈旅越華僑已得平等待遇〉、〈荷印政府維持樹膠狀況〉等新聞。[34]

其二，是對於在港華人的社會生活的切實體現。《華僑日報》關注香

港普通民眾的生活，注意報導與他們衣食住行息息相關的新聞，如食水問題自開埠以來就是港人的一大難題，該報就時常報導香港雨量多少、會否鬧水荒等情況；對居住問題，該報也有所關注，曾報導〈九龍塘之今昔觀〉，稱該處「屋宇增至百四十五所，華人居民尤多，園林極盛，故又名花園城」[35]。《華僑日報》又一報導的重點是社會新聞，包括刑事案件、天災人禍、奇聞異事等，如 1926 年〈大東旅店巨竊案判結〉（4 月 28 日）、1927 年〈裸體苦力病臥山邊〉（12 月 7 日）、1934 年〈塘西煤氣鼓一旦爆炸焚燒三街〉（5 月 15 日）。此外，該報對各種社會負面問題也時有提及，如婢女問題、私娼問題、藏毒問題、吸煙問題等等。[36]

《華僑日報》還對香港華人的日常娛樂生活有所反映，例如體育，在創報之時就設有「體育消息」欄，最初用來普及體育知識，後來開始報導體育賽事，並逐漸擴大版面，還曾在 1925 年的 10 月 8 日出過四版的《華僑日報足球特刊》。而由該報的部分廣告中可以看出，當時香港有眾多歌舞、戲曲、電影表演，同日刊登廣告的戲院達七八間之多；[37] 而自三十年代起，《華僑日報》開始登載當日賽馬的各場預測。

其三，是對香港華人社團、教育問題的關注。《華僑日報》的前身是《香港華商總會報》，因此它對華商總會的消息總是詳加報導，例如華商總會的每月值理敘會的情形，又如以半版的篇幅報導華商總會圖書館的開館情況。[38] 對香港另一大華人社團東華三院的報導，《華僑日報》也予以大篇幅報導，如〈昨日東院庚午兩病院開幕〉（1930 年 12 月 17 日）、〈東華三院新總理選舉情形〉（1933 年 1 月 17 日）等。而對香港其他各類華人社團，《華僑日報》時有提及，如〈中華體育會之宣言書〉（1926 年 8

月9日）、〈南華會提倡女子體育之貢言〉（1926年9月16日）、〈華人游泳會討論婦女入場問題〉（1927年7月4日）、〈保護兒童會成立首次敘會〉（1930年9月20日）、〈南京將派員前來指導組織香港華僑新生活促進會〉（1936年12月11日）等等。

《華僑日報》對香港華人的教育問題也非常關注，報上刊登了大量有關這方面的新聞，如〈紳商會議請政府在本港創設漢文中學〉（1925年12月10日）、〈發展本港學務之團防局紳意見〉（1928年12月11日）；該報還曾刊載香港大學的放榜消息，如〈考大學及格生名單〉（1926年1月1日）。一則題為〈幾間漢文中學謀學生轉學利便〉的新聞，且提到幾間漢文中學請廣州市教育當局派員來港教書，以使港校課程能與國內銜接，便利學生將來直升國內大學。[39]

《華僑日報》不僅報導香港華人社會的方方面面，該報刊載內容也確實體現出香港的華人社會在這一時期興起，華人成為一股不可忽視的力量，而報紙在一定程度上已足以表達華人的心聲。以下幾點，反映了華人地位的改變：

第一，是香港政府更為關注華民問題。省港大罷工以來，港英政府開始逐漸意識到，華人是香港社會不可忽視的一個重要組成部分。政府更為積極地謀求更好地管理華人的方法，這點從《華僑日報》的若干報導中可以看出一些端倪，如政府清潔局的專門開會議詳細討論「遷徙油麻地避風塘側蛋戶問題」。[40] 而且，政府在商討事務、制定政策時更加考慮華人的意見，從〈為食水事與華人代表談話〉（1926年3月19日）、〈關於金融變化華代表與當局商辦法〉（1935年11月8日）等新聞中可見一斑。

第二，是華人社團所起的作用越來越大。華人社團在省港大罷工一開始就顯示了其巨大的社會能量，無論是慈善團體還是工商團體，都為維護市面安定、維持商業運營、保障社會安定做出了相當突出的貢獻。各邑商會的代表更為了與罷工一方談判而多次派人北上，《華僑日報》就曾報導〈各邑商會代表預備提出之要點〉[41]，反映代表們為北上談判做出的詳盡準備。華人社團的社會地位隨着其重要作用而不斷提升，例如華商總會的地位已能與香港總商會（通稱西商會）並駕齊驅，〈西商會定期與華商西歐年國會代表接洽〉這一報導中提及，「西商會覆函華商總會，定期本月 [8 月] 六號禮拜四下午四點整，與華商總會代表接洽，磋商一切金融及重要商務問題。函中措詞，有極表歡迎之意云」[42]。此外，還有〈由華商會與西商會召開市民大會〉的報導，刊登華商總會與西商會共同探討政府財政事務的新聞。[43] 政府官員也開始對華人社團另眼相看，積極參與其活動，如港督金文泰曾到東華醫院巡視[44]，他又參加保護兒童會的成立大會[45]。

第三，是華人領袖在香港政壇和社會上崛起。隨着香港政府對華民事務的重視，華人社團在社會上的地位有所提升，華人領袖也在香港社會上有崛起之勢。港府希望透過華人領袖與華人溝通，管理華人事務，解決華人問題。這時期的華人領袖最突出的一位是周壽臣（1861-1959），他在 1926 年擔任首位華人非官守議員，並於同年與港督一起獲英皇賞爵士銜。[46]

華人問題逐漸受香港政府注重，華人社團和華人領袖的影響力相應提升，說明了華人開始具有了自己相應的社會地位，有了話語權，一個不容忽視的華人社會正迅速冒起。《華僑日報》在這個過程中擔當了華人輿

論界的重要角色，無形中也加強了華人社會各階層之間的溝通。1933 年 3 月 3 日，香港政府宣佈《華僑日報》為登載法律廣告的有效刊物，賦予中文報紙有「法定地位」，就是一個劃時代的開始。

二、《華僑日報》在戰前香港社會的地位和作用

《華僑日報》自創刊時起，在很短的時間內就贏得了市場，站穩了腳跟，奠定該報在香港新聞界的重要地位。首先應予指出，《華僑日報》是當時最早可以與西報抗衡的香港中文報紙。在此之前，香港的中文報紙大多是作為西報的附屬物出現，版面模仿西報，內容也常是由西報翻譯過來的。《華僑日報》由華人獨立創辦，有自己專門的編輯、採訪人員，報導的內容和讀者對象均以華人為主。特別是在省港大罷工期間，它以石印維持繼續出版，成為當時香港僅有的一份中文報紙，一下子就打開了銷路，與西報開始處於平等的位置。

其次，《華僑日報》為香港的中文報紙帶來新氣象。該報自開辦起就有數個創新：它在香港首創了星期日出紙，使市民在假日也有新聞可看，很快便從眾多中文報紙中脫穎而出了；它在上海、廣州等地派設採訪專員，以電報形式將當地的新聞以最快速度傳回香港；它首創在晚間派人採訪突發新聞，並趕在早報發行前排版付印，從而有了自己的獨家新聞。可以說，《華僑日報》提升了新聞的時效性，將現代的新聞報紙形式帶入了香港中文報界。

再者，《華僑日報》還建立了中文報紙與香港政府較好的關係。該報

的態度是：站在商人辦報的立場，多為香港工商界向政府表達意見，甚為政府重視。[47] 1933 年 3 月 3 日《香港政府公報》載，經華民政務司核定，由輔政司蕭頓發佈，承認《華僑日報》為登載法律廣告之有效刊物，「凡遵照 1923 年《防止業務詐欺轉移條例》第三條第三項規定，刊登一切關繫法律之商事告白，如刊登該報，即刻發生效力」[48]。

《華僑日報》創辦後，很快成為重要的傳播媒介，對本港以至外地的華人社會產生了促進作用，具體來說，有以下幾個方面：

第一，《華僑日報》提升了香港華人的知識與話語權。該報作為一份發行量較大的中文報紙，為廣大的香港華人傳遞新聞、提供資訊、開啟民智，例如每期都刊載〈香港法例彙編〉，普及法律常識，在一定程度上提升了香港華人的知識水平。《華僑日報》是站在華人角度、出版給華人看的中文報紙，代表了華人有了一定的話語權，而普羅大眾還可以向該報投稿，進一步發表自己的意見，讓自己的看法為他人所知，使報社與讀者之間產生了互動作用。

第二，《華僑日報》將本港與各地華人、華僑緊密聯繫起來。香港是聯繫國內華人和海外華僑的一個重要的紐帶。該報以「華僑」為名，在香港創辦，報導各地華人的新聞消息，加深了身處不同地區和國家的華人、華僑之間的聯繫與互動。又因為它是站在全體華人的立場上的，更有利於團結全體華人，追求共同的目標，加強華人間的凝聚力，從而形成一個有向心力的華人社會。

第三，《華僑日報》為華人社團和華文學校提供了表現的平台。如前文所述，該報的前身是一份華人社團報紙，所以它自創辦起，就給華人

社團提供了較為廣闊的空間，它樂於刊登有關華人社團的新聞和消息，華人社團也樂於在這個平台上展示自己，形成合作雙贏的關係。《華僑日報》在自己的出版宣言中提到，僑民首要要注意的就是教育。因此，該報一貫重視教育方面的新聞消息，並提供大量的版面給華文學校發佈告示、刊登新聞。該報因而也為文教界所重視，數十年如一日。

第四，《華僑日報》本身也參與了華人團體的一些活動。一份報紙也是一個機構，它在報導社會的同時也在參與社會。例如它曾參與籌建香港保護兒童會；又如它曾經發起「救濟災區難民運動」，籌集代收捐款，繳交給東華醫院施賑，以救助因煤氣爆炸而無家可歸的災民。它不僅以一份報紙的身份在如實地反映社會，也以機構的身份盡力改善所處的華人社會。

可以確定地說，《華僑日報》的面世，不論是在精神層面，還是在物質層面，都對香港華人社會的興起產生了重大的作用。這情況在抗日戰爭前期仍然持續有所發展，直至1941年底香港淪陷為止。第二次世界大戰結束後，香港社會由重建而逐漸臻於興盛，《華僑日報》秉承其重視工商界和文教界的傳統，繼續為本地和海外華人社會服務，主要包括：一、倡導愛國運動；二、協助賑濟災民；三、致力社會福利；四、倡導兒童健康；五、贊助文娛活動。[49] 其熱衷於社會發展的表現，在同時期的中文報紙中罕有其匹。

省港大罷工後至1937年中日全面開戰的十幾年間，香港人口不斷上升。1925年全港人口七十五萬左右，1931年增至八十五萬；到1941年香港淪陷前，倍增至一百六十萬人。在1937年之前，國內的文化界人士仍

未大量來港，此時的政黨報紙有式微之勢。當時除了《華僑日報》、《工商日報》等以商營為宗旨的報紙外，還有一些「小報」出現，當中最有名的是《胡椒》和《骨子》[50]，以趣味、消閒題材及刊登秘聞來吸引讀者。當時的大報售價五仙，市面上還流行「一仙報」，如《天光報》[51]、《成報》[52]、《南強日報》等，內容以讀者趣味為依歸，屬於「市場導向」的報紙。但報紙商業化的趨勢，因香港淪陷而一度中斷。[53]

　　1937 年 7 月 7 日，盧溝橋事變爆發，中日戰爭開始，事態迅即牽動了整個香港社會。在此之前，中國內地發生的政治變動和戰爭，甚至是英國參與第一次世界大戰，都沒有直接對香港造成影響，但這次中日戰爭很快就使香港被戰爭的氣氛所籠罩。當時香港的報紙，不論是歷史悠久的「老報」，亦或是新創辦的報紙，亦不論其背景如何，都以宣傳抗日為中心，香港市民都很關心中國的情況，所以報紙銷路迅速上升。[54]《華僑日報》曾經不斷發動僑胞捐獻運動，支援抗日戰爭，先後收集捐款購置救護車六十多輛，以香港僑胞名義捐獻中央政府，救傷扶危，盡其天職。[55] 戰事對香港報業亦帶來一些影響，1938 年 3 月，《申報》從上海遷至香港出版[56]；同年 8 月，《大公報》香港版創刊[57]。而在本地，1938 年也有兩份重要的報紙創刊，一是《星島日報》，另一是《成報》。香港政府對這些不同政治立場的報紙基本上採取不干預政策，但亦加緊新聞檢查的尺度，當時英國與日本並非處於敵對狀態，所以禁止報紙出現「日寇」、「敵軍」等字眼。香港人口在 1937 年已達一百萬，國內同胞由於逃避戰火，來港的人甚眾，至 1940 年間，全港人口約有一百六十萬人，當中有不少知識人士。人口劇增和社會變化，加上對戰事消息的關心，一

時之間使這個彈丸之地的報業異常發達，競爭亦非常激烈。[58]

　　五四新文化運動期間，白話文興起，但 1920 年代香港的文人，仍多寫舊式文章。當時香港幾家老牌報紙，新聞、社論、小說、小品都是用文言文；《華僑日報》副刊編輯吳灞陵稍涉新文藝，「香海濤聲」到了 1932 年已白文交雜，既有「之乎者也」，亦有「的了呢麼」。抗日戰爭爆發後，《大公報》南遷香港，帶來了新風氣，白話文書寫佔了強勢，副刊主編是詩人徐遲；另有宋子文之弟宋子良做後台的《星報》（晚報），水準和格調都很高，副刊主編姚蘇鳳是上海都市派文人，選稿標準很高。而在香港創刊的《星島日報》，其主持人是上海南來的文人，水準也較高，從此《星島日報》就成為《華僑日報》的勁敵，直至戰後，兩報的競爭維持了數十年。[59]

　　1939 年 8 月，日本政府調查部派駐香港的人員對全港報紙進行了一項調查，編成《香港的新聞事業》報告，從中得悉當年《華僑日報》的銷售數約為六千份，少於《工商日報》的萬餘份、《工商晚報》的約一萬份，比《循環日報》的約五千份、《華字日報》的約三千份多；《華僑日報》出紙二十四版，是全港篇幅最多的，其次是《華字日報》十六版，《循環日報》和《工商日報》各十二版，《工商晚報》則出紙四版而已。日報售價為五仙，晚報售價為一仙。《華僑日報》的總經理是岑維休，編輯是張知挺，讀者層為工商界、教育界及華僑，其論調在中日糾紛前屬「中庸」，七七事變後與其他報紙相同，不免排日。《華僑日報》兼營日刊《南強日報》和晚刊《南中報》，《南中報》銷量約為一千五百份，出紙八頁，社長兼督印是江民聲，編輯是張知挺。[60]

第三節　香港淪陷時期的報業和社會狀況

　　1941 年 12 月 8 日上午，日本空軍開始襲擊香港，日本陸軍亦從深圳進攻香港；英軍抵抗失敗，於 11 月棄守九龍；13 日，英軍全部撤退到港島。18 日晚上，日軍在港島東部登陸；25 日，港督楊慕琦（Mark Young，1886-1974）親自渡海到九龍尖沙咀半島酒店，向日軍統帥酒井隆中將簽字投降，作為戰俘被送入集中營。據估計，在香港攻防戰中，英軍約有一萬二千人，死傷四千多人；日軍約有三萬人，死傷二千七百多人。香港淪陷後，工商各業處於艱難困苦的境況，文教活動幾於停頓，報界亦只能掙扎求存。

一、淪陷期間的香港報業

　　日軍突發入侵香港之舉，使報界受到了巨大衝擊，大部分中文報紙因缺乏紙張，相繼停刊，只有《華僑日報》、《國民日報》、《工商日報》等仍可勉強出版，但都提高售價和縮減篇幅。但實際上並沒有多少新聞報導，主要刊登的是港府情報部的公報；此外，就是社會上的一些傳言。[61] 12 月 25 日《華僑日報》刊登了港島形勢好轉的消息，而事實是港府向日

軍投降。香港淪陷翌日，香港市面上只能買到《華僑日報》和《國民日報》兩家報紙，《華僑日報》刊載：「日軍已於昨天下午六時佔領香港。」《國民日報》沒有香港被佔領的消息，可能該報在前一天下午就已編好，當時還不知道此事。[62] 接着，就只有《華僑日報》一家報紙能夠繼續出版。及至 12 月 28 日，《香港日報》、《南華日報》、《天演日報》、《自由日報》等復刊。

淪陷初期，香港共有十一家中文報紙得以出版，包括《南華日報》、《天演日報》、《自由日報》、《華僑日報》、《華字日報》、《循環日報》、《星島日報》、《大眾日報》、《大光報》、《新晚報》、《香港日報》；後者另有日文版和英文版的《香港新聞》（ *The HongKong News* ），《香港日報》是香港報業史上僅有的三語報紙。[63] 除了日本人所辦的《香港日報》和汪精衛政權所辦的親日報紙《南華日報》外，其他報紙都要被迫與日本佔領軍政府合作；其後，日軍政府以白報紙供應不足為由，逼迫各家報紙於 1942 年 6 月 1 日起合併，《華僑日報》遂成為僅存的五家中文報紙之一。[64] 其餘四家是《香港日報》、《南華日報》、《香島日報》和《東亞晚報》，《香島日報》是由《星島日報》與《華字日報》合併改組而成，《東亞晚報》是由《循環日報》與《大光報》合併而成的，各報於當日都刊登了合併啟事。(表3) 二十世紀出版的香港報紙之中，由戰前、淪陷期至戰後一直用相同名稱，而且沒有中斷刊行的，僅《華僑日報》一家而已。

1942 年 6 月 1 日，《華僑日報》出紙兩張，其中一張是「成立特刊」，〈本社成立宣言〉說明該報是由華僑日報社與大眾日報社合併而來，社中全人「謹守民族固有之崗位，向純商業性之報紙發展，予一切以正確而

表 3　香港淪陷時期中文報紙的合併情形

報紙名稱	説明
1.《華僑日報》	由《華僑日報》與《大眾日報》合併而成，仍稱《華僑日報》。
2.《香島日報》	《華字日報》與《星島日報》合併和改名而成。
3.《東亞晚報》	《循環日報》與《大光報》合併和改名而成。
4.《南華日報》	《南華日報》是汪精衛政權所辦，《自由日報》、《天演日報》、《新晚報》均併入《南華日報》內。
5.《香港日報》	《香港日報》是日本人所辦的報紙，除中文版外，還有日文版《香港新聞》和英文版 The HongKong News，是香港報業史上僅有的三語報紙，成為日佔時期的官方報業機構。

有建設性之報導與宣傳，使上無愧於祖宗，下無須負於民族，進而集中人力、物力於大東亞新秩序之共榮，求世界人類永久之和平之再見」。此外，還有岑維休的〈回顧與前瞻〉和日軍政府報導部西川的〈祝辭〉。[65]

　　淪陷期間，以 1942 年 7 月 10 日（星期五）出版的《華僑日報》為例，報頭印有「中華民國三十一年」字樣，出版一大張，共有四版，每份售軍票五錢，每月訂報費用為港幣二元五角。為首一篇「特譯」，是〈同盟社戰地訪員塞港視察記〉；頭條新聞是〈德軍深入頓河盆地〉，副題是「蘇聯再動員部隊作決戰」；關於中國的新聞是〈浙省麗水南展開新作戰〉，副題是「日機炸溫州」。當天的「社論」，是〈土耳其的中立問題〉。

　　第二版是港聞，為首一則「特訊」是〈當局禁囤積民用必需品，違者決予懲處〉，副題為「當局決心平抑物價安定民生」；其餘報導，包括〈紀

念七七精神訓話〉、〈第二街發生殺妻慘案〉、〈安南米一大批昨日其卸入倉〉、〈劃除英夷街名〉等。廣告約佔全版四分之一篇幅，計有娛樂戲院、利舞台、明治、新世界等上映電影和戲團廣告，以及瑞興百貨公司、忠誠珠寶公司廣告等。《華僑日報》是當時唯一設有分類小廣告的報紙，收費是「大字四個，細字五十個，三天收五元」。

同日第三版屬副刊性質，但內容都是一些活動消息，例如南華體育會足球隊出征澳門，改期啟程；香港中醫學會舉辦中醫登記開始，中醫資格將擬定標準審查；香港競馬賽會第七次競馬，將有日本馬運港參加；另有一篇題為《收買鑽石》的「本報特寫」，副題是「成為目前最投機的事業，我寫給你一篇《鑽石經》」。下半版為分類廣告，包括買賣、職業、訪尋、招生、啟事、徵求、介紹、代郵、租讓、醫藥等項，還有公告和離婚啟事等。第四版是《香港電影協會旅港影人劇團公演特刊》，介紹一齣記錄性的獨幕劇《香港第一百回聖誕節》，描寫 1941 年香港聖誕節在防空洞內發生的故事，「本事」中提到「砲火能把一切毀滅，而人性是毀滅不掉的，在戰爭的大轉變中，每一個人可能的也會轉變」。另有《都會流行病》，是據法國喜劇作家莫里哀的名著《裝腔作勢的女人》一劇改編；此外還預告了幾個新戲，計有《家》、《原野》、《偽君子》、《花濺淚》等。[66]

《華僑日報》在淪陷期間逢星期日出版「文藝周刊」，常設的專欄有陳君葆的〈水雲樓隨筆〉、葉靈鳳譯〈高爾基日記抄〉、戴望舒的新詩等[67]，此外還選載一些日本人的文章，如香坂順一〈關於廣東續通志〉[68]、青木正兒〈中國的繪本〉[69]。

由於各家報紙都處於日本軍政府報導部的直接監督和控制下，論調一致，消息來源又單調，所以各報內容都是大同小異。副刊方面，只能撰寫賽馬活動等娛樂文章或風月小說；各報都有四分之一的篇幅，被煙酒、電影之類的廣告所佔領。到了 1944 年 8 月 22 日，情況更加惡劣，香港各報開始調整版面，減少內容，由原來的一大張改為半張，第一版為國際新聞、社論、廣告，第二版為香港新聞、副刊及廣告。[70] 其中，《東亞晚報》支撐了半年，就維持不下去，在 1945 年 3 月就停刊了。淪陷時期的香港報業，至此已近尾聲了。

二、「三年零八個月」的艱苦生活

1941 年剛好是英國管治香港一百周年，但這年的 12 月 25 日則是香港史上的一個「黑色聖誕日」。日軍於翌日宣佈港幣以二元兌一元軍用票的比值，同時流通使用。當時全港人口估計約有一百六十四萬人，淪陷之後，由於戰爭、動亂以及日軍推行「歸鄉政策」，藉此減少本港人口，在「三年零八個月」期間，人口下降至只有六十萬人。

1942 年 2 月 20 日，日本宣佈香港為佔領地，任命陸軍中將磯谷廉介為佔領地總督，平野茂為副總督；成立「區役所」，實行戶籍調查和管理物資配給，市民每人每日配米六兩四；這年年中，社會秩序漸趨穩定，全港約有一百家白米配給所。[71] 到了 1943 年 2 月以後，每人每月只獲配給糙米十二斤、麵粉六兩，而且價錢上升了一倍多。[72] 但其後配米制度因米糧缺乏而取消，且導致日常生活用品的價格不斷上升。1944 年中，《華

僑日報》在專文列舉了物價銳升的情況：

> 取消米配給之時，物價確曾一度上趨，但不久即歸平復，以迄於
> 今。在此之前，本港的物價，一直維持着水平狀態，概括言之，是米三
> 元以上四元不到（斤）、油卅元、柴四十元（擔）、魚七元至廿元（斤）、
> 肉類廿五到卅五元（斤）；但至最近止，前後不到兩星期，價格的差
> 額，達半倍或者一倍，甚至有達兩三倍。物價漲高程度，竟有超過宣佈
> 取消一般米糧配給時者。此種情勢，不能不令到一般居民感覺訝異。[73]

1942 年 4 月 25 日，香港賽馬會改名為「競馬會」，並恢復舉行第一次賽馬，藉此粉飾太平。有關賽馬的消息，都定期在報上刊登。此外還發行名為「香港厚生彩票」的博彩獎券，供市民購買。[74] 大型的體育活動仍時有舉行，成為市民的一種集體娛樂。當時本港居民深受日軍滋擾，例如為了擴建啟德機場，將九龍城一帶屋宇民房強行清拆，興建新跑道，拆掉民房達二千家；日軍駐港防衛部決定在灣仔駱克道一帶設立「慰安所」五百家，強令被劃在範圍內的居民於三天內全部遷出。

1943 年 6 月底，佔領地總督部宣佈停止使用港幣，並限令市民改為港幣以四比一兌換軍票。香港兩大慈善團體東華三院和保良局在戰時受到破壞，但仍盡力維持服務。公共交通方面，港島電車受衝擊較少，每日仍有五六十輛行走，成為主要的交通工具；但公共汽車（巴士）則多被徵用或受破壞，港島只有尖沙咀至九龍城、青山道等四條路線。1943 年全港人口不足八十萬，翌年下降至六十萬人左右。

　　1944 年 2 月，香港佔領地總督磯谷廉介調任台灣總督，日南支派遣軍司令官田中久一兼任香港佔領地總督。4 月 15 日，政府宣佈取消配給制度，改由米商運米入口供應。7 月，因燃料缺乏，電力廠不能發電，因而全港電燈無光，電車亦告停駛；不久，電廠改以柴代煤發電。這年 12 月底，日本佔領香港三周年的時候，社會幾陷停頓，市民生活困苦已達極點。進入 1945 年，日軍已是苟延殘喘，盟軍大舉反攻，日本終於 8 月 15 日宣佈無條件投降。8 月 27 日，囚禁在集中營內、原本為香港輔政司的金遜，在電台向港人發表廣播，準備於英軍抵達香港受降後，恢復英國對香港的統治。

　　1944 年 9 月間，《華僑日報》出版過一本名為《香港雨景》的小說，作者署名羅拔高，本名盧夢殊。香港淪陷期間，他在《華僑日報》副刊「僑樂村」發表作品，以當時香港的社會狀態作背景，並將十個短篇小說結集成書，依次是〈黎明〉、〈企米〉、〈山城雨景〉、〈熱狗〉、〈夜〉、〈黃昏〉、〈對方三部曲〉、〈阿囡〉、〈寂寞者底畫像〉和〈竹槓的人生〉，書首有葉靈鳳的序，書末有戴望舒的跋。[75] 正如葉靈鳳所說，「《山城雨景》所描寫的山城，毫無問題的是本地風光」[76]；此書反映了香港市民在黑暗歲月的一些生活狀況，也為當時蒼白的文壇填補了少許色彩。

　　1944 年 10 月，香港學界發起「一毫運動」，籌集資金援助九龍地區因空襲而失業失學的員生和罹難者的家屬，《華僑日報》特於「香港簡評」刊登〈推廣「一毫運動」〉，向社會發出呼籲。[77] 當時全港學生約有一萬八千人，這個運動號召每人捐助一毫，即一張十錢軍票，所以又稱「十錢運動」。其後，報上亦有跟進募捐情況。[78] 1945 年 4 月，港島銅鑼灣在

空襲中災情慘重，《華僑日報》發起協力救濟空災，讀者紛解善囊，隨即收到善款三千四百元，並有各種藥物，由報社轉交法國醫院及銅鑼灣區居民。[79]

三、《華僑日報》隱藏的信息

香港淪陷期間，所有新聞皆由香港佔領地總督部報導部統制，中央通訊社香港分社由汪偽政府中宣部接辦，日本的同盟社也是當時得令的宣傳機關，香港新聞的發佈全歸中央社和同盟社包辦，報紙雖然各有自己的外勤記者，但採訪的新聞都要經過報導部新聞班檢查，才准許發表；而既經檢查獲准發表的新聞，假如出了亂子，報館和新聞記者仍要負責，仍要接受處分。[80]

《華僑日報》曾經鬧出笑話，是跟校對有關的，雖屬小事一樁，卻差點引起麻煩。當時香港的報章要稱日本軍為「皇軍」，要稱日本為「大日本」，有個執字工人誤把「大」字執成「犬」字，報紙出版時印成「犬日本」，事態相當嚴重。日本憲兵到報社質問，報社要立即道歉，並保證不會再發生，於是在執字房的字甌上拿走「犬」字，避免再犯同樣的錯誤。另外有一件事是被漢奸所害的，是關於報章的廣告。《華僑日報》曾刊出一個賣「掃把」（掃帚）的廣告，內容說那裏集中了很多掃把，是掃把大本營。後來由漢奸告密說，「掃把」在粵語中可以是動詞，「掃把大本營」是暗示要掃走日本人，於是日本憲兵就立即到報社去，命令刪去那個廣告。[81]

論者指出，在軍刀鐵蹄下的相關新聞從業員，除了被迫歌功頌德之

外，簡直無事可為。不過，亦有部分報紙編輯利用編輯技巧，暗中反日。《華僑日報》一名編輯回憶說：「我們便運用五花八門的編輯技巧，於電訊的編排上和標題做功夫。我們將敵人（日本人）的宣傳更從而故意矛盾之、誇張之、顛倒之，使人一見而辨其虛偽真實；或者用雙關辭句，或者斷章取義，或者小題大做，或者揚敵隱諱，務使日寇的弱點暴露。我們運用的手法不一，撲朔迷離，日人無從捉摸，但僑胞們卻知怎樣尋味。編排上，有時前頭排上一段『日軍進攻』，後面就來上一段『美軍登陸』；這裏一段『日軍赫赫戰果』，跟着就是一段『全員玉碎』，用這樣的方式來互相襯托、對照。」又說：「電訊中常有許多令人肉麻的字眼，不利我方（中國）的宣傳，和對我方不利的消息，便暗中將其刪削，或將其竄改。日人質問，便以文字不佳，不合文法等語來應付。日人不懂中文運用的奧妙……他們又不敢檢去，也不敢亂改，恐怕弄錯反成笑話，但又不肯虛心請教，以免暴露自己的不通，於是馬馬虎虎通過，我們之計，便得售了。」

另外，亦在報紙社論採用各種手法，表達心聲，慣常採用的手法是「弦外之音」、「模棱兩可」和「避重就輕」。報紙副刊的版頭亦被用作反日，例如《華僑日報》的「僑樂村」，自 1943 年 1 月起，便以「推背圖」和「中國預言」等方式，向讀者作出暗示，每月更換一個版頭，用時鐘做版頭的主題，意思是告訴讀者，聯軍反攻的時間業已來臨，希望讀者認識現實，注意時間的因素。當年 5 月的版頭，繪一個美女騎着飛馬，表示空戰已經大規模開始。但因該報不斷轉換副刊版頭，曾數次遭受日本人查問和恐嚇。[82]

　　證諸《華僑日報》編輯，江河說：「張艾主編的副刊，『僑樂村』版頭是類似尖沙咀火車站那座鐘樓。據他說，那個大鐘的長短針時有變化，暗示盟軍即將反攻香港，至於如何可使讀者得知，不大清楚。」[83] 第二次世界大戰結束後，謎底終於解開，《華僑日報》曾在報上刊登專文加以說明，並將不同的版頭並排印出來。這篇由岳華撰寫的，題為〈本報僑樂村版頭之謎〉的文章提到：「開始刊出的這些版頭的時候，我們並沒有意思把它弄成一種對讀者暗示什麼的東西，但在後來，我們給讀者們追問太多了，他們的猜度和信仰，我們感覺到不能辜負他們一番信賴本報的盛情，我們更瞭解到那些圖畫是可以利用來做一種神秘暗示」，於是「自一九四三年一月起，我們決定利用僑樂村的版頭來做一點工作：所以一九四三年整年中，我們每月更換一個版頭」。文中還揭露了一些圖案的暗示意義，例如「揮舞鐮刀的歷史老人」代表德、日、意等國戰況的失利；「飛機背景」意為空戰激烈；「海神」暗指英國海軍；「穿着四條鑰匙的鑰匙圈」暗示中英美蘇的聯合……最後，岳華說：「僑樂村版頭並不神秘，不過是一種心理宣傳方法而已。我們曾經利用僑樂村版頭來提高本港民眾的士氣和必勝信念」。[84]「三年零八個月」是香港史上一段黑暗而艱苦的歲月，相對於內地漫長的八年抗戰，時間約為一半，所以對本港報業並未造成長遠的影響。[85] 日本投降後，除了《華僑日報》繼續出版外，部分已停辦的報紙紛紛復刊，並迎來了報業復興時期。

註釋

1　Robin Hutcheon, *SCMP: The First Eighty Years*, p. 62; 李少南〈香港的中西報業〉，王
　　賡武主編《香港史新編》下冊，第 515 頁。

2　莊玉惜著《街邊有檔報紙檔》（香港：三聯書店，2010 年），第 91-92 頁。

3　蔡洛、盧權著《省港大罷工》（廣州：廣東人民出版社，1980 年），第 22 頁。

4　劉明逵、唐玉良主編《中國工人運動史》第三卷（廣州：廣東人民出版社，1998 年），
　　第 112-113 頁。

5　《華僑日報》，1925 年 6 月 5 日，第 2 頁。

6　《華僑日報》，1925 年 6 月 12 日，第 7 頁。

7　《華僑日報》，1925 年 6 月 13 日，第 4 頁。

8　《華僑日報》，1925 年 6 月 18 日，第 6 頁。

9　《華僑日報》，1925 年 6 月 11 日，第 6 頁。

10　《華僑日報》，1925 年 6 月 18 日，第 6 頁。

11　《華僑日報》，1925 年 6 月 19 日，第 6 頁。

12　原文如此，可見當時的《華僑日報》對罷工一詞仍採取隱晦迴避之態度。

13　《華僑日報》，1925 年 6 月 20 日，第 6 頁。

14　罷工當天出版的《華僑日報號外》是第 5 號。在此之前已出版的《華僑日報號外》計
　　有 6 月 6 日（星期六）、6 月 13 日（星期六）、6 月 14 日（星期日）和 6 月 20 日（星
　　期六）。

15　《華僑日報號外》，1925 年 6 月 21 日，第 3-4 頁。

16　《華僑日報號外》，1925 年 6 月 22 日，第 1 頁。

17　《華僑日報》，1925 年 7 月 16 日，第 1 頁。

18　《華僑日報號外》，1925 年 6 月 22 日，第 2 頁。

19　《華僑日報號外》，1925 年 6 月 24 日，第 3 頁。

20　《華僑日報號外》，1925 年 6 月 23 日，第 3 頁。

21　《華僑日報號外》，1925 年 6 月 24 日，第 2 頁。

22　《華僑日報號外》，1925 年 6 月 27 日，第 1 頁。

23　《華僑日報號外》，1925 年 7 月 3 日，第 2 頁。

24　《華僑日報號外》，1925 年 6 月 24 日，第 2 頁。

25　《華僑日報號外》，1925 年 6 月 28 日，第 1 頁。

26　《華僑日報號外》，1925 年 7 月 3 日，第 2 頁。

27　廣東省檔案館編《省港大罷工資料》（廣東：廣東人民出版社，1980 年），第 685 頁。

28　1926 年 3 月 18 日，蔣介石指使其親信以黃埔軍校駐省辦事處的名義，命令海軍局代理局長、共產黨員李之龍派中山艦到黃埔候用，然後以共產黨陰謀暴動為藉口，於 20 日晨宣佈戒嚴，派兵包圍省港罷工委員會和蘇聯顧問辦事處及其住所，逮捕了李之龍等共產黨員五十餘人，並扣押黃埔軍校和國民革命軍中的共產黨員。

29　《省港大罷工資料》，第 633-650 頁。

30　《華僑日報號外》，1925 年 6 月 22 日，第 3 頁。

31　《華僑日報號外》，1925 年 6 月 23 日，第 2 頁。

32　《華僑日報》，1925 年 6 月 8、9 日，第 2 頁。

33　《華僑日報》，1928 年 5 月 8 日，第 1 張第 2 頁。

34　《華僑日報》，1935 年 11 月 8 日，第 5 張第 3 頁。

35　《華僑日報》，1927 年 7 月 1 日，第 4 張第 2 頁。

36　《華僑日報》，1929 年 8 月 22 日，第 2 張第 3 頁；《華僑日報》，1935 年 4 月 19 日，第 2 張第 3 頁；《華僑日報》，1926 年 3 月 26 日，第 2 張第 3 頁。

37　《華僑日報》，1930 年 12 月 15 日，第 3 張第 4 頁。

38　《華僑日報》，1929 年 1 月 3 日，第 3 張第 4 頁。

39　《華僑日報》，1933 年 3 月 6 日，第 2 張第 1 頁。

40　《華僑日報》，1928 年 12 月 12 日，第 2 張第 3 頁。

41　《華僑日報》，1925 年 9 月 29 日，第 2 張第 2 頁。

42　《華僑日報》，1925 年 8 月 3 日，第 2 頁。

43　《華僑日報》，1936 年 8 月 16 日，第 2 張第 3 頁。

44　《華僑日報》，1925 年 12 月 16 日，第 2 張第 2 頁。

45 《華僑日報》，1930 年 9 月 2 日，第 2 張第 2 頁。

46 《華僑日報》，1926 年 1 月 3 日，第 4 頁。

47 林鈴〈歷史悠久的香港《華僑日報》〉，鍾紫主編《香港報業春秋》，第 52 頁。

48 吳灝陵〈華僑日報現狀〉，《香港年鑑》第三回（1950 年），特載，第 12 頁。

49 〈華僑日報六十七年〉，《香港年鑑》第四十五回（香港：華僑日報社，1992 年）。

50 《胡椒》和《骨子》是 1920 年代後期至 1930 年代暢銷的小報，《骨子》創於 1928 年，
是孫壽康、羅灃銘合辦；《胡椒》是林柏生所辦，其後由汪精衛支持，且資助出版《南
華日報》，《胡椒》成為該報的附屬刊物。

51 《天光報》創於 1933 年，由胡秋五兼社長，汪玉亭任總編輯，該報曾掀起讀者（尤其
是家庭主婦和女學生）閱讀連載小說的熱潮。

52 《成報》創於 1929 年 5 月 1 日，原為三日刊小報，其後每日出紙一大張，以「在商言
商」為宗旨，特別重視副刊。

53 李少南〈香港的中西報業〉，王賡武主編《香港史新編》下冊，第 518-519 頁。

54 余炎光〈抗戰初期的香港社會和經濟〉，《樹仁文史專刊》創刊號（1996 年），第
224-226 年。

55 〈華僑日報簡史〉，《華僑日報六十周年紀慶專刊》，第 3 頁。

56 《申報》原是 1872 年在上海創辦的報紙，歷史悠久，以敢言見稱，有很大影響力。
1937 年七七盧溝橋事變爆發，日軍全面侵華，上海淪陷後，大批文化人陸續遷移到內
地地區和香港。《申報》遷港，由 1938 年 3 月 1 日出版至 1939 年 7 月 31 日。

57 《大公報》原是 1902 年英斂之在天津創辦的報紙，其後由張季鸞、吳達詮和胡政之接
辦，抗日戰爭期間，該報遷至漢口、香港、桂林、重慶等地出版，後因戰事激烈，被
迫停辦。抗戰勝利後，各地《大公報》相繼復刊，香港版《大公報》於 1948 年 3 月
15 日復刊至今。

58 鄭鏡明〈香港報業斷代史 —— 香港淪陷期間的中文報業〉，《明報月刊》第 23 卷第
10 期（1988 年 10 月），第 105 頁。

59 〈訪問江河先生〉，《〈華僑日報〉副刊研究（1925.6.5-1995.1.12）資料冊》，第 81 頁。

60 《香港ニ於ケル新聞事業》（日本：調查部資料課，1939 年 8 月 15 日）。

61 鄭鏡明〈香港報業斷代史 —— 香港淪陷期間的中文報業〉，《明報月刊》第 23 卷第

10 期（1988 年 10 月），第 105 頁。

62　薩空了著《香港淪陷日記》（北京：三聯書店，1983 年），第 89 頁。

63　周佳榮著《近代日人在華報業活動》（香港：三聯書店，2007 年），第 163 頁。

64　鄭鏡明〈香港報業斷代史 —— 香港淪陷期間的中文報業〉，《明報月刊》第 23 卷第 10 期（1988 年 10 月），第 105-106 頁。

65　《華僑日報》，1942 年 6 月 1 日。

66　《華僑日報》，1942 年 7 月 10 日，第 1-4 頁。

67　例如「文藝周刊」第 19 期刊登文章，計有：戴望舒〈詩二首〉、陳君葆〈水雲樓隨筆〉、葉靈鳳譯〈高爾基日記抄〉和上林曉〈德田秋聲氏之死〉。見《華僑日報》，1944 年 6 月 4 日，第 2 頁。

68　「文藝周刊」第 20 期，《華僑日報》，1944 年 6 月 11 日，第 2 頁。

69　「文藝周刊」第 21 期，《華僑日報》，1944 年 6 月 18 日，第 2 頁。

70　陳昕、郭志坤主編《香港全紀錄》卷一（香港：中華書局，1997 年），第 243 頁。

71　《華僑日報》，1942 年 7 月 23 日，第 2 頁。

72　《華僑日報》，1943 年 4 月 14 日，第 1 頁。

73　〈平抑物價漲風的根本問題〉，《華僑日報》，1944 年 7 月 19 日，第 1 頁。

74　〈萬人渴望之秋季大馬彩揭曉〉，《華僑日報》，1942 年 10 月 26 日，第 3 頁。

75　方寬烈〈香港淪陷時期的文人和刊物〉，氏著《香港文壇往事》（香港：香港文學研究社，2010 年），第 410-413 頁。

76　葉靈鳳〈序山城雨景〉，《華僑日報》，1944 年 7 月 23 日，第 2 頁。

77　《華僑日報》，1944 年 10 月 29 日，第 2 頁。

78　〈日語學校十錢運動，得款二千二百餘元〉，《華僑日報》，1944 年 11 月 14 日，第 2 頁。

79　《華僑日報》，1945 年 4 月 6 日，第 2 頁。

80　〈報紙〉，《香港年鑑》第三回（1950 年），上卷，第 107 頁。

81　〈訪問《青年生活》編輯何天樵先生〉，《〈華僑日報〉副刊研究（1925.6.5-1995.1.12）資料冊》，第 91 頁。

82　鄭鏡明〈香港報業斷代史 —— 香港淪陷期間的中文報業〉，《明報月刊》1988 年 10

月號，第 107-108 頁。

83　〈訪問江河先生〉，《〈華僑日報〉副刊研究（1925.6.5-1995.1.12）資料冊》，第 81 頁。

84　《華僑日報慶祝抗戰勝利雙十國慶特刊》，1945 年 10 月 9 日，第 2 張第 2-3 頁。

85　李少南〈香港的中西報業〉，王賡武主編《香港史新編》下冊，第 519 頁。

第四章

戰後香港社會復興與報業發展

第二次世界大戰結束後，英國政府立即命令香港規劃小組成員進行接管工作。1945 年 8 月 30 日，英國太平洋艦隊司令夏慤（H. J. Harcourt）少將率艦抵港，從日軍手中接收香港，設立軍政府。「三年零八個月」的黑暗日子，終於成為過去。軍政府於 10 月間制定業主與住客條例，於 11 月間撤銷限制入境條例；另一方面，廣九鐵路於 11 月中全線通車，金銀業貿易場於 12 月恢復黃金買賣，工商文教各界逐漸回復正常運作。1946 年 5 月 1 日，港督楊慕琦正式復職，重組香港政府，但社會上仍然是百廢待興，且相繼發生職工總辭職和罷工事件，民生困苦未然紓解。

戰爭結束後，《華僑日報》如常出版，親日報紙則紛紛停刊，而在淪陷期間停刊的報紙又未能及時恢復。當時《華僑日報》還有一件鮮為人知的事，就是協助《南華早報》復刊。戰後《南華早報》出版的第一張報紙，標題是「號外 —— 艦隊進城」（EXTRA-Fleet Entering），報導英國艦隊少將夏慤將於下午稍後時間抵達並接收香港，該報發行後，一個下午就在碼頭和車站被搶購一空。當時雖然日本天皇已宣佈投降，但駐守《南華早報》大樓的日軍遲遲仍未撤走，報館要如常運作，顯然是有困難的，幸而得到《華僑日報》襄助，借出紙張，且承諾於早上印完《華僑日報》後，即趕工印刷《南華早報》，因此《南華早報》始有機會拋離其他英文報紙，提早九天出版。[1]《華僑日報》很快得以復興，並且迎來了發展的高峰期，成為戰後香港第一中文大報，該報鼎盛時，與《工商日報》、《星島日報》共執香港中文報紙的牛耳，即使後來銷路下降，但《華僑日報》在香港社會和一般市民心目中的地位，仍然很高。大致來說，戰後三十年間《華僑日報》的發展可以分為兩個階段：1945 年至 1960 年是它的復興期，在戰後初期迅即成為香港銷數最多的報紙；1961 年至 1975 年是它的鼎盛期，在報界和社會上都享有崇高的地位。

第一節 《華僑日報》開展的各種業務

　　1945 年 8 月 16 日，《華僑日報》報導了日本接受中、英、美、蘇《波茨坦宣言》、宣佈投降的消息，刊出日皇詔書全文。[2] 在國際新聞、國內新聞和本港新聞方面，該報都能及時跟進報導，領先於其他報紙，因而《華僑日報》成為香港銷量最高的日報。該報的讀者群，主要是政界、工商社團以及文教界人士。在內容欄目方面，有社論、專論、新聞、副刊、畫刊、專刊、讀者版及學習園地，其中新聞還區分為國際、國內、本港、體育、文教、經濟、交通、娛樂等，實可謂編輯完善，包羅萬象。《華僑日報》還涉足出版事業，1948 年編印《香港年鑑》，在刊登的廣告中，且聲稱《華僑日報》「是南中國銷數最多的報紙」。[3] 該報報社又先後出版了《香港法例彙編》、《香港法律彙編》、《香港九龍新界旅行手冊》、《英遊鱗爪》、《攝影術》、《錦城春夢》等書籍。[4] 此外，《華僑日報》還另發行台灣版、英倫航空版、國際航空版，影響力進一步延伸。《星島日報》和《華僑日報》是最早發展海外版業務的香港報紙，最初是將香港出版的報紙「縮編」，空運寄出，海外讀者隔天便可看到報紙。

一、戰後初期的報業

　　戰後香港報業，實亦經歷了一段「療傷復元期」。英國人重新管治香港，仍然給予一定的新聞自由，而且為了加快重建，允許不同政治背景者經營報刊。國、共兩大政治力量，紛紛搶佔宣傳陣地，致使當時的香港報業，政治風氣特別濃厚。[5] 國民黨系的《國民日報》曾於 1946 年 6 月 7 日以「通緝岑維休」作為社論標題，香港政府以該報有煽動之嫌，下令停刊一個月，後經南京政府斡旋，於 6 月 23 日解禁，前後停刊十五天。該報的經濟情況並不理想，未幾於 1947 年結束。[6]《華僑日報》是戰後香港最重要的中文報紙，國民黨政府曾經派人到香港打算接管該報。因此當時指《華僑日報》是「漢奸報」，作為接收的藉口，並派了一個叫黃侯翔的中將到報社，他從 1946 年 7 月 3 日開始任《華僑日報》的督印人，至同年 12 月 17 日為止。不過香港政府派人監視他，以從事政治活動的罪名把他遞解出境。1947 年國共內戰爆發，《華僑日報》得以擺脫被接收的命運。[7]

　　戰後初期，新聞事業解除了層層桎梏，新聞通訊社逐漸恢復，最初設立的是大眾新聞社，不久，三雄通訊社、中聯通訊社、國際通訊社、中國通訊社、時代新聞社先後成立，戰前的新亞通訊社也恢復業務，連同中央社和新華社，全港共有七家通訊社。[8] 因報館都有自己的記者進行採訪，所以對地方通訊社的需求漸減；國際性的通訊社，如路透社、美聯社、法新社、泛亞社等，都有分社在港發稿。[9]

　　香港政府為了管制在戰後初期發展起來的新聞出版事業，1951 年 5

月 17 日在立法局通過〈一九五一年充實出版物管制條例〉，內容包含四個詳細的規則：一、報紙等級及發行規則；二、印刷機（領照營業）規則；三、新聞通訊社規則；四、印刷品（管制）規則。新的法規關係報社設立事宜的，是新聞紙的保證金由三千元增至一萬元；通訊社要一千元保證金，以前是不需要保證金的。[10]

1954 年，香港政府設立新聞處，由戰前消極的華文報紙檢查制度，一改而為積極的、經常每天發佈新聞，包括口頭的發佈和文字的發佈；「不止香港的新聞，還有英國的新聞，如有長官會見記者，或長官出外視察等等，就經由新聞處給各報記者安排，處理妥善。一切香港政府的重要聲明，都經由新聞處發表」[11]。

在戰後初期，《華僑日報》隨着社會環境和報業條件的逐漸改善，已發展成為具有規模的中文大報。1952 年出版的《香港年報》，在論及香港報業時指出：「《華僑日報》仍是被認為香港中文報之翹楚，其日報有廣大銷數，且有晚報出版，其宗旨在自主的報導新聞，且是一張普遍的可靠報紙。」[12] 不但報紙得到當局的肯定，報社亦與政府保持良好的關係。

1955 年 6 月 5 日是《華僑日報》三十周年報慶，當天出紙十二大張；是年亦為《工商日報》成立三十周年紀念，於 7 月 8 日出紙十大張。雖然《華僑日報》全港銷量最多的紀錄，在 1954 年已被《成報》取代，但《華僑日報》在報界的地位並不因而動搖，此後二三十年間一直在社會上享有崇高的聲譽。

1950 年代和 1960 年代是《華僑日報》持續發展並達於鼎盛的時期，但這情況到了 1970 年代開始發生變化，大至香港經濟、小至個人要求，

都與此前不同。首先，是香港經濟在 1970 年代急劇發展起來，大財團崛起，無論是英資及華資，都以走向國際市場及多元化發展為目標，《南華早報》及《信報》的急劇發展反映了這個趨勢。前者以英資為馬首是瞻，每每是港英政府的喉舌；後者代表香港本地財團的利益，又成為大小投資者的夥伴。結合經濟發展形勢的報紙專業化取向，對於向來以綜合性質大報見稱的《華僑日報》來說，是一項重大的挑戰，而且是不能不予以回應的挑戰。當時已逾七十五歲高齡的社長岑維休，也宣稱要「以行動迎接 1972 年」。[13]

二、出版《華僑晚報》

戰後香港重現和平景象，《華僑日報》的業務得以回復正常。在此之前幾個月，1945 年 3 月，《東亞晚報》停刊，接着在 4 月 1 日《華僑晚報》創刊[14]。出版晚報在一定程度上可以補日報的不足，及早刊登當日發生的事情，並爭取更多讀者，因為有些日報讀者會兼買晚報，不看日報的讀者可以只看晚報。《華僑晚報》的作風與《華僑日報》稍為有點分別，就是晚報比日報輕鬆。以創刊之初的幾年為例，《華僑晚報》出紙一大張，新聞方面，日報在時間上不能趕及刊登的新聞，都分別在電訊和港聞版發表；副刊內容以趣味為主，有「晚趣」和「夜總會」兩個副刊，「晚趣」包括小說、小品、漫畫，「夜總會」登載舞場、歌壇、劇壇等娛樂界動態。[15] 當時《華僑晚報》廣告的宣傳用語，就是「新聞補日報不足，副刊資公餘消遣」，予人的印象確實跟《華僑日報》平穩莊重的面貌有些不同。

　　其後，《華僑晚報》的篇幅增至出紙兩張，1955 年左右的內容包括：
（一）電訊，新聞述評，滄海一粟；（二）港聞，特寫，金融，早報新聞撮
要；（三）今日娛樂，僑團動態，學生樂園；（四）馬經，體育；（五）晚
趣，華晚畫刊；（六）夜聲，社會服務；（七）少年世界；（八）娛樂天地；
（九）小球天地。[16]

　　為了加強競爭力，在時間方面爭取報導迅速，《華僑晚報》每天還分
兩次出版，第一次在中午十二時出報，第二次在下午四時出報（其後逐漸
提早到三時甚至二時半），力求所有在上、下午發生的新聞（包括電訊和
港聞）網羅無遺，彌補日報的不足之處。篇幅方面增為兩張半，而售價
仍為每份一毫；內容方面，加強報導股市情況，增「東風西風」、「服務
站」、「快樂兒童」、「教育與文化」，此外還經常有佔整頁篇幅的專題文
字圖畫。晚報很注重通俗性和趣味性，經常舉辦各種讀者遊戲，如填字
遊戲、猜圖遊戲等，最重要的是國語粵語十大明星選舉。[17]

　　《華僑晚報》每天出版兩次的做法，一直維持至 1985 年，改為每天
中午出版，出紙兩張至兩張半。十大明星選舉至 1986 年，總共舉行了
三十屆。1988 年 4 月 1 日，該報因兩年來虧損嚴重，宣告停刊，九十
多名受影響員工依勞工法例遣散，其中編採部六成人員安排在日報繼
續工作。《華僑晚報》前後刊行逾四十年，在香港報業史上是較重要的
晚報之一。總經理岑才生強調，晚報停刊不會影響《華僑日報》的運
作，因為一直以來，日報、晚報都是獨立工作，而日報的財政是沒有問
題的。《華僑晚報》最高銷量五萬多份，最後一次出版的報紙為第一萬
五千四百四十八號。[18]

　　《華僑日報》由岑維休主導，《華僑晚報》則由岑才生主導。總編輯
是歐陽百川，鄭家鎮編新聞版與副刊「晚趣」；其後江河接手「晚趣」與
娛樂版，1971 年江河因胃病入院施手術，「晚趣」由甘豐穗接手。[19] 副
刊有很多出色的小說，例如劉以鬯、南宮搏的連載小說和台灣作家所寫
的武俠小說等。據岑才生說，日報和晚報兩批員工完全獨立，兩報編輯
和記者互不干涉，報社亦給予編輯很大的自由度，日報可以表達一種意
見，晚報可以表達另一種意見。不過，由於新聞事件是接續發生的，《華
僑》記者須留在現場跟進事件的發展，例如發生大火，日報與晚報的記者
便要聯絡溝通，分配日、夜班記者交替，討論如何在日報和晚報接續報
導。至於兩報的副刊，都是由江河、鄭家鎮和甘豐穗三人負責。[20]

三、編印《香港年鑑》和多種書刊

　　在香港出版史上，華商總會開創了編印中文年鑑的先河。1932 年至
1940 年間，該會每年均出版《香港華商總會年鑑》，但因戰亂關係而停
頓，戰後曾於 1947 年及 1949 年續出。1951 年改出《香港商業年鑑》後，
無以為繼。[21] 戰後初期，《華僑日報》即繼承並發揚了這個傳統，從 1948
年起，至 1994 年止，持續編印《香港年鑑》將近半個世紀，香港政府遲
至 1970 年代才有中文版《香港年報》的出版。

　　《香港年鑑》第一回（1948 年）署「華僑日報香港年鑑編輯委員會
編」，發行人為岑維休，內容主要介紹香港戰後初期的情形，力求各方面
都能兼顧。開篇除序言及編例外，並有〈一年來的中國〉、〈一年來的上

海工商業〉、〈一年來的香港〉等專文。內容分為十一編：一、土地人口；
二、政治軍事；三、財政金融；四、商業物價；五、交通現狀；六、工
業勞資；七、教育文化；八、社團一覽；九、法例摘錄；十、工商行名
錄；十一、附錄。開宗明義，〈弁言〉強調 1947 年「是關係重要的年頭；
這年承接着二次世界大戰停止後的第二年，本港復員時的軍政，由這年
五月才恢復民政，抹去戰時痕跡，回到戰前的康莊大道，這個年頭，
實把握着戰時到平時的關鍵，所以這一年來，香港所表現的情形怎樣？
比之平時為更屬重要。因為這是復員建設的開始，如何踏上繁榮安定之
途？這一年的實況，便是後來的藍本，故此這一年的紀錄，正是歷史有
徵的文獻不容忽略的！」[22]

《香港年鑑》第二回（1949 年）署「華僑日報出版部編」，內容較
第一回詳細，分為三卷：上卷為各地現勢，載有一年來的世界、中國、
上海、廣州、湛江、汕頭、澳門、香港等；中卷為香港全貌，載香港
沿革、土地、人口、政治、財政、金融、貿易、工業、礦業、漁業、農
林、畜牧、物價、交通、公用、文化等各方面的概況；下卷為日用便
覽，載大事日誌、法令規章、工商行名錄、社團一覽、學校一覽、醫院
一覽、醫師一覽、郵電摘要等項。卷末有吳灞陵撰寫的〈編校後記〉，相
信他已負起年鑑的編責。吳氏強調編集「工商行名錄」是年鑑最困難的工
作，「揭示了為工商服務的誠意」。[23]

《香港年鑑》第三回（1950 年）開始，正式由吳灞陵具名為主編（版
權頁一直用「編輯」字樣），全書分為三卷：上卷是「香港全貌」，中卷
是「日用便覽」，下卷是「工商名錄」，分類分業比之前更為精細。[24] 此

後二十多年，《香港年鑑》一直由吳灞陵主編，體制基本上與第三回相同，惟編排更具條理，資料漸有增加，印刷亦見改善。1955 年出版的第八回，新增港九巴士路線圖及各種參考資料，為查訪街道新村之助[25]。再以 1961 年出版的第十四回為例，共有十四篇：大事寫真、香港全貌、法規新編、交通要覽、街道指南、郵電便覽、居住須知、商旅指導、日用參政、人名辭典、醫藥一覽、學校實錄、社團調查、工商名錄。[26] 精裝一厚冊，定價十元（預約期內八折優待）。此後《香港年鑑》年出一巨冊，直至《華僑日報》停刊前為止，逐年記錄香港社會各界情況，可以說與《華僑日報》相始終。《香港年鑑》不單是華僑日報出版部的主要出版物，並且成為香港社會各界都很重視的年鑑。

　　《香港年鑑》是《華僑日報》的副產品，而亦足以作為報紙的重要輔助。岑維休曾說：「吾人從事新聞事業有年，深悉日報之重要，以故廿五年來，無時不加強日報之表裏與質量，日報不足，益以晚報，晚報不足，並輔以聯營各報，以至今日，仍若有所不足者，故有年鑑之作。」[27]他又指出：「至於年鑑本身，亦有可得而言者：年鑑體制，與他書異，形式雖有一定，而資料皆新，日報記一日之事，日報日日新，而年鑑則年年新。」[28]

　　吳灞陵主編《香港年鑑》，直至 1976 年他逝世為止，超過四分之一世紀，功不可沒。其後兩年出版的《香港年鑑》，編輯人是曾卓然和李才藻；1979 年出版的第三十二回開始，由曾卓然擔任主編。社長岑維休自 1949 年起，每年都為年鑑撰寫序文，直至 1980 年為止，逾三十年不曾中斷。此後《香港年鑑》的序文，便由主編執筆。1985 年出版的第

三十八回起，由吳國基任主編；岑維休去世後，岑才生繼任年鑑的發行人。《華僑日報》易手後，《香港年鑑》第四十五回（1992 年版）仍由吳國基編輯，保持原有風格，只是版權頁將四十五回印成「第四十五冊」。1993 年脫期，1994 年以出版新面貌的《香港年鑑》第四十六期，改採橫排，內容亦與此前各冊迥異，主要為專題文章，已是告別讀者之作了。不過，《華僑日報》停刊前兩天，報上仍刊登「《香港年鑑》一九九五快將出版」預訂八五折的廣告，介紹全書有五百多頁，包括「香港概況」、「九四風雲」、「專家看時事」、「俊彥錄」、「居港指南」和附錄，定價港幣一百八十元。[29] 可惜最後並沒有付印出版，可見報紙停刊事出突然。

除了《香港年鑑》外，《華僑日報》還於 1950 年 5 月出版馬沅編譯的《香港法例彙編》。內容分為兩卷，第一卷載錄 1844 年至 1900 年的現行條例，第二卷載錄 1901 年至 1936 年的現行條例，原預定於 1937 年 6 月出版，但因印刷工程繁重，至 1941 年因日軍侵港，原稿在印刷所毀於炮火，致無法出版。戰後將第一卷整理出版，分為兩冊：甲冊是香港現行條例全文，乙冊是法制史實；卷前並有香港九龍新界沿革史、香港政治制度考略，內容相當豐富，可供香港商務、財務及各界人士參考。《華僑日報》還計劃加強文化出版業務，如編印各種專書、叢書等；在戰後五年，即《華僑日報》成立二十五周年紀慶之際，該社並計劃出版周刊、月刊、季刊等，例如 1950 年代曾出版一種名為《少年世界》的兩星期刊。

1950 年代的出版物，有：吳灞陵編著《香港九龍新界旅行手冊》；岑才生著《英遊鱗爪》；汪石羊著《攝影術》；上官秋著《錦城春夢》、《小姨愛美》；紫荊著《彩虹橋》；楚子著《大班周》（漫畫）；李才藻著《處世

哲學》；何建章、甘天聽著《香港如何應變》；俊人著《換巢鸞鳳》、《泣殘紅》、《情場戰場》、《溫柔鄉是英雄冢》、《末世奇遇》、《罪惡鎖鏈》、《人心大變》、《半夜人》、《殺人犯》、《長恨歌》、《魔鬼樂園》多種小說；[30] 最值得注意的，是何建章、歐陽百川、吳灞陵、岑才生合著的《報紙》（1955年），此書為《華僑日報》三十周年紀慶特刊之一，介紹了報紙的歷史、記者和編輯工作、什麼是新聞和怎樣讀報等。其後出版的書籍，以馬沅等編譯的《香港法律彙編》（1953 年版）最為重要，分四十一類、三百餘章譯載香港全部法規，方便各界參考。[31] 華僑日報出版部以編印《香港年鑑》為主要工作，出書數量不多，也沒有一套特定的標準，作者只要曾替《華僑日報》寫稿，主動提出要求，便考慮替他出版。1960 年代出版的，有《公共衛生市政事務法例》等；以後，就很少出版新書了。

　　總的來說，《華僑日報》在戰後十年間的發展相當迅速，既是戰前創辦的老報，而又朝氣蓬勃力求上進，正如該報所說：一、設備方面是新型的；二、編輯方面是時代的；三、業務方面是廣泛的。[32]（表 4）

表 4　戰後《華僑日報》的主要出版業務

業務名稱	發展狀況
1.《華僑日報》	1925 年 6 月 5 日創刊，1933 年成為香港政府指定登載法律廣告的有效刊物，香港淪陷時期持續出版，戰後初期成為香港銷量最高的報紙。1991 年易手，1995 年 1 月 12 日停刊。
2.《華僑報》（澳門）	1937 年 11 月 20 日創刊，是《華僑日報》派人到澳門出版的聯營報紙，刊行二十多年，1960 年代始與《華僑日報》分家。
3.《華僑晚報》	1945 年 4 月 1 日創刊，全盛時出紙兩張（後增至兩張半），每天還分兩次出版，1988 年 4 月 1 日停刊，計共三十九年。
4.《香港年鑑》	1948 年出版第一回，至 1992 年出版第四十五回；另有第四十六期，於 1994 年出版。
5. 華僑日報出版部	除編印《香港年鑑》外，還出版《香港法律彙編》、《香港九龍新界旅行手冊》、《英遊鱗爪》、《報紙》及小說、漫畫等。

第二節　擴充報紙版面和改進報社設施

　　戰後《華僑日報》的業務，除了同時刊行《華僑晚報》外，又編印《香港年鑑》和出版其他書刊等業務，都是利用報社人手及資源增強其影響力，對推廣《華僑日報》並奠定其報界地位有一定好處，當然，最重要的仍是作為旗艦的《華僑日報》本身。為了加強報紙的競爭力，該報採取了一系列的措施：第一，是擴充日報版面，使更多元化，照顧不同讀者的需要，成為全港最有規模的綜合性報紙；第二，是改進報社設施，包括興建報社新廈、更新印刷機器等。

一、《華僑日報》增加篇幅和內容

　　當然，最重要的仍是作為旗艦的《華僑日報》本身。戰後該報逐漸增強內容，擴充版面，國共內戰期間，上海文化人大量來到香港，總編輯何建章向報社提議創立幾個周刊，其中一個是侶倫主編的「文藝周刊」，一個是黃慶雲（雲姐姐）主編的「兒童周刊」，另一個是江河主編的「電影周刊」，還有鄭家鎮主編的「漫畫周刊」。[33] 至 1950 年左右，已成為香港社會的大報，不但在讀者心目中有地位，並且得到工商文教社團的支

持，刊登各類大小廣告，增加報社的收入。當時《華僑日報》的紙面，包括以下內容：

1. 社論——《華僑日報》強調「社論是一般輿論的表現，以讀者的意志為意志，不但要代表一張報紙說話，而且要代表廣大的讀者說話，《華僑日報》的社論立場就是這樣的」。該報社論初期用署名制，不免帶有個人色彩，後來不用署名制，代表報紙說話，戰後不久設立社論委員會，由主筆十人負責社論的撰述工作，其中心立場「是保持《華僑日報》一貫的言論獨立與自由」。[34]

2. 專論——或稱特稿，除由社論委員會負責撰述或翻譯外，並聘請國內外專家學者負責。在報紙上刊登專論，大大提高了報紙形象，與同時期其他報紙相比，顯然是很有份量的。

3. 新聞——日出四大張，包括：（一）國內電訊份量較多，通常佔兩頁；（二）國際電訊浩如煙海，摘其要件成為一頁；（三）粵省新聞與港人息息相關，報社派駐廣州的外勤記者較多，經常有十人左右在採訪重要新聞，除寫成專訊送到香港外，還利用長途電話向報館報告消息；（四）各屬新聞附於粵省新聞版，報導四邑重要新聞；（五）本埠新聞分成三版，報社經常有約二十名外勤記者進行採訪；（六）澳門通訊也經常闢欄登載，有特約通訊員駐在澳門；（七）體育新聞有「華僑體育」一版，足球消息尤為詳細；（八）文化新聞有「教育與文化」一版，記載學校教育消息和其他文化活動；（九）經濟新聞有「華僑經濟」一版，專門報導商業動態；（十）交通新聞有「航訊」版，供行旅參考，《華僑日報》創刊之初即有船期一版，可說是該報的一個傳統；（十一）各地通訊有「通

訊」版，刊登長篇通訊以補國內外電訊的不足；（十二）娛樂新聞有「娛樂圈」、「今樂府」兩版，滿足對電影娛樂和廣播娛樂有興趣的讀者。

4. 副刊 ——《華僑日報》最初的副刊，是名動一時、擁有眾多讀者的「香海濤聲」，另一個副刊是「遊藝錄」，前者是小品，後者是小說。其後副刊改名「僑樂村」，包括小品文和小說，以綜合性質的面貌出現，並保持適合一般讀者的閱讀水平。

5. 專刊 —— 為了配合「報紙雜誌化」的潮流，《華僑日報》有二十三個專刊，分為周刊、雙周刊、半周刊：（一）周刊，有文藝、學生、電工、讀書、兒童、評論、科學、家庭、周末、藝術、國際；（二）雙周刊，有工業、宗教、漫畫、經濟、健美、旅行、漁農、電影、醫藥、音樂、圓社藝文；（三）半周刊，有半周書刊。

6. 特刊 —— 如國慶、元旦及其他重大紀念日等，都有特刊出版；上述專刊之中，有一個是藝術界主辦的「圓社藝文」半月刊，其實也是特刊的一種。圓社是書畫界林千石、容漱石、盧鼎公所發起，社友有張紉詩、李儵生（馬兒）、吳天任、黃思潛、何漆園等，他們在《華僑日報》編組「圓社藝文」，有數十期之多。[35]

7. 讀者版 —— 讀者有詢問，盡可能答覆；讀者有意見，盡可能發表。作為讀者的園地，讀者版是社會服務的一種工作。這在當時是比較開放的一種做法，因此報上亦可以反映部分讀者的意見。（表5）

1955 年左右，《華僑日報》的版面略有調整，社論、專論之外，新聞包括國內電訊、國際電訊、各地通訊、本港新聞、體育新聞、文教新聞、經濟新聞、交通新聞、娛樂新聞，本港新聞分成三版（有時四版），

表 5　1950 年代初《華僑日報》的內容構成

類別	説明
1. 社論	初期用署名制，後來不署名，由主筆十人負責社論的撰述工作。
2. 專論	或稱特稿，除由社論委員會負責撰述、翻譯外，並聘請國內外專家學者負責。
3. 新聞	包括國內電訊、國際電訊、粵省新聞、各屬新聞、本埠新聞、澳門通訊、體育新聞、文化新聞、經濟新聞、交通新聞、各地通訊、娛樂新聞。
4. 副刊	起初的「香海濤聲」和「遊藝錄」分載小品文和小説，後來綜合而成「僑樂村」。
5. 專刊	周刊有文藝、學生、電工、讀書、兒童、評論、科學、家庭、周末、藝術、國際，雙周刊有工業、宗教、漫畫、經濟、健美、旅行、漁農、電影、醫藥、音樂、圓社藝文，並有半周書刊。
6. 特刊	國慶、元旦及其他重大紀念日等臨時性質的特刊。
7. 讀者版	答覆讀者詢問和發表讀者意見。

較此前有所擴充，該報強調本港新聞版「無異是讀者們共有的園地，共有的公告版，有甚麼就要記載甚麼，只要是事實，在可能範圍裏就要登載出來，因之，社團學校工商各界都樂意把消息交由《華僑日報》獨家發表，遍告社會人士」。除了副刊，還有「每日畫刊」，這是鑑於新聞攝影大盛，因而特闢篇幅，作系統性的輯錄，供讀者閱覽。專刊有十七個，較前減少，主題亦有變更，分為「華僑周報」、「學生」、「兒童」、「科學」、「時與潮」、「婦女與家庭」、「健力」、「旅行」、「集郵」、「音樂」、「藝文」、「農業」、「東南亞」、「書評」、「文史」、「海洋智識」、「人物與風土」。讀者版保留，新增「學生園地」，刊登港九各校學生習作，並

載寫作指導。[36]

　　其後《華僑日報》的內容更見全面，在 1960 年代初，除社論、電訊、本港新聞、各地新聞外，有「華僑體育」、「華僑教育」、「華僑文化」、「華僑經濟」、「航訊」、「娛樂圈」、「每日畫刊」、「讀者版」、「僑樂村」，新增的版面有以下三個：（一）「工人世界」，1957 年 1 月創設，凡工人動向、工會活動、工友福利等，每日詳細報導，並經常有集中某一勞工大問題的專頁；（二）「康樂家庭」，亦於 1957 年 1 月創設，婦女、兒童等一切活動、工友福利等，每日詳細報導，並經常每天以全版篇幅記載；（三）「馬經專欄」，賽馬為港人所重視，特闢專欄，記載一切賽馬新聞，以供馬迷閱讀。

　　《華僑日報》設有三個周刊：一個是「華僑周報」，討論國際問題；一個是「兒童周刊」，有童話、故事、遊戲、常識及其他有關認同的文字；另一個是「電台一周」，介紹香港無線電台一周間的節目內容。此外，又有「科學」、「健力」、「旅行」、「集郵」、「音樂」、「藝文」、「西洋藝文」、「影劇」、「東南亞」、「文史」、「青年生活」、「人物與風土」等多個雙周刊，以及「汽車」、「攝影」、「書評」、「海洋智識」等專刊。每年 6 月 5 日的報慶特刊，內容尤為豐富。[37]

　　總括來說，《華僑日報》的副刊運作有三種模式：第一類是每日見報的正式副刊，例如「僑樂村」；第二類是幾乎每天都會見報，但不把這些版面列為副刊，例如「康樂家庭」；第三類是由《華僑日報》另外聘請專人編，以包工制的形式運作的周刊或雙周刊。新亞書院的師生，就曾為《華僑日報》編了很多有關文化、文藝的副刊。有些幾乎免費，有些需要

較多費用，由幾百元到一千元不等，在不同年代，編輯費也有分別，專門性質的副刊所需的編輯費較多，名作家的稿費也會較高。有些編輯為了編好副刊，會好好利用預算付稿費給作者。例如侶倫編「文藝」，邀請了很多朋友為該版寫稿，他幾乎把所有預算都用於支付稿費，自己沒有拿編輯費，結果「文藝」編得非常成功。[38]

二、擴充設備和改進印刷

《華僑日報》在戰前已形成一個華南報業集團，戰後則在日報之外增刊《華僑晚報》。由於銷紙增加，設備漸多，員工日眾，報社亦隨而擴充。館址初在元安里 1 號至 2 號，1930 年代以來業務日有發展，開始伸出荷李活道房屋，地址是荷李活道 110 號，由一層、兩層、三層以至五層、六層，猶感未足。戰後報業復興，原先的房舍已不夠使用，於是收購屋址，並將原有房舍拆卸，改建為五層大廈。1952 年 2 月 6 日，華僑日報新廈落成。新廈的面積佔荷李活道原址舊屋三間，地面一層設營業部；二樓前半是社長辦公廳，後面是印刷部；三樓是編輯部，包括資料室；四樓是排字部；五樓前半是會議廳，後半分設電版部等。[39]

為了方便接洽事務，《華僑日報》還在中區域多利皇后街 14 號設立中區辦事處，1967 年 10 月 3 日遷入砵甸乍街香港華人銀行大廈地下，作為中區分處；又在九龍廣東道 967 號設立旺角辦事處，後遷至上海街 497 號地下；再加設北角辦事處，地址在渣華道 127 號地下。此處還有台灣經銷處，初設於台北中山北路三段 34 號 3 樓，後改在北市晨安街 138 號 3

樓，便利各方接洽事務。

在印刷機器方面，《華僑日報》最初頂受華商總會的廿四度平版印刷機（價銀二千一百元）；後來增購一部高度平版印報機，其後更換了一部美國杜閱歷士（DUPLEX）十六頁套色圓版印刷機，每頁只要鉛版一塊，就可以印每份兩頁、四頁、八頁、十二頁、十六頁的報紙，每小時可以印出三萬份，完全摺妥。這部印報機同時還能套印顏色。1952 年再添置一部德國紐倫堡岳斯堡廠 M.A.N. 特高速輪轉印刷機，並附有紙版及鉛版機整套。與此配合，鑄版、鑄字的機器都是電動而高速的。

在鑄字造版設備方面，鑄字、紙版、鉛版、電版在當時都是頗為先進的。（一）鑄字 —— 為了使每一個字印出來筆劃清楚，保持紙面的美觀，該報設置萬能活字鑄造機，採用集合母型從事鑄字，這是一部電動的鑄字機，每一分鐘可以造出六號活字一百枚；並設手搖活字鑄造機，以補電動活字鑄造機的不足。新初號活字和大號活字由手搖機鑄造，二號、三號、四號、五號、六號各種活字由電動機鑄造。各號活字採用了幾種不同的書體，有老宋、仿宋、黑體、正楷等，爭取印刷美觀。（二）紙版 —— 圓筒輪轉印報機不能直接在活字上印刷，要經過紙版機器壓製紙版，然後澆製鉛版，《華僑日報》所用的紙版機器，是採重力直壓法的機器。（三）鉛版 —— 紙版造好後，跟着是鉛版的澆鑄，《華僑日報》的鉛版澆鑄機器，是集中熔鉛爐澆版機、修版機在一處的，管理容易，速率頗高。（四）電版 —— 為了配合新聞攝影和其他插圖，如地圖、漫畫等，使紙面美化，《華僑日報》的電版部，設備新型電光照相製版機器，日夜俱可開工迅速製造。[40]

1969 年，《華僑日報》因銷紙日多，添置當時最新型的全電影化美國 GOSS 廠高速輪轉印報機；1973 年，為了美化印刷，特裝設 GOSS 廠全部自動化輪轉柯式印報機，並開始使用。[41] 1980 年再添購 GOSS 四個單位柯式印報機，以應銷紙日增之需要；同時為使版面美觀，更增購兩座 MC6 植字機及四架 MC-101 電腦植字機，逐步改良排字技術，並先將分類廣告用植字方法排印。[42] 1982 年又再添置兩座三色四單位瑞典 SOLNA 柯式印報機，以應銷紙日增的需要。[43] 1989 年 12 月，《華僑日報》率先採用電腦排版系統，版面及印刷較前美觀。[44]

為了迅速網羅全世界新聞，《華僑日報》設有路透社、法新社、國際合眾社、美聯社、日本時事通訊社、香港政府新聞處等電訊自動收報機。又設有攝影部、電版部，能夠迅速完成一張照片以至一件鋅版，配合高速的印刷。1964 年 9 月，該報為了加強新聞，首創採用英國 ULTRA 名廠無線電話機，設立無線電採訪車隊，出動港九新界探訪新聞，其功用在於即時使編輯部與現場取得聯絡，加速完整而詳細的報導，在風災等大災禍中，尤可發揮高度效能。

三、銷紙增加和出版多元化

1950 年代開始，香港報業持續穩定發展，其後在 1960 年代和 1970 年代達到鼎盛，1980 年代中以後逐漸回落。從報紙數量來看，1957 年香港報紙總數為四十二家；1970 年，香港的中英文日報和晚報共有七十家左右；至 1989 年底，香港共有各種文字的報紙六十多家，其中每日印行的

綜合性中文日報有十七家，英文報紙有五家，馬經報有二十八家，只登娛樂新聞的報紙有兩家。從報紙銷量來看，據《香港年報》統計，1960年全港報紙銷量約為五十萬份，1964年增至九十萬份，至1989年底，香港報紙每日總發行量約達一百八十萬份，以當時全港人口五百五十萬計算，平均每三個人就擁有（購買）一份報紙。當時香港的一些大報還行銷世界各地的華人社會，甚至同時印刷幾種海外版。

　　在1958年出版的《香港年鑑》第十一回，岑維休寫了一篇題為〈我們要努力〉的序言，強調在這個「太空時代」要穩立不敗，應該要有一番努力：

　　　　我們對《華僑日報》、《華僑晚報》的努力，也就是對《香港年鑑》的努力，而《香港年鑑》的成就如何，也就是以反映《華僑日報》、《華僑晚報》的成就如何了。……《華僑日報》是現存香港報紙最老的一家，這個報，……因為讀者一直擁護，無異讀者一直督促着我們向上向前努力，年來仍然抱着一貫宗旨，見到就做。

　　　　舉個例說，我們見到廣大的工人要有一個代表性的報紙替他們說話，就辦起一個「工人世界」日刊，用一頁的篇幅，「替工人講話評理，為工友服務分勞」，到現在已經辦了一年有多，已普遍為工人所認識，還有，我們見到廣大的家庭婦女，需要有一個代表性的報紙來替他們說話，也辦了一個「康樂家庭」日刊，使「家庭康樂，社會安樂，大家健康，人人快樂」，也辦了一年有多，為廣大的家庭婦女所認識了。[45]

　　《華僑日報》和《華僑晚報》是報社經營新聞事業的兩環，而《香港年鑑》是另外一環，三者互有關聯、互相促進，在這篇序言中清楚地闡述了出來：「戰後我們配合新聞事業的發展，適應需要，設立起一個出版部。經常出版各種有用的參考書，如《香港法律彙編》，《報紙》，《攝影術》，《商品推銷》……等，而每年出版一回的《香港年鑑》，更是出版部的代表性工作。」[46] 當時報界能有這種規模和這種思維，實在無出其右。

　　據 1960 年代中的《華僑日報》作出分析，可以看到該報重視的版面是「港聞」、「教育」和「經濟」，而加強的特刊是「工人世界」和「康樂家庭」，至於「電訊」、「文化」、「航訊」、「僑樂村」、「馬經」、「新界版」等放在較次要的位置。試以 1965 年 1 月 11 日該報的「新聞提要」為例，「工人世界特刊」列出兩項：一、「香港市政公會注重實際福利，呼籲工人入會，準備照顧老年工人」（第 7 張第 1 頁）；二、「本港工業工人上季就業情況，廿三行業擴展，十二行業衰退」（第 7 張第 1 頁）。「康樂家庭特刊」亦列出兩項：一、「港督戴麟趾爵士夫人本周巡視三婦女會，今日下午先訪問西區婦女福利會」（第 4 張第 4 頁）；二、「食用物價，魚業今周暢旺，三島一律漲價」（第 4 張第 4 頁）。[47]

　　據統計，1970 年代初，《華僑日報》、《華僑晚報》的銷數均為五萬至七萬五千，《工商日報》、《星島日報》的銷數亦相若。日報銷量最高的是《明報》和《快報》，均為十萬至十五萬；晚報銷量最高的是《星島晚報》，每天逾十五萬份。[48]

　　1970 年代中，《華僑日報》在評論方面增設「讀者論壇」，發表各界讀者的投訴和評論，頗得社會人士和政府當局重視。新聞方面增「新界

版」，登載市鎮鄉村和離島消息；每日並有「新聞精華」，以便事忙讀者。專刊方面，有彩印小型四張的「星期特刊」，刊登綜合性、娛樂性的圖畫、照片和文字，較適合青年閱讀，每期並附有兒童周刊；1976 年 10 月 3 日，《彩色華僑》創刊，是彩印十六開雜誌，逢星期日隨報附送。[49]

　　以 1975 年 1 月 29 日（星期三）的《華僑日報》為例，當天出紙六大張，頭條是關於紐約股市交投活躍的報導，以「一日成交之多，破百八年紀錄」作為大字標題。「社論」是〈各國合作解決石油問題〉，放在第一張第二頁；同頁左下角有「今日本報新聞精華」，包括〈二十萬勞工失業半失業〉、〈擄星少女案八人均判囚〉、〈保利調查最後報告公佈〉、〈南洋購辦新春付運貨稀〉、〈鄉局建議改革新界政制〉和〈教育電視進行已三年半〉，反映了該報既重視本地新聞，也不忽視東南亞消息，工商界和教育界均予注意，充分表現了一份大報的周全。「本港新聞」版有「小評」兩則，分別是〈警方破案的百分率〉和〈重振警隊士氣〉。對社團和學會的報導甚多，如〈十大社團聯合反對電話加價〉和中國郵學會、佛教聯合會、香港電腦學會消息。[50]

第三節 《華僑日報》與工商社團的關係

　　《華僑日報》當初是承接《香港華商總會報》而來，自始即與香港華商總會及其他工商社團有密切聯繫，該報亦注意工商界的需要，所以一直以工商各業社團組織為主要服務對象之一。這情況雖然由於戰亂受到嚴重影響，但《華僑日報》在淪陷時期仍多刊載工商社團的消息，例如香港中華廠商聯合會葉蘭泉要求給予華商工廠恢復電流，此舉對於增強輸出和平均物價均屬必要[51]；又如東華三院在淪陷期間出現困難，要變賣部分資產應急[52]。戰後社會迅速復原，《華僑日報》且加強報導有關工商各界的消息和資訊，例如《香港年鑑》的編印，當中有「工商界名錄」，每年都予以更新和補充，為全港各行各業提供了很大的方便。《香港年鑑》在服務工商界方面，起了重要的作用。

一、香港中華總商會

　　香港中華總商會簡稱「中總」，《華僑日報》報導該總商會消息時通常簡作「中總商會」，1900 年成立時稱為「華商公局」，比中國內地有「第一商會」之稱的上海商業會議公所（上海總商會前身），成立時間還早

了兩年。早於 1861 年已有香港總商會的成立，但該會初期的會員都是洋人，所以有「西商會」之稱，華商公局是香港華人的總商會。為了進一步團結在港華商，1913 年易名香港華商總會。[53]《華僑日報》因承接《香港華商總會報》而來，在服務本港華商和工商社團方面是十分注重的，華商總會的工作報告和歷屆選舉，報上都有詳細介紹。例如華商總會設立圖書館，《華僑日報》在「本港新聞」版以半頁篇幅記此盛事。[54] 該會創辦月刊的消息，亦見報導。[55]

不過，值得注意的是，香港華商總會在戰後因人事變動較大，1952年改稱香港中華總商會（簡稱「中總」），該會與《華僑日報》的關係，不復如戰前那般密切。另一方面，香港相繼有其他工商團體興起，《華僑日報》與九龍總商會、香港中華廠商聯合會聯繫較多，該報對這些工商團體和各地同鄉組織的活動均多所報導。正如岑才生說：「《華僑》重視商家，也重視工業界。《華僑》每年也會全版報導工展會的情況，篇幅有時甚至多於一版。《華僑》與九龍總商會、中華總商會關係良好。《華僑》編輯李才藻專門負責這方面的報導。」[56]

二、香港中華廠商聯合會

香港中華廠商聯合會簡稱「廠商會」，1934 年成立後翌年，首次參加在新加坡舉行的國貨展覽會，幫助廠商打開東南亞市場。[57] 廠商會為提高港人對國貨的認識，1937 年在中環聖保羅書院舉辦第一屆國貨展覽會，自此一年一度，第四屆且擴展於九龍尖沙咀；戰後於 1947 年復辦，初時

在新光酒店，後來再由尖沙咀移到中環新填地，一屆比一屆進步。[58] 這就是上文提及的「工展會」，全名是「香港工業出品展覽會」。由於香港的輕工業從 1950 年代開始有蓬勃的發展，工展會很快便成為城中的大事，除展出各種不同的工業產品外，還舉辦「工展之夜」和選舉「工展小姐」，相當熱鬧。《華僑日報》為此出版《工展特刊》，報導活動消息和名人參觀情況。[59] 其後又有關於「工展小姐歌唱比賽報名踴躍的特訊」。[60] 1973年第三十一屆工展會，《華僑日報》詳細刊登「大會街道共十三條，參展廠商一四四個，並設會員出品陳列室及其展覽」的具體內容[61]，但這屆結束後，工展會因缺乏展覽場地，被迫停辦，至 1994 年才恢復舉辦。

《華僑日報》比較重視工商界，因此多加報導，例如廠商會的消息，其他報紙或許不太留意，甚至認為這些不是新聞，《華僑日報》卻會報導。[62] 有時甚至派專人跟進，例如 1955 年 4 月，《華僑日報》記者線振球隨同廠商會的考察團到日本訪問，返港後連續在報上發表其訪日印象。[63] 工商界人士很注意這方面的資訊，《華僑日報》肯報導工商活動，他們也樂意提供消息，因而成為報紙的忠實支持者。例如 1975 年 6 月 5 日《華僑日報報慶增刊》，就刊登了介紹中華廠商聯合會的長文，強調廠商會「領導本港工業發展」，「四十二年來由雛型長成而茁壯」，並介紹了廠商會組織和歷屆會長。[64]

三、九龍總商會及其他

九龍總商會在 1938 年創立時，初名「旺角商會」；其後有數百家商號

響應參加，於是改名為「九龍商業總會」。香港淪陷期間會務癱瘓，1945年9月復員，未幾擴大組織，正名為九龍總商會。「舉凡社會公益，會員福利，犖犖可觀，而興辦學校，樹木樹人，撫輯流亡，更協助政府，毅然組會負救濟難民之責。」[65]

順帶一提，1960年成立的香港工業總會，其主要工作是扶助香港工業成長，會員包括工業界華資及外資背景的各類大小企業。該會提供化學品、電器、電子和紡織產品、鞋類、玩具、手錶、食品級包裝材料的試驗服務，並舉行香港產品設計獎比賽活動，還設有包裝局包裝中心，以促進產品設計和包裝兩方面的創作與革新。1966年，香港貿易發展局成立，是一個法定的半官方組織，負責促進香港的對外貿易，並就擴大香港貿易的有關事宜，向政府提出建議。[66]這些新成立的工商業組織，反映了香港工商貿易轉型和發展的軌跡。

香港總商會、香港中華總商會、香港中華廠商聯合會和香港工業總會，並稱香港四大商會。香港總商會雖然成立最早，但因會員甚少華人華商，對本地華人商界影響有限，《華僑日報》報導該商會的消息相對地少；香港中華總商會與《華僑日報》有較深淵源，在本地工商界佔重要席位，所以報上常有「中總商會」活動的報導，《華僑日報報慶增刊》之中，並有介紹中總奠基者劉鑄伯的專文[67]。廠商會與《華僑日報》關係密切，加以舉行「工展會」期間活動頻繁，報上刊登的消息特多，甚至有特輯、特刊。

據說曾有一位上海文化人約會岑維休，對他說：「《華僑日報》的社團版，太垃圾了。」岑維休回答說：「華僑日報社就是靠這些垃圾得到讀

者支持。」[68] 這是事實，不只是文化人，就算是一般的報人，很多都認為刊登社團活動消息不算是新聞，沒有什麼時事價值，但不刊登社團消息的中文報紙，沒有了社團聯繫，華人社會的網絡就顯得不全面了。

註釋

1　莊玉惜著《街邊有檔報紙檔》，第 90 頁。

2　《華僑日報》，1945 年 8 月 16 日，第 1 頁。

3　《香港年鑑》第一回（香港：香港華僑日報有限公司，1948 年），廣告。

4　吳灞陵〈《華僑日報》之過去與現在〉，《香港年鑑》第八回（1955 年），特載第 5-7 頁。

5　李谷城著《香港中文報業發展史》（上海：上海古籍出版社，2005 年），第 39-40 頁。

6　李少南〈香港的中西報業〉，王賡武主編《香港史新編》下冊，第 519 頁。

7　〈訪問《青年生活》編輯何天樵先生〉，《〈華僑日報〉副刊研究（1925.6.5-1995.1.12）資料冊》，第 92 頁。

8　〈報業〉，《香港年鑑》第三回（1950 年），上卷，第 107 頁。

9　〈報業〉，《香港年鑑》第四回（1951 年），上卷，第 105 頁。

10　〈報業〉，《香港年鑑》第五回（1952 年），上卷，第 67 頁。

11　〈報業〉，《香港年鑑》第六回（1953 年），上卷，第 73 頁。

12　〈報業〉，《香港年鑑》第七回（1954 年），上卷，第 91 頁。

13　岑維休〈以行動迎接一九七二年〉，《香港年鑑》第二十五回（1972 年），卷首。

14　鄭鏡明〈香港報業斷代史 —— 香港淪陷期間的中文報業〉，《明報月刊》第 23 卷第 10 期（1988 年 10 月），第 106 頁。《香港報業 50 載印記：香港報業公會金禧紀念特刊》說《華僑晚報》創於 1946 年 4 月 1 日，顯然是誤記；又說該報「是戰後香港出版的第一份晚報」（頁 94），兩者實有矛盾。如果創於 1946 年 4 月 1 日，則在此之前，已有《新生晚報》於 1945 年 12 月 23 日創刊，《華僑晚報》並非戰後最早出版的晚報；該報創於 1945 年 4 月 1 日，實際上「是戰後香港出版的第一份晚報」。1984 年 6 月 7 日《華僑日報》有一則港訊〈日治期間中英報章收藏入香港博物館〉，包括 1944 年 9 月 30 日至 1945 年 8 月 6 日出版的《華僑日報》二十份和 1945 年 7 月 12 日至 8 月 10 日出版的《華僑晚報》十份。（第 3 張第 3 頁）可以證明 1945 年 4 月 1 日創刊之說屬實。另有一說謂《華僑晚報》創於 1945 年 9 月 1 日，不確。

15　〈華僑日報二十五年〉,《香港年鑑》第二回（1949 年）,特載,第 5 頁。

16　吳灞陵〈華僑日報之過去與現在〉,《香港年鑑》第八回（1955 年）,特載,第 7 頁。

17　〈華僑日報近狀〉,《香港年鑑》第十四回（1961 年）,特載,第 2 頁。

18　〈一年來之香港報業〉,《香港年鑑》第四十二回（1989 年）,第三篇,第 53 頁。

19　〈訪問江河先生〉,《〈華僑日報〉副刊研究（1925.6.5-1995.1.12）資料冊》,第 85 頁。

20　〈訪問《華僑日報》社長岑才生先生及編輯甘豐穗先生〉,《〈華僑日報〉副刊研究（1925.6.5-1995.1.12）資料冊》第 78 頁。

21　周佳榮、鍾寶賢、黃文江編著《香港中華總商會百年史》,第 40 頁。

22　《香港年鑑》第一回（1948 年）,〈弁言〉。

23　吳灞陵〈編校後記〉,《香港年鑑》第二回（1949 年）,下卷,第 56 頁。

24　吳灞陵〈第三回香港年鑑編例〉,《香港年鑑》第三回（1950 年）,卷首。

25　吳灞陵〈第八回香港年鑑編例〉,《香港年鑑》第八回（1955 年）,卷首。

26　吳灞陵〈第十四回編輯大綱〉,《香港年鑑》第十四回（1961 年）,卷首。

27　岑維休〈第二回香港年鑑序言〉,《香港年鑑》第二回（1949 年）,卷首。

28　岑維休〈第七回香港年鑑序言〉,《香港年鑑》第七回（1954 年）,卷首。

29　《華僑日報》,1995 年 1 月 10 日,第 17 頁。

30　《香港年鑑》第四回（1951 年）,上卷,第 106 頁。

31　《香港年鑑》第九回（1956 年）,第（甲）96 頁。

32　〈華僑日報發展情形〉,《香港年鑑》第十回（1957 年）,第（特）1-2 頁。

33　〈訪問江河先生〉,《〈華僑日報〉副刊研究（1925.6.5-1995.1.12）資料冊》,第 82-83 頁。

34　〈華僑日報二十五年〉,《香港年鑑》第二回（1949 年）,特載,第 3 頁。

35　方寬烈〈香港中央圖書館口述歷史訪問記錄〉,氏著《香港文壇往事》,第 487 頁。

36　吳灞陵〈華僑日報之過去與現在〉,《香港年鑑》第八回（1955 年）,特載,第 5-7 頁。

37　〈華僑日報近狀〉,《香港年鑑》第十四回（1961 年）,第 1-2 頁。

38　〈訪問《華僑日報》社長岑才生先生及編輯甘豐穗先生〉,《〈華僑日報〉副刊研究（1925.6.5-1995.1.12）資料冊》,第 76 頁。

39　〈報業〉,《香港年鑑》第五回（1952 年）,上卷,第 67 頁。

40　〈一年來的華僑日報〉，《香港年鑑》第十一回（1958 年），（特）2 頁。

41　〈華僑日報四十八年〉，《香港年鑑》第二十七回（1974 年），卷首，第 1 頁。

42　〈華僑日報五十五年〉，《香港年鑑》第三十四回（1981 年），卷首，第 1 頁。

43　〈華僑日報五十八年〉，《香港年鑑》第三十六回（1983 年），卷首，第 1 頁。

44　〈華僑日報六十五年〉，《香港年鑑》第四十三回（1990 年），卷首，第 1 頁。

45　岑維休〈我們要努力 ── 第十一回香港年鑑代序〉，《香港年鑑》第十一回（1958 年），卷首，第 1 頁。

46　同上註。

47　《華僑日報》，1965 年 1 月 11 日，第 2 張第 3 頁。

48　林友蘭著《香港報業發展史》，附錄，第 170-175 頁。

49　〈華僑日報五十一年〉，《香港年鑑》第三十回（1977 年），卷首。

50　《華僑日報》，1975 年 1 月 29 日，第 3 張第 1-4 頁。

51　《華僑日報》，1934 年 10 月 21 日，第 2 頁。

52　《華僑日報》，1934 年 10 月 31 日，第 2 頁。

53　周佳榮、鍾寶賢、黃文江編著《香港中華總商會百年史》，第 9-11 頁。

54　〈華商總會圖書館開館紀〉，《華僑日報》，1929 年 1 月 3 日，第 3 張第 4 頁。

55　〈華商總會一年來之工作〉，《華僑日報》，1935 年 4 月 18 日，第 2 張第 3 頁。

56　〈訪問《華僑日報》社長岑才生先生及編輯甘豐穗先生〉，《〈華僑日報〉副刊研究（1925.6.5-1995.1.12）資料冊》，第 79 頁。

57　李培德著《繼往開來 ── 香港廠商 75 年（1934-2009）》（香港：商務印書館，2009 年），第 32-35 頁。

58　〈港九華僑團體史略〉，《香港年鑑》第十回（1957 年），第（戊）1 頁。

59　例如 1969 年 12 月 6 日《華僑日報》的《工展特刊》，就有〈大會今晚隆重舉行青年工友之夜〉和〈菲副總統羅比士今日參觀工展會〉的消息，而且是當天事先預告，而非事後報導。

60　《華僑日報》，1969 年 12 月 26 日。

61　《華僑日報》，1973 年 12 月 11 日。

62　〈訪問《華僑日報》社長岑才生先生及編輯甘豐穗先生〉，《〈華僑日報〉副刊研究

（1925.6.5-1995.1.12）資料冊》，第 79 頁。

63　〈一年來之香港報業〉，《香港年鑑》第十回（1956 年），第（甲）99 頁。

64　《華僑日報報慶增刊》，1975 年 6 月 5 日，第 4 張第 4 頁。

65　〈港九華僑團體史略〉，《香港年鑑》第七回（1957 年），第（戊）2 頁。

66　張麗著《20 世紀香港社會與文化》（新加坡：名創國際［新］四人有限公司，2005 年），第 79-80 頁。

67　《華僑日報報慶增刊》，1975 年 6 月 5 日，第 4 張第 4 頁。

68　〈訪問江河先生〉，《〈華僑日報〉副刊研究（1925.6.5-1995.1.12）資料冊》，第 84 頁。

第五章

《華僑日報》的組織和讀者對象

對報紙媒體進行系統的研究，必然涉及對該媒體的理解，包括報社的組織和業務的營運，報社內由主管到各級員工，特別是總編輯、編輯主任、編輯和採訪人員，以及撰寫專題論著和副刊文章的主要作者等。至於其經營的形態，則可以從財力、人力、物力三方面作出說明；物力主要是指機械（活字、印報機）等設備和稿材（新聞來源、副刊稿件）等，如果報館的財力、人力充足，物力可以相應改善，問題自然不大了。[1]

　　論者指出，對於媒體反應者的理解也日益成為新近媒體研究的重要方面和主要內容[2]；愈來愈多的學者對於將讀者定位於「受眾」的說法提出質疑，因為這樣的說法似乎將普通或者潛在的讀者置於一個消極的、被動的接受者的位置。[3] 就《華僑日報》而言，該報設有讀者版，亦有不少刊登投稿的版面，從中可以看到來自不同階層、不同社會身份的讀者參與討論各種問題。對該報的讀者群組進行分析，有助於加深瞭解《華僑日報》的社會影響。

第一節　報社的組織營運和人員配置

　　《華僑日報》成立之初，即以有限公司的形式經營，不過股份主要由岑氏家族擁有，岑協堂是大股東，岑維休既是創辦人又是主持人，他是整個事業的中心；戰後報社漸趨企業化，規模日臻完備，雖然沒有脫離人治作風，但在營運上有一定的規章和程序。處理報紙本身的出版事務的，主要是編輯部、營業部、印刷部，三個部門在職責上完全獨立，在工作上則有密切聯繫，不能稍稍分離，因為任何一個部門的遲緩或錯誤，都會影響報紙的質素、美觀和出版時間。

　　社長是整個報社的中樞人物，他轄下的社長辦公廳管理營業、編輯各部，並設有秘書室，處理社長辦公廳一切文件檔案，和負責辦理營業、編輯兩部以外的一切事務，以及促進各部門的合作和聯繫。社長的位置在總編輯之上，但總編輯的權力可以很大，平時就是一報的主腦，報務會議是社長、總編輯和報社主要人員定期討論和作出決定的場合。

　　編輯部人員設總編輯、編輯主任、翻譯主任，又有：（一）電訊編輯、國內版編輯、各版編輯、副刊編輯、各專欄編輯，以及各欄的助理編輯；（二）採訪主任、攝影部主任、資料室主任，其下是記者，以及各地特約通訊員；（三）總主筆和主筆，及各專欄作者；（四）繪圖員、校

對和其他人員（如資料室人員、攝影室人員等）。他們的工作從職稱大概可以得知，當中最重要的是總編輯，他是編輯部的首腦，既負責編輯部的人事問題和各種大小事宜，同時亦負責新聞的搜集、支配、刊登和政策等，辦事能力和組織能力是很重要的。編輯主任協助總編輯執行一切既定的政策，負責搜集新聞消息，尤其要注意外埠新聞和國際新聞，以及執行採訪計劃；採訪主任則負責採訪香港新聞，支配和調度各記者的工作，需要有高度的新聞敏感，並熟悉本地的人物和事情。《華僑日報》設備齊全，自備印報機等，報紙印製的部門包括排字部、電版部、印刷部。營業部的工作範圍，包括會計、廣告、發行和總務。另外還有一個出版部，工作主要是編印《香港年鑑》和其他書刊。（表6）[4] 營業、印刷、出版由經理部主管。

　　報社於每個星期一舉行報務會議，參加者有社長、編輯、採訪主任、營業部主任、發行部主任等。總編輯與出席者一起商討《華僑日報》的編輯方針，各部門會對近日社會潮流表達意見。[5]

表 6　《華僑日報》報社組織示意圖

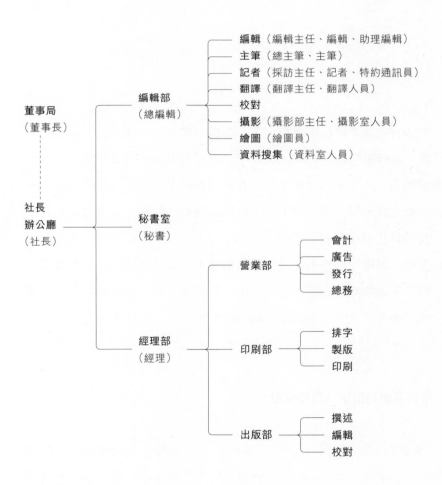

第二節 報社的重要成員和辦報理念

　　報社的成員主要包括兩類：第一類是創辦人和管理階層，第二類是總編輯、編輯和記者。《華僑日報》是由岑維休和他的兄長岑協堂、同事陳楷創辦的，此外還有林建生、黃應元以及後來加入的李星明；岑維休主持該報凡六十年，他的兒子岑才生任總編輯和經理，其後接任社長之職，在報社也有一段很長的時間。換言之，《華僑日報》是岑氏父子的家族企業；報紙一旦易手，其作風和格調自亦難以為繼。至於編輯部人員，數十年間雖然變化頗大，但其中一些骨幹人物，在職時間往往長達數十年。由於缺乏完整的人事記錄可供參考，以下只能就若干位較主要的報社人員予以討論。

一、岑氏家族的辦報理念和作風

　　《華僑日報》自創刊時起，一直由岑維休擔任社長和總司理，中間經歷了「三年零八個月」的黑暗日子，從無間斷；1977 年岑維休繼其兄長岑協堂之後，兼任《華僑日報》董事長。1985 年岑維休逝世後，由他的長子岑才生繼任，1991 年報紙易手後，岑才生仍留任三年，繼續主理

該報，直至 1993 年才離開報社。[6]（表7）可以說，這是家族辦報的一個典型，岑維休和岑氏家族的辦報理念、辦事手法，以及對時局的判斷和看法，在相當程度上模鑄了報紙的性格和報社的作風，報紙一旦易手，傳統便難以持續下去，但不改革求變又無法配合新時代的節奏和需要，最終停辦似是無可避免的事。

表 7　岑氏家族與《華僑日報》的關係

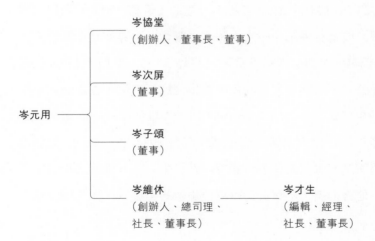

[附]
- 其他創辦人：陳楷、林建生、黃應元、李星明（後來加入）
- 其他董事：李耀祥、岑梯雲、陳寔

　　岑協堂，廣東恩平人，1882 年生，據說他也曾在《南華早報》工作過[7]；自 1925 年《華僑日報》創辦時起，即擔任該報的董事長，至 1977 年 5 月 28 日宣佈退休，由岑維休繼任董事長之職。在工商方面，岑協堂是南信有限公司總司理、金孖素於仁燕梳公司華經理；在社團方面，曾任恩平工商會主席。[8] 1978 年 12 月 21 日逝世，終年九十七歲。二弟岑次屏、三弟岑子頌都佔有《華僑日報》股份，任董事；岑次屏的生平不詳，岑子頌生於 1988 年，曾於育才書社肄業，是世界洋行司理、東風有限公司董事兼司理，社團方面歷任僑港岑氏宗親會監事長、恩平大江鄉會顧問。岑子頌在報業方面，還擔任過《銀燈日報》經理。1969 年 4 月 29 日逝世，享年八十有餘。[9]

　　岑協堂的四弟岑維休由 1925 年起，一直是《華僑日報》總司理；戰後《華僑日報》成為香港第一中文大報，岑維休在報界亦有重要地位。1954 年，《華僑日報》與《南華早報》、《星島日報》、《工商日報》倡議組成香港報業公會，由四家報社的負責人輪流擔任主席，香港十六家主要報紙均為該會成員[10]。1954 年至 1957 年，岑維休擔任香港報業公會主席，此後多次出任該會主席、副主席，直至 1984 年。此外，他還擔任過英國聯邦報業協會執委會委員兼香港區召集人。岑維休去世之後，據報紙發表，他曾捐出二十萬英鎊給英國倫敦報業協會，作為培育新人之用。[11]

　　1956 年，岑維休獲英女皇頒授 O.B.E. 勳銜；同年，任香港保護兒童會會長（至 1965 年），又任香港防癆會委員、台新開恩四邑商工總會理事長[12]。1958 年，獲港督委任為非官守太平紳士。1965 年，任香港各界

紀念孫中山百年誕辰籌備委員會籌備委員及常務委員；翌年，被選為香港保護兒童會名譽會長。1968 年，獲英女皇頒授 M.B.E. 勳銜；1977 年，又獲頒授 C.B.E. 勳銜。公職方面他還擔任過香港紅十字會名譽副會長、香港中文大學新亞書院校董等。岑維休對家鄉的教育事業亦大力支持。1935 年捐資創辦大江舊村現光小學，並捐贈校服及體育器材一批；1984年，又捐資一百二十五萬元創建江洲中學。岑維休逝世後，江洲鎮政府為紀念其造福桑梓的功績，特於江洲中學校園豎立銅像，以作紀念。[13]

為了進一步認識《華僑日報》所採取的路線，有需要引述岑維休的一些言論主張，加以說明，對其辦報思想作出探討。該報在慶祝創立六十周年之際，回顧過去的歷史時強調「《華僑日報》之成就，與岑維休先生畢生奮鬥實不可分。岑維休先生自創刊之日起，六十年來如一日，工作守之以恒，處事處智持之以毅，待人溫厚平易，對己儉約簡樸，然用得其宜，雖耗巨資從無吝嗇」。而在展望未來時，則不免流露出憂慮之情：「《華僑日報》創刊六十年來在歷盡滄桑中不斷茁壯發展，迄今面臨報業激烈競爭及九七轉變時代。《華僑日報》當能繼續保持其一貫精神，續向發揚光大之途程邁進。」[14] 這年年底岑維休去世，同時也宣告《華僑日報》的時代已經接近尾聲了。

《香港年鑑》創辦後，岑維休常於每回撰寫序文，起初都是以編印年鑑事務為言，後來漸多談及每年大事和他對時局的看法。1952 年初，他對《香港年鑑》刊行以來的香港社會作了以下概括的說明：

回顧此五年之中，香港隨世界大勢之動盪而動盪，無一刻寧息。

香港之繁榮和樂，原視商工之發達與否以為衡斷，此五年之中，香港之
商工狀況，果何如乎？以商業言，一般貨物，昔日四通八達，貨如輪
轉，今則銷場日盛，去少來多，倉棧壅塞，無從宣洩；以工業言，因大
陸游資之投入，工廠設立如雨後春筍，失業數字賴以降低，顧不旋踵而
受禁運政策影響，原料供應，漸形缺乏，重者關廠，輕者減時，香港之
繁榮和樂蒙其影響，觀此亦足知其深淺矣。[15]

當時香港是受到朝鮮戰爭的影響，以美國為首的西方國家對中國採取
禁運政策。不過岑維休對此表達了較樂觀的態度，他說：

雖然，香港商工界人士，殊不以此而餒其氣，反而提高警覺，同
心合力，尋求對策，渡過難關；政府當局維護商工，亦一貫不變，凡有
助於商工解決困難者，無不悉力求其實現。捨此以外，近更宣示進行龐
大的五年建設，使政治經濟交通文教全面進展，俾躋香港於繁榮和樂之
域，此尤足反映英國維持香港地位之決心，益使吾人獲覩香港安全之
遠景，香港商工當可信賴當局，專力以謀事業發展，奮力邁進，倍於
疇昔！[16]

其後朝鮮戰爭達成停火協議，岑維休在 1954 年初復以香港工商情況
為言：

年來香港工商業可謂遭遇嚴重困難，為香港繁榮憂者，莫不企望

機運之轉佳，尚幸韓境停火，禁運稍寬，自美輸港，自港運美，業有若干種類貨品往來，商場漸見活躍，工廠方面則因原料之供應復至，生產不致窒息，而考核過去一年，工業生產出口數值六億三千餘萬元，工商署晏嘉士署長且言，如更努力，數值可達十億，抱此信心，重振工商經濟，非無可為也。[17]

早在 1957 年初，岑維休於《香港年鑑》十周年紀念時，回顧戰後十年間香港的發展，歸納為四項：（一）戰時的破壞，百孔千瘡，漸復舊觀；（二）所有建設，咸以解決人口膨脹為目標，日見進步；（三）轉口商港因環境關係，商務冷落，但迅即興起工業，維持過去的繁榮；（四）過去雖有 3 月 1 日「九龍暴動」及 10 月 10 日之「九龍荃灣暴動」，但皆迅速平復，大體上於香港之安定無損。[18] 上述的社會情況，亦是《華僑日報》、《華僑晚報》和《香港年鑑》諸出版業務得以推進的社會背景。

1960 年代伊始，岑維休對香港工商業的發展感到興奮，他說：「方今香港工商業正如朝曦初升，艷葩甫放，香港工商界與本報同人，宜以歡欣鼓舞之心情，從事艱鉅遠大之工作」。但他同時又為香港工商界存在的一些問題而擔憂：

然則香港工商業果無弱點乎？果無困難乎？內外競爭熾烈，利潤低薄，市場拓展日艱，此一困難也；各國貿易管制蒸嚴，關稅壁壘之外，復有批匯與限制進出口之障礙，此又一困難也。近且有自動限制出口之迫脅，工商業生機隱受摧殘，宜乎廠商彷徨瞻顧，抑鬱悲愴，然而

戰後香港工商業困難愈多，則進步愈速，撫今追昔，正大有可為。而況本港工業基礎業已樹立，國際市場可供展拓者亦正有美麗園地在，步武前賢，吾人宜無所用其畏懼也。[19]

岑維休又指出當時香港社會變革至大，其顯而易見者，厥為以下數端：（一）住居人口高度增加；（二）工商業務不斷發展；（三）旅遊事業勃然興起。數年之間，游資大量投入，旅客蜂湧而來，造成香港空前未有的繁榮現象。雖然如此，岑維休指出香港存在種種缺點，有待政府與居民共同努力，予以消除：第一，由於香港人口不斷增加，數倍戰前所有，居民謀生覓食不易，加以天災人禍，救濟乃成一大問題；第二，各國對於香港工業成品封鎖與限制，造成香港工業雖有一個短暫的繁榮，目前卻趨下坡，日漸歸於萎縮，長此以往，可能形成香港工業未來一大難關；第三，外來游資投向正當事業者固大不乏人，然亦有相當龐大數字，流入歧途，此可表現於本港聲色犬馬之畸形發達，與乎走私運毒案件時有發現，因而造成貪污風氣與商業犯罪日益滋長。此起彼伏，是誠關懷香港人士所因為極大遺憾者。[20]

1975年初，岑維休在《香港年鑑》發表〈香港必能克服難關〉，強調「目前世界正處於經濟衰退浪潮之中，香港為世界一環，自難置身事外，而不受其影響」。又指出地產、旅遊、工業與轉口貿易「四大支柱屹立無恙」，惟地產事業尚有隱憂，他說：

由於本港地少人多，土地需求至切，擁有全港大量土地之港府，

更認為有機可乘，高抬地價，地產建築商亦趁機高抬樓價，一般升斗市民，實有不勝負荷之苦，此種人為高抬地價樓價政策，吾人實所不取。希望政府當局能體念時艱，顧存市民生計，計劃鼓勵興建各種廉租樓宇，則香港之復興，將事半而功倍，而香港之繁榮昌盛，亦將指出可期矣。[21]

1976 年在〈喜見香港經濟復甦〉中，岑維休再以地產問題為言，他說：「地產之平抑，以便利廠房之興建，及市民安居，實為奠定一個大都市繁榮興盛之寒暑表，……。吾人於此，敢再四忠告，人為之地價高漲，固不應助長，反之，即使出於自然的地價過高，當局亦應且有責任予以適度平抑，然後本港前途，庶乎有多。」此時的《華僑日報》，其立場是傾向中小企業商人和市民大眾這一方的，並以此向港府進言，而針對大地產商的言論較多。岑維休向來重視教育問題，不過他在有關方面的見解仍是傳統的一套，並沒有多少新意，如說：「大力發展教育事業，從長遠目光打算，來作育人材，尤其主要者，為重整道德水準，樹立中國勤儉樸實美德，庶使迷失的下一代，得以迷途知返，而失墜已久的人心，亦得以維繫於不墜。」[22]

1979 年，岑維休在〈香港地位受到重視〉一文中指出：「房地產市價狂漲，囤積與炒樓花風氣，是本港經濟畸形現象，直接間接威脅市民生活和工商事業的發展。」他稱讚政府施政報告於各方面均訂有良好計劃，「惟在此重要機頭，吾人深恐遭受地皮房屋與租值狂漲，當局之各類加價，導致通貨膨脹，與人口激增所困擾，則香港雖有種種有利條件，亦將無法發

揮，心所謂危，不敢不告也」。此外，他亦批評香港的投機風氣「範圍愈廣，充分引起不安分與冒險心理。股市、金市暴升暴跌，造成大魚吃小魚的更加慘重現象，小市民無論炒與不炒，都直接間接蒙受損失」[23]。

〈八十年代的香港〉是岑維休在《香港年鑑》所寫的最後一篇序文。他首先指出 1979 年間，香港社會接連受着內地移民與越南難民大量湧入的衝擊，繼而又有公務員工潮的困擾，加上世界性石油加價、通貨膨脹、金融動盪的影響，而本港金市、股市和地產業的市道仍節節上升，其他行業物價亦紛紛報漲，幸而大部分市民均能刻苦忍耐和適應環境，結果能夠履險如夷。其中以下列數事為重心：一、經濟支柱更加鞏固；二、土地政策面臨考驗；三、人口壓力有增無已；四、房屋問題急待解決；五、市民渴望疏導交通；六、防止罪行鞏固治安；七、如何抑制通貨膨脹。[24] 作為《華僑日報》的創辦人，當時已年逾八十的岑維休，在主持該報超過半個世紀之後，對 1980 年代香港社會的展望仍顯得非常樂觀。這年，香港新聞處長透露香港報紙銷量在亞洲佔第二位，平均每千人銷售三百五十份，僅次於日本。當時香港有中文日報四十八家、中文晚報十二家、英文日報五家，通訊社四十二家，報刊發行人三十三家，坊間報刊如百花盛放。[25] 但業界競爭劇烈，求新求變的風氣使大小報社都面對相當大的壓力。

岑維休個性踏實，為人低調，對人很好，對下屬也很寬容。[26] 從事報業有年，所以有人說他是「一介文人」，從《華僑日報》早期的一些言論和岑維休的文章看來，確實也有文人的氣質。但不能說成「文人辦報」，因為《華僑日報》自始即重視商家，也重視工業界，辦報的宗旨是為社

會，最大的特色是「在商言商」，戰後的情況尤其明顯。岑才生曾說：

> 《華僑》沒有明顯的政治立場，主要以香港的利益為出發點。《華僑》編輯和記者可能立場不同，有左派有右派，《華僑》並不干涉。可是，《華僑》要求他們的報導一定要忠於事實，《華僑》最反對製造新聞，希望報導的新聞準確而嚴謹。[27]

換句話說，《華僑日報》是「商人辦報」的產物。《華僑日報》並非岑維休一個人獨資的，而是由他的大哥岑協堂提供了辦報的主要資本，當時岑協堂是很成功的商人，擔任報社的董事長；岑維休的二哥岑次屏和三哥岑子頌，也都佔有股份，黃應元也是股東，但股份沒有岑氏家族多。[28] 不過《華僑日報》與一般家族企業不同的是，該報自始即以「有限公司」營運。

但應指出，岑維休除了辦《華僑日報》之外，投資地產和商業，是在戰後約 1947 年左右，他本身並非自始即是商人，稱他為「報人」，要來得更為貼切。岑維休十七歲入《南華早報》，主要工作是制訂「報紙銷量統計圖表」，這在當時的報界是一項創舉，報社高層見了很為讚賞。薪酬跳升得很快，第一年的月薪是三十元，第二年已經有六十元，後來加到七十元，當時香港的中級公務員和洋行職員的月薪也不過三四十元而已。所以他在《南華早報》一做便是十年，直至《香港華商總會報》有意出讓，據說東主是岑維休的朋友，希望他買下來接辦，他於是與兄長岑協堂和舊同事陳楷商量，結果便辦起《華僑日報》來。[29] 由二十七歲做到

八十九歲，是名副其實的「一代報人」。

岑維休的長子岑才生，1922 年生於香港，從小就被培養為繼承人，是香港報界名人。他在香港中學畢業後，到美國留學，在紐約大學獲經濟碩士學位，然後入報界做事，1949 年代表《華僑日報》，與《工商日報》記者鄺勢南應英國殖民地部之邀，到英國訪問兩個月。觀光旅程完畢後，岑才生仍留駐英國，進入三家報社實習，其間並參觀倫敦其他幾家報社和世界知名通訊社。回港以後，將有關行程和見聞寫成《英遊鱗爪》。[30] 1954 年起岑才生擔任《華僑日報》編輯，1957 年起任經理，在編輯部的角色相當於執行編輯，與總編輯何建章是「少主跟老臣子的關係」。報社中人指出，「岑家是把《華僑日報》看作一盤文化生意」[31]。岑才生以經理身份在報社任職也有數十年，不過一向都站在助理地位，輔佐其父主持《華僑日報》，一切報務完全尊重其父的意見行事。至於《華僑晚報》，則主要交由他負責。中年開始參加社會活動，曾被任為市政局議員，也做過消費者委員會出版部主席，其他社團職務亦多；文教方面的履歷，包括香港中文大學聯合書院校董、津貼小學議會委員、香港四邑商工總會學校校監、英皇書院舊生同學會學校校董等。[32] 1984 年起，擔任多屆世界中文協會主席；1986 年，又當上香港報業公會主席多年；此外，曾任國際報業協會香港區副主席。社會活動並不算多，岑才生和他父親一樣，始終集中主要精力辦報，包括《華僑日報》和《華僑晚報》。[33]

岑才生與其父岑維休不同的是，他對經濟學和新聞學有專業知識，曾擔任香港訓練局新聞業訓練委員會主席，多次在國際性的報業研討會上發

表專業意見。他曾經撰文討論報紙的自由與責任，指出「人們認為報紙應有追求自由的權利，但是，有些人以為由於它們變得更大更有力量時，那麼他們或許會有危害自由的可能性。根據這個論據，人們開始要求研究報紙是否也要有一種責任；那就是，報紙應該承認在他們執行公共報導的職務時，對社會有道義上的責任」。他進而強調「報紙應該追求最大程度的言論自由，但他們同時要瞭解他們有社會責任的義務」[34]。又表明「《華僑》給予編輯很大的自主權，只要求報導真相，言論非常自由。至於社會責任，《華僑》希望做的每一件事，都是對社會有貢獻的」[35]。

二、《華僑日報》的編採人員

《華僑日報》初創時，李大醒、胡惠民、張知挺先後擔任該報的總編輯。香港淪陷期間和戰後，由何建章任總編輯。何建章，廣東順德人，1911 年生。廣州中山大學理科師範系畢業，在《華僑日報》任職四十年，從 1940 年代開始任總編輯，直至 1987 年才退休。曾任何氏宗親會副理事長。[36] 其後的總編輯是潘朝彥，副總編輯是梁儒盛。停刊前的總編輯是陸錦榮。（表 8）

《華僑日報》重要的編輯採訪人員，有汪石羊、吳灞陵等。汪石羊，廣東東莞人，1916 年生於香港，華仁書院畢業。他在《華僑日報》任職多年，1950 年代任攝影主任，1960 年代擔任採訪主任，著有《攝影淺說》、《歐遊漫影》等書。他在 1982 年起擔任香港報業公會司庫，至 1992 年。[37]

表 8 《華僑日報》歷任總編輯名錄

姓名	説明
1. 李大醒	原為《香港華商總會報》總編輯,《華僑日報》創刊時任總編輯,但個多月後辭職。
2. 胡惠民	《華僑日報》創刊個多月後擔任該報總編輯,約於 1936 年離職。
3. 張知挺	原為《華僑日報》編輯,約從 1936 年開始擔任總編輯。
4. 何建章	原為《華僑日報》記者、編輯,約於 1942 年起擔任總編輯,直至戰後,至 1987 年中退休。
5. 潘朝彥	原為《星島晚報》編輯,1987 年中接任《華僑日報》總編輯,至 1993 年。
6. 陸錦榮	1994 年起出任《華僑日報》總編輯,直至該報停刊。

　　吳灞陵,廣東南海人,1904 年生,歷任《香江晚報》、《大光報》、《中華民報》編輯及《循環日報》總編輯[38]。曾編《香港商業名錄》,1924 年由香港中華編述公司印行。《華僑日報》創辦之初,吳灞陵即擔任該報副刊「香海濤聲」的編輯。1947 年 10 月起,在《華僑日報》以「鷩洋客」的筆名開設「香港掌故」專欄,直至 1953 年 4 月;[39] 1950 年代初至 1970 年代中,擔任華僑日報出版部編輯主任及《香港年鑑》主編。他在《華僑日報》擔任編輯、港聞主任垂五十年,至 1976 年 4 月 27 日去世,終年七十二歲。[40] 吳灞陵的舊文學根底很好,亦稍涉新文藝。他還在報上編「旅行」週刊,在鼓吹旅行風氣方面起了很大的作用。著作甚多,主要有《香港九龍新界旅行手冊》(1950 年初版)、《今日南丫》等;1967 年香港政府設郊景護理研究委員會,任為委員。據《香港年鑑》上刊登的廣告,

他早年想撰寫《香港新聞事業》、《香港史話》、《九龍史話》、《新界史話》等書，表明都在「著作中」[41]，可惜後來沒有實現。

1940年代中至1970年代報社的編輯人員，可舉的還有歐陽百川、張榮岳、衛國倫、江河等人。歐陽百川，《華僑晚報》總編輯，1975年逝世，享年七十一歲。張榮岳，1950年代《華僑日報》編輯、翻譯部主任；他又是聖公會牧師，後來成為聖公會副會督。衛國倫，原在報館任編輯工作，後來調任為港聞編輯，是香港新亞通訊社的創辦人。江河，1940年代開始為《華僑日報》和《華僑晚報》編副刊，直至1970年代退休，移居海外。1970年代開始為《華僑日報》和《華僑晚報》編副刊的是甘豐穗，原名甘兆光，直至《華僑日報》易主，他才退休，2005年去世，享年八十七歲。[42]

鄭家鎮是《華僑日報》副刊編輯中多才多藝的一位，他左右手都能執筆寫字，文學、文字學及畫藝的修養都很好，又是一位漫畫家，曾用「楚子」的筆名發表作品，又繪過「孫行者外傳」一欄，頗受讀者歡迎。他當編輯時，無論作者屬左派、右派或持其他立場，他都能夠容納，得到很多人尊敬，可說是《華僑日報》的「甘草」。[43]鄭家鎮在「僑樂村」以「雙魚樓主」、「雙魚」的筆名，在專欄「雙魚小品」和「雙魚隨筆」上發表文藝、美術方面的文章，歷時三十多年，直至1990年代才因年老輟筆。2000年逝世，享年八十五歲。[44]

《華僑日報》有許多副刊和專刊，以下是幾位較為知名的主編：

侶倫，原名李林風（1911-1988），又名李霖，「文藝」周刊主編。他活躍於電影界、報界、交遊廣闊，邀請了很多朋友為該周刊撰稿，幾乎

把所有的預算都用於支付稿費，自己沒有拿編輯費，結果「文藝」編得非常成功。作者不少是內地的名家，如夏衍、周鋼鳴、楊翰笙、茅盾等。很多稿是由周鋼鳴代約的，他是周蜜蜜的父親。[45]

　　黃慶雲（雲姐姐），「兒童」周刊主編，她因主持《新兒童》有許多事情要處理，推薦許稚人（許彥裳）與胡明樹一起編。黃慶雲重視兒童心理，處處引發他們的童真。許稚人的思想較左傾，當時「兒童」周刊曾組織讀者會，舉辦讀書會之類的活動。香港政府於 1950 年左右修訂社團管制的政策，認為「兒童」周刊的讀書會涉嫌宣傳政治思想，要加以管制，並將許稚人遞解出境。後來「兒童」周刊改由劉惠瓊主編，內容接近幼稚園的形式。

　　雷秀芳，家庭版主編，她與一群社會名流太太很有交情，在她們的建議下辦起家庭版來。

　　袁家松，教育版主編；他後來移民美國，由妹妹袁家琳主編。當時香港政府華民政務司的人暗示各校只能放一份《華僑日報》，原因是怕有左派思想滲入學校，袁家琳除了編務外，主要的工作是聯絡各校校長，建立與學校的關係。[46]

　　此外，還有港聞編輯主任李才藻、經濟版主編李剛、航訊版編輯徐煥章、「藝文」雙周刊主編林千石等。（表9）

　　《華僑日報》的編輯很多同時是作者身份，常在報上寫專欄或發表文章。另有一些社外的特約主筆，如徐復觀。因為專刊多，約稿及投稿的作者為數甚眾，使人留下較深刻印象的，有徐復觀為該報所寫的政論，陳直夫為「東南亞」撰寫介紹東南亞歷史的文章等。但作者不屬於報社的

表 9　戰後《華僑日報》編務人員舉要

姓名	職位説明
吳灞陵	副刊編輯、編輯主任、《香港年鑑》主編。
歐陽百川	《華僑晚報》總編輯。
胡景業	《華僑晚報》代總編輯。
張榮岳	編輯、編譯部主任。
衞國倫	港聞編輯，是香港新亞通訊社的創辦人。
李才藻	港聞編輯主任。
鄭家鎮	副刊編輯。
甘焯庭	編輯主任。
甘豐穗	《華僑日報》和《華僑晚報》副刊編輯。
李剛	經濟版主編。
袁家松	教育版編輯。
侶倫	文藝版主編、作家。
袁家琳	教育版編輯。
黃慶雲	《兒童周刊》編輯。
江河	《電影周刊》編輯。
林千石	《藝文雙周刊》主編。
雷秀芳	康樂家庭版編輯。
徐煥章	航訊版編輯。
何培之	編輯。
于肇怡	編輯。

（續）

姓名	職位說明
李志文	編輯。
何建華	編輯。
楊金枝	馬經版助理編輯。
甘家璧	編輯助理。
吳培榮	編輯主任。

正規人員，而且多用筆名，不同時期、不同專刊的差異很大，只能在討論個別問題時略為提及。

　　採訪人員方面，主要有：邱永鎏，資深記者，1946 年任《華僑日報》採訪主任，工作幾十年，香港的老報界都熟識他，叫他做「邱二叔」，1960 年代去世，由汪石羊繼任採訪主任。湯兆根、彭煥堯、線振球三人都是記者，湯兆根曾獲英國殖民地部獎學金，彭煥堯曾獲美國哈佛大學尼曼新聞研究學額並取得院士，線振球後來任《華僑晚報》採訪主任；顏昌蔭，攝影記者；何高億，《華僑日報》駐台通訊主任。特別值得一提的是體育記者梁德同，《華僑日報》創辦前他曾在《中外新報》和《香港華商總會報》任職；盧敏超，曾獲香港記者協會論文比賽冠軍；此外，《華僑日報》記者還有邵傑豪、龐信強、劉汝熹、葉志堅、梁少峯等。（表 10）

　　1980 年代中英雙方就香港問題舉行多次會議，香港記者常到北京和英國採訪。《華僑日報》編輯主任吳培榮說：「每天會議結果，雖然會有例行公佈會，但是公佈的消息內容都很簡單，記者都要想方法去『撲料』、

表 10　戰後《華僑日報》採訪人員舉要

姓名	職位說明
湯兆根	記者，曾獲英國殖民地部獎學金。
顏昌蔭	攝影記者，曾服務《東風畫報》及新亞通訊社。
彭煥堯	記者，曾得美國哈佛大學尼曼新聞研究學額並獲取院士。
線振球	記者、《華僑晚報》採訪主任。
何高億	《華僑日報》駐台灣通訊主任。
丘衍達	記者。
彭少岐	記者。
梁德同	體育記者，曾在《中外新報》及《香港華商總會報》任職。
邱永鎏	採訪主任、資深記者。
汪石羊	攝影主任。
邵傑豪	記者。
盧敏超	記者，曾獲記者協會論文比賽冠軍。
龐信強	記者。
劉汝熹	記者。
葉志堅	記者。
梁少峯	記者。
梁國治	《華僑晚報》馬評家。

『搵消息』;與此同時,又傳出很多不同說法,令人無所適從,不到最後也不知道哪個消息較可靠。這種採訪經驗對香港的同業來說,是十分難能可貴的。」[47] 1950 年代中,營業部潘伯欣、排字部陳炎堃、印刷部黃忠都是主要人員。[48] 潘伯欣的父親潘日如是營業部主任,他在父親去世之後接任該職。[49]

岑維休還僱有一位相當出色的英文秘書何少庵,他是香港名人何恭棣的公子,肄業於香港大學,後赴英國劍橋大學攻讀。《華僑日報》非常重視這位秘書的作用,因為岑維休創辦《華僑日報》後,仍與《南華早報》維持密切聯繫,與香港政府亦有良好關係,英文文件和事務往來都有賴何少庵的幫助。[50] 岑維休後來出任多屆香港報業公會主席,何少庵由 1954 年香港報業公會註冊成立時起,擔任司庫之職二十多年,至 1981 年。[51]

《華僑日報》的員工,連同字房的,全盛時達五百多人,由於上班時間不同,所以同在報社工作的人也不一定全部認識。報社亦有舉行員工旅行之類的活動,如遊河會等。1995 年報紙停刊時,仍有員工三百餘人。[52] 據岑才生說,《華僑日報》停刊後,幾乎所有員工都找到新工作,或者在《南華早報》留任,各有不錯的發展。[53]

第三節　行銷的對象和主要讀者群組

　　岑維休在他的文章中，屢以報紙與讀者的互動關係為言，如說：「吾人以為輿論事業，不徒為牟利性質，其最終目的，應與社會大眾發生聯繫，引致讀者對社會多所關懷，從而對社會人群，對國家，對世界，有所貢獻，斯為吾人出版《華僑日報》與《香港年鑑》之主旨，敢持此自勉，並與諸同事及社會人士共勉。」[54] 證諸該報方針和內容，說話並不是口號式的空言。

一、讀者對象和主要類型

　　《華僑日報》強調社論要能反映讀者的心聲，「廣大的讀者要甚麼，《華僑日報》就說甚麼，他做讀者的前鋒，讀者做他的後盾，因而他的社論生出力量」。[55] 該報又以副刊著稱，自創刊時起即設有「香海濤聲」和「遊藝錄」，其後改名「僑樂村」，小品文和小說向受讀者歡迎。專刊方面亦以文藝佔多，如「文藝」周刊[56]，「圓社藝文」雙周刊；方史方面，有新亞研究所供稿的「文史」雙周刊[57]，後期由大專院校教師供稿的「香港史天地」雙周刊[58]。《華僑日報》辦這麼多不同類型的副刊，主要是從商

業角度出發，報社希望吸納不同年齡和階層的讀者，藉以增加銷路。[59]

　　讀者方面，就地區而言，《華僑日報》自始即以本港華人為主要對象，兼及海外僑胞，同時亦爭取國內市場。就階層而言，多是工商界和文教界人士，還有政府官員，以及知識水平較高的市民大眾。該報在鼎盛時，致力走多元化路線，內容包羅廣泛，不過亦較注重三類讀者：第一類是團體訂閱，尤以工商社團和文教機構為主；第二類是家庭訂閱，特別注意婦女和兒童；第三類是個別讀者，面向各界專業人士和求職者。

　　1950 年代初，尤其是從 1952 年開始，不少學校團體、職業團體都安排集體參觀各大報社，蔚然成為一種風氣。以前報界方面都存有「閉關」主義，不願以內部情況示人，至此亦大為改變，各個團體相率以參觀報館作為吸收知識的途徑，新聞教育和新聞知識的重要性開始受到肯定，並與學校教育、社會教育打成一片。[60] 學界參觀報社的活動，此後有增無減，以 1984 年為例，大專院校和中小學校組團參觀《華僑日報》，以瞭解報業的營運過程和現代化植字、印刷技術等，不下百次之多。[61] 面向社會、面向讀者，是新時代報業的一個大趨勢，《華僑日報》在報紙內容以至辦報策略上，都相應作了回應和調整。

　　到了 1950 年代中，報紙已着眼於民眾福利業方面的工作，循着民眾服務的動機，而注意開闢版面刊載「讀者呼聲」一類短文，過去只有西報這樣做，而今中文報紙發表的讀者文章，也可以引起有關當局的注意，並且有所回應。這顯示中文報紙的地位日漸提高，香港報業正在進步。[62]

二、學生、工人和家庭婦女讀者

　　隨着社會的發展，報紙必須進一步開拓市場，單靠各大社團、工商機構、學校和家庭訂閱，已經不能大幅增加每日報紙的銷量了。《華僑日報》作為大報，面對的挑戰不比其他報紙為輕，於是致力於爭取更多每天在報攤購報的個別讀者，其中一個群組就是為數甚多的學生。該報在1950年代中刊登的宣傳，其中一個是強調「學生必讀，因為它頂合學生口味」，除「教育與文化」刊載有關的活動和新聞外，列舉了「學生」、「集郵」、「健力」、「音樂」、「旅行」雙周刊和「書評」周刊，還有「學生園地」，特別聲明這是學生的地盤。

　　另一個對象是工人，宣稱「工人世界」的內容「就是一張工人報紙的縮影，它有趣味濃厚的工人副刊，還有自由發表言論的工人園地」。隨着婦女教育的普及和婦女地位的提高，女性看報的習慣也不容忽略，《華僑日報》說它的「康樂家庭」是特為婦女界而設的一個專刊，可以說是一張婦女報紙，有通俗評論，有即日新聞，有趣味文章「莊諧兼備，家庭裏實在一日不能沒有它」。這個宣傳是面向家庭婦女的，連同學生和工人，這三類群組反映了1950年代中的香港社會新興面貌。（表11）

　　1957年至1974年間，《華僑日報》還有一個「青年生活」雙周刊，是專為青少年而設的。當初因為教育文化版分成「華僑教育」與「華僑文化」，教育版增加了篇幅，又已有「學生園地」，原有的「學生」雙周刊沒有存在的必要，於是改出「青年生活」。作者有中小學教師、大專學生等。這說明了《華僑日報》同時考慮到學生有不同年齡、不同程度和不同

表 11　《華僑日報》的主要讀者對象

對象	宣傳重點
商店 （商人）	強調「商店必備」：因為它報導世界大事，迅速詳實，本港新聞兼通並包，經濟新聞巨細無遺，還有其他足供商工閱讀的通俗文字，另有「工人世界」日刊，每日出版。
家庭 （婦女、兒童）	強調「家庭必要」：因為它有許多閱讀的材料，是每個家庭都需要的，如「康樂家庭」日刊、「兒童」周刊、「旅行」雙周刊、「音樂」雙周刊、「電台一周」、「星期樂園」。
社團 （各界人士）	強調「社團必有」：因為它歷史悠久，新聞翔實，專利豐富，包羅萬有，經濟報導，全球稱許。
學生	強調「學生必讀」：因為它有許多材料是學生界所歡迎的，如「學生園地」、「華僑教育」、「華僑文化」、「集郵」、「健力」、「書評」、「音樂」、「旅行」、「青年生活」等雙周刊。
工人	創「工人世界」版，替工人講話評理，為工人服務分勞，不斷提供珍貴資料，充分表現工商互助精神，並於「工人世界」版增闢「小廣告」欄，刊登「待聘」、「聘請」、「徵求」、「出讓」及「租賃房間」等廣告。

興趣，能夠較為全面地照顧各類讀者的需求。總括來說，《華僑日報》副刊的編輯方針，主要是迎合中下階層人士的口味，例如「打工仔」、商人、青年、學生等，要有趣味，不可曲高和寡。[63]

應予特別指出，《華僑日報》注重報導工商社團消息，作為工商界報紙的特色是持續不變的；不過，戰後該報由於加強刊載文教方面的活動，隨着教育的漸趨普及，同時又成為文教界報紙。《華僑日報》的教育版是香港最權威的教育版，因為它版面大，而且消息齊全，很多學校的

校長每天回校所做的第一件事，就是閱讀該報的教育版，香港政府教育署的官員也一定看教育版的，很多教師也是教育版的讀者。學校每年招聘教師，也一定在《華僑日報》的教育版刊登廣告。[64]

　　隨着時間的推移，戰後看《華僑日報》的讀者，即便是學生或年青人，已逐漸成長甚至老化，所以該報後期「可能對於老一輩的讀者有較大的影響力」[65]。1980 年代以後，《華僑日報》雖然設有供青少年閱讀的專刊，力求追趕潮流，表現並不太成功，在持續培養年輕讀者方面顯然較以前遜色了。

註釋

1　　吳灞陵〈廣東之新聞事業〉，廣東文物展覽會編印《廣東文物》（上海：上海書店，
　　　1990 年），第 778-779 頁。

2　　侯杰著《〈大公報〉與近代中國社會》，第 8-9 頁。

3　　陸揚、王毅著《大眾文化與傳媒》（上海：三聯書店，2000 年），第 106-107 頁。

4　　岑才生〈香港報紙的組織〉，何建章等著《報紙》，第 4-21 頁。

5　　〈訪問《華僑日報》社長岑才生先生及編輯甘豐穗先生〉，《〈華僑日報〉副刊研究
　　　（1925.6.5-1995.1.12）資料冊》，第 77 頁。

6　　〈訪問《華僑日報》社長岑才生先生及編輯甘豐穗先生〉，《〈華僑日報〉副刊研究
　　　（1925.6.5-1995.1.12）資料冊》，第 76 頁。

7　　〈訪問江河先生〉，《〈華僑日報〉副刊研究（1925.6.5-1995.1.12）資料冊》，第 84 頁。

8　　《香港年鑑》第十四回（1961 年），人名辭典，第十篇，第 14 頁。

9　　《香港年鑑》第二十回（1967 年），人名辭典，第十篇，第 26 頁；〈一年來之香港報
　　　業〉，《香港年鑑》第二十三回（1970 年），第二篇，第 96 頁。

10　香港報業公會成立時的會員包括《德臣西報》（*The China Mail*）、《香港虎報》（*Hong
　　　Kong Standard*）、《工商日報》、《工商晚報》、《星島日報》、《星島晚報》、《南華早報》
　　　（*South China Morning Post*）、《南華星期先導報》、《華僑日報》、《華僑晚報》、《新
　　　生晚報》、《經濟商報》、《真報》、《紅綠日報》、《香港時報》、《中英日報》。參《香
　　　港報業 50 載印記：香港報業公會金禧紀念特刊》，第 97 頁。

11　林鈴〈歷史悠久的香港《華僑日報》〉，鍾紫主編《香港報業春秋》，第 53 頁。

12　「台新開恩四邑」包括台山、新會、開平、恩平四縣，被譽為「華僑之鄉」。台新開恩
　　　四邑商工總會初名香港四邑商工總局，成立於二十世紀初，因曾熱心支援辛亥革命而
　　　被香港政府勒令解散，遷至廣州。其後極力交涉，1919 年始獲華民政務司准許復會；
　　　1951 年，正式註冊為有限公司。

13　《恩平岑氏族譜》，第 79-80 頁。

14　〈華僑日報簡史〉,《華僑日報六十周年紀慶專刊》,第 3 頁。

15　岑維休〈第五回香港年鑑序言〉,《香港年鑑》第五回（1952 年）,卷首,第 1 頁。

16　同上註。

17　岑維休〈第七回香港年鑑序言〉,《香港年鑑》第七回（1954 年）,卷首,第 1 頁。

18　岑維休〈香港年鑑十周年紀念辭 —— 第十回香港年鑑代序〉,《香港年鑑》第十回
　　（1957 年）,卷首,第 1 頁。

19　岑維休〈共同促進工商繁榮 —— 香港年鑑第十三回代序〉,《香港年鑑》第十三回
　　（1960 年）,卷首,第 1 頁。

20　岑維休〈第十四回香港年鑑序言〉,《香港年鑑》第十四回（1961 年）,卷首,第 1 頁。

21　岑維休〈香港必能克服難關〉,《香港年鑑》第二十八回（1975 年）,卷首,第 1 頁。

22　岑維休〈喜見香港經濟復甦〉,《香港年鑑》第二十九回（1976 年）,卷首,第 1 頁。

23　岑維休〈香港地位受到重視〉,《香港年鑑》第三十二回（1979 年）,卷首,第 1 頁。

24　岑維休〈八十年代的香港〉,《香港年鑑》第三十三回（1980 年）,卷首,第 1 頁。

25　〈香港報紙銷量佔亞洲次位〉,《香港年鑑》第三十四回（1981 年）,第二篇,第
　　120 頁。

26　據《華僑日報》編輯江河描述:「岑維休先生有英式幽默,是個紳士（gentleman）,
　　對職員很照顧,很有人情味。我 1946 年加入《華僑》工作,深深覺得這是個大家
　　庭。但大家庭有個缺點 —— 家長制,難有革新的主意。……《華僑日報》的編輯方針
　　一切以社長及股東的意見為主導。」見〈訪問江河先生〉,《〈華僑日報〉副刊研究
　　（1925.6.5-1995.1.12）資料冊》,第 84 頁。

27　〈訪問《華僑日報》社長岑才生先生及編輯甘豐穗先生〉,《〈華僑日報〉副刊研究
　　（1925.6.25-1995.1.12）資料冊》,第 79 頁。

28　〈訪問《青年生活》編輯何天樵先生〉,《〈華僑日報〉副刊研究（1925.6.5-1995.1.12）
　　資料冊》,第 93 頁。按:何天樵是《華僑日報》總編輯何建章的兒子,自幼隨父親到
　　報社出入,亦與岑家多往來,稱岑維休四兄弟為大叔、二叔、三叔和四叔。查《恩平
　　岑氏族譜》,得知岑維休除長兄岑協堂外,二哥是岑次屏,三哥是岑子頌。

29　李家園〈《華僑日報》二三事〉,氏著《香港報業雜談》（香港:三聯書店,1989 年）,
　　第 60 頁。

30　岑才生著《英遊鱗爪》（香港：華僑日報，1950 年），〈英遊鱗爪自序〉。

31　〈訪問《青年生活》編輯何天樵先生〉，《〈華僑日報〉副刊研究（1925.6.5-1995.1.12）資料冊》，第 93 頁。

32　《香港年鑑》第三十八回（1985 年），人名辭典，第十二篇，第 29 頁。

33　林鈴〈歷史悠久的香港《華僑日報》〉，鍾紫主編《香港報業春秋》，第 51 頁。

34　岑才生〈自由與責任〉，《東南亞中文報紙研討會講詞錄》（香港：星系報業有限公司，1963 年），第 44 頁。

35　〈訪問《華僑日報》社長岑才生先生及編輯甘豐穗先生〉，《〈華僑日報〉副刊研究（1925.6.5-1995.1.12）資料冊》，第 79 頁。

36　《香港年鑑》第二十一回（1968 年），人名辭典，第十篇，第 11 頁。

37　《香港報業 50 載印記：香港報業公會金禧紀念特刊》，第 99-100 頁。

38　《香港年鑑》第二十一回（1968 年），人名辭典，第十篇，第 16 頁。

39　香港大學孔安道紀念圖書館編製《香港掌故》（1984 年），輯錄了吳灞陵以鰲洋客筆名撰寫的專欄文章，影印訂裝成專冊，並有〈説明〉。

40　《華僑日報》，1976 年 4 月 29 日，第 3 張第 1 頁。

41　《香港年鑑》第五回（1952 年），卷末廣告。

42　方寬烈〈文人本色甘豐穗〉，氏著《香港文壇往事》，第 142-144 頁。

43　〈訪問《華僑日報》社長岑才生先生及編輯甘豐穗先生〉，《〈華僑日報〉副刊研究（1925.6.5-1995.1.12）資料冊》，第 76-77 頁。

44　方寬烈〈鄭家鎮的雙魚隨筆〉，氏著《香港文壇往事》，第 94-96 頁。鄭家鎮的著作，有《香港漫畫春秋》（香港：三聯書店，1992 年）等，但他在《華僑日報》上發表的大量文章，未能結集出版。

45　〈訪問《華僑日報》社長岑才生先生及編輯甘豐穗先生〉，《〈華僑日報〉副刊研究（1925.6.5-1995.1.12）資料冊》，第 76、78、83 頁。

46　〈訪問江河先生〉，《〈華僑日報〉副刊研究（1925.6.5-1995.1.12）資料冊》，第 83 頁。

47　《香港報業 50 載印記》，第 42 頁。

48　〈一年來之香港報業〉，《香港年鑑》第十一回（1958 年），第二篇，第 111 頁。

49　〈訪問江河先生〉，《〈華僑日報〉副刊研究（1925.6.5-1995.1.12）資料冊》，第 81 頁。

50　林鈴〈歷史悠久的香港《華僑日報》〉，鍾紫主編《香港報業春秋》，第 51 頁。

51　《香港報業 50 載印記：香港報業公會金禧紀念特刊》，第 97-99 頁。

52　《華僑日報》，1995 年 1 月 12 日，第 4 頁。

53　〈訪問《華僑日報》社長岑才生先生及編輯甘豐穗先生〉，《〈華僑日報〉副刊研究（1925.6.5-1995.1.12）資料冊》，第 80 頁。

54　岑維休〈第十四回香港年鑑序言〉，《香港年鑑》第十四回（1961 年），卷首，第 1 頁。

55　吳灞陵〈華僑日報概況〉，《香港年鑑》第七回（1954 年），特載，第 5 頁。

56　《華僑日報》的「文藝」周刊共有三次：第一次由 1937 年 3 月 20 日至 1938 年 9 月 24 日出版，共 75 期；第二次由 1944 年 1 月 30 日至 1945 年 12 月 25 日出版，共 100 期；第三次由 1947 年 2 月 23 日至 1954 年 11 月 9 日，共 225 期。

57　《華僑日報》的「文史」雙周刊共有三次：第一次由 1947 年 11 月 1 日至 1948 年 11 月 20 日出版，共 40 期；第二次由 1954 年 7 月 13 日至 1968 年 6 月 18 日出版，共 347 期；第三次由 1982 年 7 月 10 日至 1984 年 11 月 15 日出版，共 72 期。

58　《華僑日報》的「香港史天地」由 1994 年 9 月 25 日至 1995 年 1 月 8 日出版，余炎光、周佳榮、林啟彥主編，共 15 期。

59　〈訪問《青年生活》編輯何天樵先生〉，《〈華僑日報〉副刊研究（1925.6.5-1995.1.12）資料冊》，第 89 頁。

60　〈報業〉，《香港年鑑》第六回（1953 年），上卷，第 73 頁。

61　〈一年來之香港報業〉，《香港年鑑》第三十八回（1985 年），第三篇，第 134 頁。

62　〈一年來之報業〉，《香港年鑑》第十回（1957 年），第（甲）101 頁。

63　〈訪問江河先生〉，《〈華僑日報〉副刊研究（1925.6.5-1995.1.12）資料冊》，第 84 頁。

64　〈《華僑日報》副刊研究計劃 —— 訪問阿濃〉，《〈華僑日報〉副刊研究（1925.6.5-1995.1.12）資料冊》，第 101 頁。

65　〈訪問《青年生活》編輯何天樵先生〉，《〈華僑日報〉副刊研究（1925.6.5-1995.1.12）資料冊》，第 94 頁。

第六章 ————————

《華僑日報》後期改革和易手經過

1970 年代至 1980 年代的香港社會，不但出現經濟轉型，在文化及消費生活上也產生巨變，隨着香港人的家庭平均實質收入逐年增加（由 1976 年的二千三百元左右升到 1991 年接近一萬元），香港人對消費及娛樂的要求因此大增，本地報紙也作出了多方面的調整，小報如雨後春筍，大報則走雜誌化之路。論者認為，《華僑日報》在 1980 年代的表現已呈老態，「它的文化教育近乎是説教老套，包裝傳統呆板，它在八十年代以來一落千丈，是不難理解的事實」[1]。雖然《華僑日報》於教育資訊方面仍佔有相當優勢，但只能維持學校和教育團體訂閱，個別讀者逐漸流失，大學生和教師多看《明報》[2]、《快報》[3] 等。

　　1980 年代開始，由於香港社會變化迅速，《華僑日報》平實報導新聞的手法和整體上的穩重作風，正逐漸從優勢變成相對劣勢。1985 年岑維休去世後，由他的兒子岑才生接任《華僑日報》主持人。其後，《華僑日報》因其保守的辦報風格而逐漸跟不上時代，讀者減少，並陷入經營不善的困境之中。1991 年 12 月，《華僑日報》被英文報紙《南華早報》（*South China Morning Post*）收購，但發展平平，並無突破。1994 年初，該報由香樹輝（董事總經理）及陸錦榮（總編輯）接手，內容和版面均有顯著的變化，看似可以一改形象，尋求新的出路，但這年恰逢股市和樓市雙重災難，《華僑日報》不但未能重振聲威，反而一蹶不振，遂於 1995 年 1 月 12 日停刊。大致來説，1970 年代中的《華僑日報》已呈滯後現象，1976 年至 1990 年是它的持續期，1991 年至 1995 年是它的變動期。這不單只是該報本身的問題所造成，實亦與報業環境的改變有很大關係。

第一節　擴大讀者服務與加強社會聯繫

　　香港報業追趕時代潮流的步伐是很敏捷的，從形式到內容不斷地推陳出新，讀者在不同經濟條件和社會環境下有不同的需要，香港報紙為了滿足讀者，歷來都努力捕捉時代脈搏和潮流時尚，向市民迅捷地提供各類資訊。各種專門性報紙的創辦，是報業為了滿足讀者需求的一種反應；而綜合性大報貼近大眾的主要方法，就是不斷地調整版面。[4]（表12）《華僑日報》

表 12　1970 年代中《華僑日報》的內容構成

類別	説明
1. 評論	（1）社論；（2）小評；（3）專論；（4）讀者論壇。
2. 新聞	（1）國際電訊；（2）國內電訊；（3）香港新聞；（4）新界新聞；（5）體育新聞；（6）賽馬新聞；（7）教育新聞；（8）文化新聞；（9）經濟新聞；（10）交通新聞；（11）娛樂新聞；（12）圖畫新聞；（13）工人新聞；（14）婦女新聞。
3. 專刊	（1）《彩色華僑》；（2）「僑樂村」（副刊）；（3）周刊和雙周刊，計有「人文」、「中國文學」、「書刊」、「華僑周報」、「美術」、「東南亞」、「彩色生活」、「汽車」、「旅遊」、「人物與風土」、「藝文」、「海洋智識」、「健力」、「音樂」、「旅行」、「集郵」、「朗誦」、「劇影藝術」、「花鳥蟲魚」、「科學」、「國際動態」、「嶺南文物」、「西洋文藝」等；（4）學生園地；（5）新聞精華。

本着長期以來的作風,在服務讀者和加強社會聯繫方面多所措意,活動之多是同時期的報紙所難比擬的,《華僑晚報》則較着重娛樂性。

一、鼎盛期的作風和路線

1970 年代以降,香港處於一個急速變動的時期,1972 年因暴雨襲港造成山泥傾瀉和數千人受災,1973 年股市狂瀉又造成經濟危機,天災人禍此起彼伏。1974 年由於全球紙荒,紙價暴漲,對報業更是直接的衝擊,香港四十家中文報紙聯同調整售價,其後平均每年調整售價一次。

另一方面,1967 年「無線電視」啟播之後,闔家觀看電視漸成風氣,報紙也要面對新興媒體的競爭。1972 年 8 月,《華僑日報》、《工商日報》及《星島日報》三大報刊發行人有股份的商業電台集團,投得新中文電視台承辦權,定名為「佳藝電視」。1975 年,佳藝電視台成立,但由於無線電視一台獨大的局面已經形成,亞洲電視處於弱勢,佳藝電視加入戰團未能扭轉局面,結果以宣佈停播告終。

1974 年 3 月 15 日起,《華僑日報》每逢星期五增設「視聽版」,這是回應實際所需,但也說明了報紙為電視提供資訊的時代來臨。娛樂新聞方面,也逐漸把重點放在報導與電視片集合藝員有關的消息,但電視台既有自己的刊物,娛樂報紙又應運而生,作為一份綜合性質的大報,在這方面的競爭是不會有勝算的。加強為讀者服務,是一種比較有效的辦法。

早於 1950 年代和 1960 年代,《華僑日報》、《工商日報》、《星島日報》

等大報相繼舉辦足球賽事、助學金、籌款賑災、環島步行比賽、兒童健
康比賽、有獎填字遊戲、徵文比賽等；此外還有十大明星選舉、香港先
生選舉等，形形色色，十分熱鬧。論者指出：「較具規模的報紙，除了為
讀者提供新聞內容、閒暇資訊外，還會舉辦不同性質的活動，一方面加
強與讀者的聯繫，另一方面可以照顧讀者的需要，這也是辦報者關心社
會的具體表現。」[5]《華僑日報》在當時是這方面的表表者，成績非常可
觀。當然，服務讀者的舉措，在一定程度上，亦可視為推廣與宣傳手法
的一種；不過，只要是有意義的活動，可以同時造福社會，相得益彰。

　　1971 年間，《華僑日報》舉辦了兩次讀者聯誼會，一次在希爾頓酒
店舉行，一次在高麗苑酒樓夜總會舉行。[6] 相關活動方面，以 1973 年為
例，《華僑日報》主辦及合辦的項目計有：

　　（1）由《華僑日報》、《南華早報》與香港旅遊協會聯合主辦的藝
術節徵文比賽，題為「藝術節對青年的好處」，分中、英文組，1 月 29
日開始報名，3 月 5 日截止，中文組冠、亞、季軍由吳灞陵評定。

　　（2）2 月 19 日校際音樂節男子組中六粵語散文朗誦，冠軍獲頒「華
僑日報盃」。

　　（3）《華僑日報》主辦、醫務衛生處贊助的第三屆兒童健康比賽，4
月 2 日開始報名，經過香港、九龍、新界三區初賽及復賽後，7 月 1 日
在希爾頓酒店進行總決賽。

　　（4）《華僑日報》與堅道書院及智慧出版社合辦的「升中試模擬測
驗」，4 月 15 日在堅道書院舉行。

（5）《華僑日報》四十八周年報慶，舉辦六組徵文比賽、兩組自由畫比賽及徵求設置行人天橋隧道建議等，於 6 月 5 日公佈評定結果。

（6）《華僑日報》仍續舉辦各種旅行團，包括美加旅行團、歐洲旅行團、澳紐旅行團。[7]

《華僑日報》舉辦的大多是文娛性質的活動，至於《華僑晚報》則集中於娛樂方面，起着分工互補的作用，1973 年亦有以下一些活動：

（1）《華僑晚報》與國聲娛樂公司聯合主辦的「東南亞歌王歌后選拔賽」，8 月 28 日開始接受報名，9 月 9 日進行決賽。

（2）《華僑晚報》與國民漆廠主辦 1973 年十大歌星選舉，9 月 25 日公佈結果，翌日晚上在大會堂音樂廳頒發「金駱駝獎」。

（3）《華僑晚報》主辦、精工錶贊助的 1973 年第十七屆「十大電影明星」與「十大電視明星」選舉，11 月 28 日揭曉，12 月 1 日在香港節皇后像廣場表演台由市政局主席沙利士頒發金球獎；有獎猜圖讀者，12 月 16 日在皇都夜總會由當選十大明星頒獎。[8]

二、持續期加強社會聯繫

1980 年代開始，尤其是中、英兩國就香港前途問題展開一連串談判之後，香港社會常起波瀾，報紙所起的作用較前重要，但所受的衝擊亦大，加強對社會問題的關注和作出相應的調整是大勢所趨。以 1984 年為

例，當年《華僑日報》服務大眾的活動不減反加，除報慶徵文、繪畫、攝影等比賽、兒童健康比賽及《華僑晚報》的十大影視明星選舉繼續舉行外，包括：

（1）《華僑日報》與美國美贊臣大藥廠聯合主辦的康樂兒童人像攝影比賽，於 1 月 22 日假希爾頓酒店舉行頒獎儀式。

（2）善導會主辦、《華僑日報》贊助的學生徵文比賽，於 3 月間展開。

（3）《華僑日報》教育版與加拿大太平洋航空公司合辦的「留加升學問答比賽」，於 3 月間舉行。

（4）《華僑日報》、《星島日報》、《明報》及《成報》聯合舉辦、民政司協辦的全港青年書畫比賽，4 月 7 日及 8 日在伊莉沙伯體育館舉行，分公開、中學及小學三組進行，共有二千五百多人參加。

（5）《華僑日報》與拯溺總會合辦第八屆暑期青年拯溺游泳訓練班，於 6 月 28 日至 7 月 29 日期間進行各項訓練課程，包括游泳、拯溺、浪濤救生、獨木舟、救傷、人工呼吸、潛水及扒艇等。另外，《華僑日報》「康樂家庭」版與香港拯溺總會女子部繼續合辦暑假婦女泳訓班與少女拯溺訓練班。

（6）香港醫學會、教育署及《華僑日報》聯合主辦的「運動與健康」徵文比賽，優勝名單於 7 月 16 日公佈，頒獎禮在 9 月 29 日舉行。

（7）《華僑日報》與海港青年商會合辦的傑出社區事務獎勵計劃，入選的十個傑出工作計劃頒獎禮於 8 月 25 日舉行。

　　（8）《華僑日報》「康樂家庭」與「兒童周刊」版合辦、香港電台贊助的第十九屆小讀者聯歡會，12 月 23 日在北角陳樹渠大會堂舉行。

　　（9）《華僑日報》教育版續與出版社合辦升學實習專欄，包括與雄風出版社合辦的「初中成績評核預習」、「初中課程綜合練習」，與智慧出版社合辦的「學能推理練習」，與專業持續教育學會合辦的「升學進修及專業考試概覽」。[9]

　　1985 年 6 月 5 日《華僑日報》六十周年紀慶時，在一則題為〈與時並進努力目標〉的「小評」中強調：「歷史悠久乃是深受讀者擁戴的象徵，報紙與社會發展關係密切，特別是在新聞報導快捷詳盡，評論公正，及內容充實等方面，都要受到非常嚴格的考驗，經不起考驗就會被淘汰。新聞工作需要最大的衝勁，謹慎冷靜，配合活力十足，追隨時代不斷改進，是我們努力的目標。當前面臨十二年後轉變，新聞工作所負的責任更加重大，我們願為香港的繁榮進步繼續努力，保持過去六十年來的精神，與時並進。」[10]

第二節　後期的改革方向和客戶廣告策略

　　1970 年代以後，香港市民對經濟活動漸多參與，愈來愈多人投資於股票、房地產和黃金外匯，主要報紙紛紛開闢經濟版以爭取讀者。1973年 7 月 3 日創刊的《信報》，是香港第一家以財經新聞為主要內容的中文日報；到了 1988 年 1 月 26 日，又有《香港經濟日報》的創刊。財經新聞日益受到重視，連帶綜合性報紙要特別加強這方面的內容。

　　加上報紙本地化的傾向日益彰顯，香港報紙關注的目光轉向本地事務，報導的重心逐漸由外國、外地轉為香港地區，各大小報章都把以後被放在「報背」（即第四版）的本地新聞置於頭版。強調本地意識，關注香港民生，貼近生活、貼近大眾的報紙，普遍得到讀者的認可。[11] 由於讀者將關注的焦點轉移到本地事務，香港報章的內容更趨本地化。[12] 這對綜合性大報是極大的挑戰，《華僑日報》後期的改革方向就是受到這個時代趨勢的影響。

一、1980 年代中開始加強內容

　　《華僑日報》六十周年紀慶，對該報來說是一個重大日子，當時的香

港在中英聯合聲明發表之後，正面臨一連串的考驗和過渡期的變化。該報認為「《華僑日報》茁壯成長，係不斷改革配合社會之發展及讀者之需求」，為使此一目標繼續發揚光大，藉六十周年紀慶時刻，從 6 月開始加強各版內容，主要包括以下五項：

1. 加強工商消息。加強本港新聞的工商、財經消息報導，並為工商、財經活動提供更廣泛服務，每日增闢工商與股市專欄，以第一時間反映工商界每日動態。

2. 娛樂版呈新貌。由於「娛樂版報導影視動態，有助工餘之暇鬆弛情緒」，該報娛樂版除保留原有新聞特色及專欄外，還增闢專欄，例如由藝員撰寫的「銀色小綴」談論他們對娛樂和人生的觀感；「旋轉數碼」以平實和客觀的態度，介紹電影、電視及流行歌曲；此外，逢星期日出版畫刊《星蹤》等。[13]

3. 教育輔導資料。邀請香港數理教育學會、香港就業輔導教師協會、學友社等教育專業機構及有關專家，執筆撰寫科學教育新教學法及趨勢；升學、就業、求職、青年輔導等專欄分別刊登專家意見和心得，為學生及青少年提供一般性參考和輔導資料。

4. 康樂家庭專欄。除保留原有的「婦女動態」、「時裝」、「美容」、「插花」、「婚姻講座」、「醫藥顧問」、「人物專訪」、「逛公司」、「青少年動向」等專欄外，增加為小朋友而設的「青草地」、圍繞着日常生活而發揮的「生活圈」和介紹各式食譜的「佳餚精點」等。

5.「僑樂村」多小品。副刊增闢「萬象」新欄，作為社會忙人的讀物，題材多樣化，反映社會百態，包括每日短篇精選「扯旗山下」、「新聞故

事」、「堪輿談藪」、「海隅小品」、「情網集」等。按：「萬象」由 1985 年
6 月 1 日創設，至 1993 年 9 月 5 日停止。[14]

此外，星期日隨報附送《彩色華僑》小冊子，每期均有「封面專題」
及文章數篇，其他內容包括一周電視節目動態、旅遊見聞及文化、藝術
活動等，並有「時事縱橫」、「大千世界」、「假日精品」等特別專欄，「莊
趣並備，既可消閒亦可作探討社會問題的時事分析。每逢周日銷路顯著
增加，足證採集資料內容深受讀者歡迎」[15]。

二、1990 年代初的版面革新

1990 年代初的《華僑日報》，評論方面增加了「小評」，就香港每日
發生的大小問題發表意見，目的是要達到一針見血之效；新聞方面有「現
代生活」版，報導有關現代生活的訊息。至於專刊方面，有「彩虹新頁」，
逢星期日刊出，內容包括名人專訪、介紹時裝、飲食及傢俬新潮流；《彩
色華僑》改為星期六周報，星期日則隨報附送《兒童周刊》。副刊有「僑
樂村」、「萬象」、「南風」、「北斗」及「Fun 類廣場」，刊載小說、小品和
漫畫；周刊有「海外地產投資移民特刊」、「旅遊」、「度假版」和「飲與
食」。以「Fun 類廣場」為例，是由 1992 年 6 月 1 日至 1994 年 2 月 28 日見
報。[16] 整體來說，仍然維持《華僑日報》鼎盛時期的綜合報紙面貌，但專
刊數量已較少，內容則企圖追趕潮流。（表 13）與此前的版面相比，明顯還
有幾個缺點：第一，專題新聞太多，且部分內容與專刊重複；第二，名目
欠清晰，反予讀者混亂之感；第三，兼顧範圍太廣，難以引起讀者專注。

表 13 1990 年代初《華僑日報》的內容構成

類別	説明
1. 評論	社論、小評、專論、讀者來函。
2. 新聞	國際電訊、國內電訊、香港新聞、新界新聞（新界版）、體育新聞（體育版）、賽馬新聞（華僑馬經）、教育新聞（華僑教育、校園創作）、文化新聞（文化版）、經濟新聞（華僑經濟、股市、地產）、交通新聞（航訊）、娛樂新聞（娛樂圈、七彩銀幔）、圖畫新聞、現代生活版。
3. 專刊	彩色華僑（星期六周報）、兒童周刊、彩虹新頁。
4. 副刊	僑樂村、萬象、南風、北斗、Fun 類廣場。
5. 周刊	海外地產投資移民特刊、旅遊、度假版、飲與食。

　　還須指出，副刊頻密革新同時導致版面出現變更，雖然製造了一些新鮮感，但也使部分讀者減少了持續購閱該報的興趣。具體地說，《華僑日報》從 1985 起增設的一些文藝副刊，經常在兩三年後改版，甚至有更短暫的，例如「華采」只有一年半，「前塵」不滿一年。[17]（表 14）停刊前十年間的這個現象，反映了該報已經進入不穩定狀態了。

　　1995 年 1 月 7 日，在停刊之前幾天，《華僑日報》還作了大幅度的版面改革，強調是「今日時代的新面目」。除新聞版外，專刊內容精簡為三大類：（一）經濟，計有「香港股市」、「香港地產」、「航運」、「外匯‧國際金融」、「中國經貿」、「神州變法」、「工管縱橫」；（二）政治，包括「新聞特區」、「政經評論」、「合縱連橫」、「大學士論壇」；（三）文教，分為「文教資訊」、「文化傳真」、「華夏多面體」、「香港史天地」和「副刊」。[18]

表 14　《華僑日報》停刊前十年間新設的副刊

創設年份	副刊名稱	出版日期	刊行時間
1985	「花朝」	1985.1.1-1990.9.30	5 年 8 個月
	「萬象」	1985.6.1-1993.9.5	8 年 3 個月
1989	「南風」	1989.8.10-1992.8.31	3 年
	「北斗」	1989.8.10-1993.9.5	4 年
1990	「群英會」	1990.10.1-1992.2.28	1 年 4 個月
1992	「Fun 類廣場」	1992.6.1-1994.2.28	1 年 8 個月
	「文廊」	1992.11.1-1995.1.8	2 年 2 個月
	「華采」	1992.5.28-1993.9.5	1 年 3 個月
	「名家小説」	1992.5.28-1993.9.5	1 年 3 個月
1993	「前塵」	1993.1.3-1993.9.5	8 個月
	「人間世」	1993.9.6-1994.2.28	5 個月
	「桃花源」	1993.9.6-1994.2.28	5 個月
	「羅生門」	1993.9.12-1994.2.26	5 個月
1994	「副刊」	1994.3.1-1995.1.12	10 個月
	「書坊」	1994.7.17-1995.1.8	5 個月
	「香港史天地」	1994.9.25-1995.1.8	3 個月

　　學者在評論停刊前一年的《華僑日報》時，認為：「這一年的《華僑》的確精簡了很多，包裝也精美了，形象也有年輕化的趨勢，而最令人矚目的，是新的版面更着重財經，以求突破，可惜的是，九四年是香港

股市及樓市災難性的一年，以致這方面的注重一方面徒勞無功，另一方面，也無法和專業的《信報》及《經濟日報》爭一日之長短。」[19]

三、《華僑日報》的廣告策略

　　廣告是日報最大宗的收入，每家日報都劃出相當篇幅來刊登廣告，廣告與新聞、副刊在報紙上形成鼎足之勢，因此報館都派出能幹的人去爭取廣告。《華僑日報》的廣告篇幅，在 1950 年代，差不多佔了全份報紙篇幅總數的四分之一，包括商業廣告、聲明廣告、法律廣告、分類廣告等。[20] 其後隨着經濟發達和社會發展，報上刊登的廣告也愈來愈多。決定報紙廣告效力的因素，在報紙方面來說，主要考慮以下五個問題：一、報紙的銷數；二、長期訂戶；三、外埠訂戶；四、讀者的購買力；五、報紙的種類。不論一家報紙的廣告效力是大是小，報紙廣告能夠增加和促進商品的銷量，是毋庸置疑的。[21] 此外，還要考慮到報紙的風格和形象，讀者的類型和年齡等。

　　《華僑日報》首創「分類小廣告」，長期以來成為報紙一大特色；後來設立「工人世界」版，且設有「工人世界小廣告」。該報頗重視與社會保持良好的關係，有時甚至好像扮演公關的角色。例如派記者到婚姻註冊處翻查結婚記錄，並在家庭版免費刊登「鴛鴦譜」（結婚啟事），其實這樣也可以製造商機，例如婚紗店會知道有關消息。此外，該報刊登電影廣告的收費比較便宜。[22] 因為電影是大眾主要的娛樂之一，廣告收費便宜可以吸引電影商人和戲院多賣廣告，使報上的電影資訊更為齊備。

　　廣告是報紙的主要收入來源之一，但《華僑日報》後期在廣告市場中，因缺乏明確的特色和讀者對象，已不能爭取到優勢。加上體制運作方面的問題，報社冗員過多，當中又有一些編輯身兼兩家甚至多家報紙職位，至報紙的特色更趨模糊。[23] 1990 年的《華僑日報》廣告，仍然聲稱「工商必覽，家庭必備，學生必讀，社團必有」，強調「歷史悠久，新聞翔實；專刊豐富，包羅萬有；經濟報導，全僑稱許」。但這種全方位式的籠統宣傳，已經不能長期吸引起客戶的興趣了。何況《華僑日報》的銷紙情況已不如前，1991 年香港銷量最多的十份報紙，依次是《東方日報》、《成報》、《天天日報》、《明報》、《南華早報》、《新報》、《星島日報》、《快報》、《信報》、《星島晚報》[24]，《華僑日報》的銷量已經跌出十大之外。當時《東方日報》的銷量達四十多萬份，《明報》是最多大專生和教師閱讀的報紙，銷路大約在十二萬份左右，《華僑日報》的銷量為五萬餘份。

　　《華僑日報》自始即是一份以向讀者傳達信息為主要辦報方針的報紙，這種「信息模式」旨在符合媒介組織各層級的需要。「對於試圖增加讀者份額以及獲得隨之而來的廣告收入的發行人來說，報紙以公正的面目出現是重要的，這可以最大程度地贏得讀者。」報紙成為「大規模的事業」的一個後果，是報紙為了支持與穩定組織而產生了追求利潤的保守主義傾向。[25]《華僑日報》的廣告政策，顯然就是處於這種狀態。

第三節 《華僑日報》易手和停刊因由

《華僑日報》在岑維休主持下，建立了大報的規模，1985 年底岑氏逝世後，這個報業集團逐漸失去了創辦人那種堅持到底的毅力。1987 年，在報社工作了四十多年的總編輯何建章退休；1988 年 4 月 1 日，《華僑晚報》停刊。《華僑日報》由 1970 年代中以來的持續期，在這五年間已經向 1990 年代初的變動期過渡了。

一、南華早報集團接辦經過

南華早報集團於 1991 年 12 月成功收購《華僑日報》，翌年 1 月正式接辦，《華僑日報》成為南華早報集團屬下的一個機構，這亦是澳洲「報業大王」梅鐸（Rupert Murdoch）首次購入中文報章。當時梅鐸在澳洲、歐洲、美洲、亞洲各個國家和地區，擁有報館、雜誌社、電視台、電視公司及出版社超過一百家。《南華早報》是香港歷史最悠久、最具影響力而且最具規模的西報，抗日戰爭後，該報的主要股權落在英資怡和集團手中；1960 年代末，滙豐銀行加入經營，另三分一股權，則由美國道瓊斯公司持有。1987 年梅鐸進行收購，持有該報百分之五十一的股權。

1993 年 9 月，有「大馬糖王」之稱的南洋商人郭鶴年控制的嘉里集團購入《南華早報》集團控股權；1994 年 4 月 21 日，梅鐸將手上所有的《南華早報》股份售予跟郭鶴年有關連的人士。[26]

　　《華僑日報》轉手前業務缺乏進展是事實，但據報社編輯何天樵透露：「《華僑日報》當初結業並非因為虧本，只是因為跟過去相比少賺了錢。岑 [才生] 先生認為與其等到虧本才結束，還不如提早賣出去。岑家是把《華僑日報》看作一盤文化生意。……岑先生有財富、有地位、有名聲，根本不需要辛苦地辦下去。」[27] 岑才生自己也這樣說：「《華僑》是股東生意，直到一九九一年，有很多股東決定移民，終於把《華僑》賣給《南華早報》。」[28] 岑才生在《華僑日報》留任三年，至 1993 年才離開。

二、報紙再轉手和停刊經過

　　不過，《南華早報》接手《華僑日報》後，該報並無起色，兩年內虧損以千萬元計。1993 年 12 月，財經界人士香樹輝牽頭的 Goldbase Holdings Limited 以二千萬元從《南華早報》有限公司收購《華僑日報》和《香港年鑑》五成股權；次年年初，香樹輝任《華僑日報》董事總經理，陸錦榮任總編輯，接手辦理，進行改革。此後《華僑日報》的版面較前精簡，包裝亦較精美，形象有年輕化趨勢，內容亦多着重財經方面。該報在激流中求變圖存，業界已予注意。[29] 但《華僑日報》告急之際，正值股市及樓市低潮，報界競爭白熱化，《華僑日報》終於 1995 年 1 月 12 日停刊。據說《華僑日報》停刊前仍然銷紙五萬餘份，可能不至於到了要

停刊的地步，情況有點令人詫異，所以不少社會人士和讀者都為此感到惋惜。

香樹輝在〈告別讀者、感謝諸君〉中說：

　　筆者自去年 [一九九四年] 一月十五日受命接管《華僑》以來，志切改善內容，美化編排，追上時代節奏，並將讀者市場定為高教育、高收入、商業文教並重的路線。經一年的努力，各員工的拼搏，銷路大有起色，外間讚譽日增，這方面算是略有成績。

但他指出：「遺憾的是，銷路增加，印刷費、新聞紙費也隨之大升，……在經營成本方面，確實是百上加斤。與此同時，廣告市場則有萎縮跡象，本地房地產、大陸樓房、消費物品等廣告都開始吹淡風。在成本上升、收入不穩定的關頭，本報股東忍痛作壯士斷臂之舉，毅然把報紙停刊，着實有不得已的苦衷，也是種理性的經濟行為。」另外，在〈華僑日報有限公司通告〉中，香樹輝以執行董事的身份宣佈「董事會基於經濟能力的理由，已決定停辦本報。董事會直到本星期一 [1月9日] 為止，一直與有潛力的買家進行洽商，以便本報可繼續出版。但是最後洽商終告失敗，以致作出停止業務的決定」[30]。當天香港一些報紙都有報導此消息，闡述該報刊行七十年，「飽嘗升沉滋味，岑氏出售後兩度易主，未能起死回生」，並謂「《華僑日報》虧損現負資本，南華嘉里承擔所有負債，逐步清理後結束，公司不再持該報商譽」[31]；亦有報導指出「老牌大報近年兩番易手，董事局稱繼續出版不符經營之道」[32]。

對於《華僑日報》此一具有悠久歷史的中文報紙停辦,當時港督彭定康在前一晚發表聲明作出回應,並為此感到難過,他說:「多年來,《華僑日報》在香港報業扮演着很傑出的角色。該報素來以不偏不倚及關心社會聞名。對每天均閱讀該報港聞及評論的萬千讀者來說,肯定是會懷念這份報紙的。」[33]《華僑日報》停刊的消息似乎來得很突然,令不少人覺得驚訝,翌日,「岑才生希望能復刊」[34];有人感到可惜,亦有人想援手,直至 2 月間,仍傳出有人洽購的消息[35]。雖然一些文化界人士強調《華僑日報》仍有可為[36],畢竟停刊已是鐵一般的事實了。

三、報紙停刊與報業轉型的關係

《華僑日報》停刊,宣告了一個報業時代的結束。岑才生強調:「《華僑》沒有明顯的政治立場,主要以香港的利益為出發點。……《華僑》最反對製造新聞,希望報導的新聞準確而嚴謹。」[37]《華僑日報》一直強調報業是為社會公眾服務的,為公眾的利益服務。換言之,該報所採取的是「信息模式」,即客觀呈現作為信息的新聞,長期以來逐漸確立了一套成熟的報導模式:第一,是迅速、翔實地報導重大事件,傳遞信息;第二,是如實報導,不事誇張,更不作渲染;第三,是盡量將事實與意見分開,在新聞中不直接發表意見。

在報業發展史上,這種「信息模式」本已超越了言論重於新聞的「政論模式」,但香港在面對「九七」問題的時候,有關政治問題的報導成為熱門題材,連帶「政論模式」有復興之勢;另一方面,「故事模式」的報

導開始抬頭，這種模式就是發現新聞並使之具有人情味，其特點是以戲劇化的方式描寫生活中吸引人的事。「信息模式」與「故事模式」的最大不同在於：「信息模式」要提供新聞事實中包含的重要信息，其目的在於告知讀者，訴諸讀者的理智；而「故事模式」的重點卻不在告知，它是通過講一個好故事來引起讀者共鳴，煽動讀者的情緒，訴諸讀者的情感。[38]

以《華僑日報》為代表的「信息模式」，在「九七」回歸前後備受「政論模式」的衝擊，但這只是一個較為短暫的現象，採取「政論模式」作報導的報紙在香港「九七」回歸後亦多偃旗息鼓；而「故事模式」的報導開始大行其道，成為本地報業以至傳媒的主流，有人認為《華僑日報》停刊是由於政治原因，其實並非關鍵所在。正如一些論者近出，1980 年代以來，《華僑日報》對中國大陸實行對外開放、對內搞活的政策，以及關於解放香港回歸問題的《中英聯合聲明》，均多持贊成和肯定的態度，對香港的社會輿論，發揮着有益的作用。[39]

註釋

1　史文鴻〈從《華僑日報》的厄運看本港社會的轉化〉,《星島日報》,1995 年 1 月 14 日。

2　《明報》創於 1959 年 5 月 20 日,創辦人是查良鏞和沈寶新。最初以小報形式出版,及後以知識分子為主要對象。1991 年明報集團上市,查良鏞持有百分之六十股權;1992 年于品海的智才顧問管理有限公司宣佈收購該報,並取得控制權;1995 年馬來西亞商人張曉卿購入明報企業股份,成為該報最大股東。

3　《快報》創於 1963 年 3 月 1 日,創辦人是胡仙、鄺蔭泉、胡爵坤。胡仙為星島報業集團董事長,佔大股份,但該報並不隸屬星島報業集團,1991 年南華集團向胡仙購得控制股權。

4　劉蜀永主編《簡明香港史》新版(香港:三聯書店,2009 年),第 406 頁。

5　《香港報業 50 載印記:香港報業公會金禧紀念特刊》,第 73 頁。

6　〈一年來之香港報業〉,《香港年鑑》第二十五回(1972 年),第二篇,第 82 頁。

7　〈一年來之香港報業〉,《香港年鑑》第二十七回(1974 年),第二篇,第 102 頁。

8　同上註。

9　〈一年來之香港報業〉,《香港年鑑》第三十八回(1985 年),第三篇,第 134 頁。

10　《華僑日報》,1985 年 6 月 5 日,第 2 張第 1 頁。

11　劉蜀永主編《簡明香港史》新版,第 407 頁。

12　《香港報業 50 載印記:香港報業公會金禧紀念特刊》,第 14 頁。

13　《華僑日報》,1985 年 6 月 1 日,第 3 張第 2 頁;1985 年 6 月 5 日,第 2 張第 1 頁。

14　〈《華僑日報》文藝副刊表列〉,《〈華僑日報〉副刊研究(1925.6.5-1995.1.12)資料冊》,第 104 頁。

15　《華僑日報》,1984 年 6 月 7 日,第 5 張第 1 頁;1985 年 6 月 5 日,第 2 張第 1 頁。

16　〈《華僑日報》文藝副刊表列〉,《〈華僑日報〉副刊研究(1925.6.5-1995.1.12)資料冊》,第 105 頁。

17　〈《華僑日報》文藝副刊表列〉,《〈華僑日報〉副刊研究(1925.6.5-1995.1.12)資料

冊》，第 105 頁。

18　《華僑日報》，1995 年 1 月 7 日，第 39 頁。

19　史文鴻〈從《華僑日報》的厄運看本港社會的轉化 —— 為何一份歷史大報會遭市場淘汰？〉，《星島日報》，1995 年 1 月 14 日，第 50 頁。

20　岑才生〈香港報社的組織〉，何建章等著《報紙》，第 9-11 頁。

21　同上註，第 12-13 頁。

22　〈訪問《青年生活》編輯何天樵先生〉，《〈華僑日報〉副刊研究（1925.6.5-1995.1.12）資料冊》，第 94 頁。

23　史文鴻〈從《華僑日報》的厄運看本港社會的轉化〉，《星島日報》，1995 年 1 月 14 日。

24　李少南〈香港的中西報業〉，王賡武主編《香港史新編》下冊，第 525 頁。

25　張軍芳著《報紙是「誰」——美國報紙社會史》（北京：中國傳媒大學出版社，2008 年），第 179 頁。

26　《香港報業 50 載印記：香港報業公會金禧紀念特刊》，第 92-93 頁。

27　〈訪問《青年生活》編輯何天樵先生〉，《〈華僑日報〉副刊研究（1925.6.5-1995.1.12）資料冊》，第 93 頁。

28　〈訪問《華僑日報》社長岑才生先生及編輯甘豐穗先生〉，《〈華僑日報〉副刊研究（1925.6.5-1995.1.12）資料冊》，第 79 頁。

29　維臻〈華僑日報激流中求變圖存〉，《經濟一周》總第 638 期（1994 年 1 月 2 日），第 32-33 頁。

30　《華僑日報》，1995 年 1 月 12 日，第 4 頁。

31　《香港經濟日報》，1995 年 1 月 12 日，第 A6 頁。

32　《香港聯合報》，1995 年 1 月 12 日，第 1 頁。

33　《華僑日報》，1995 年 1 月 12 日，第 4 頁；湯開建、蕭國健、陳佳榮主編《香港6000 年（遠古 -1997）》（香港：麒麟書業有限公司，1998 年），第 1235 頁。

34　《香港經濟日報》，1995 年 1 月 13 日，第 A1 頁。

35　《香港經濟日報》，1995 年 2 月 13 日，第 A17 頁。

36　《香港經濟日報》，1995 年 1 月 13 日，第 C2 頁。

37　〈訪問《華僑日報》社長岑才生先生及編輯甘豐穗先生〉，《〈華僑日報〉副刊研究

（1925.6.5-1995.1.12）資料冊》，第 79 頁。

38　張軍芳著《報紙是「誰」──美國報紙社會史》，第 154-163 頁。

39　林鈴〈歷史悠久的香港《華僑日報》〉，鍾紫主編《香港報業春秋》，第 54 頁。

第七章

《華僑日報》與香港福利文教事業

《華僑日報》是一份「在商言商」的商業報紙，同時亦強調報紙要服務社會、造福社群的理念，所以該報一向注重參與社會福利事業，尤以戰後為然；加上該報自始具有社團報紙的性質，對慈善機構的活動大力支持，甚至代為作出呼籲，從而在社會上產生輿論效應。該報提倡救童助學運動更是不遺餘力，成為這方面的推動者，普遍得到社會人士支持，推行三十多年，惠及學子無數，備受文教界讚揚。

　　辦報本身就是一種文化事業，《華僑日報》沒有「文人辦報」的背景，不過自始即表現出對文化的關心，以及對教育事業的注意。原因很明顯，岑維休原是一個以中等學歷而勇於積極上進的青年，在他主持下的報紙，不期然地流露了向年輕一代灌輸知識和鼓勵勤奮的用心，隨着歲月的推移，教育遂成為報紙的責任之一。該報編輯江河指出，作為一份商辦報紙，在商言商，「推廣文化」太高調了，一般報人都不敢負此重任。[1] 不過，《華僑日報創刊六十周年報慶特刊》明言：「在過去六十年，《華僑日報》之發展，與海內外政治、經濟、社會生活、文化教育之發展有密切關係，亦作出了偉大貢獻的。」[2] 客觀事實證明，《華僑日報》在推動文化發展方面確有一定功勞，報上常設文藝、學術專刊，又舉辦多種不同主題的徵文比賽，致力提高中文水平和積極倡導中文教育，在二十世紀香港報業史上是獨一無二的。

第一節　社會福利事務和救童助學運動

　　《華僑日報》不僅致力於發展本身的出版事業，並且積極參與社會
服務和福利工作。該報自創辦起，每於國難發生時，本着海內外同胞有
錢出錢、有力出力的口號，表現了貢獻力量給國家的精神，鼓吹捐輸救
國，尤其是抗日戰爭爆發後，香港各界發起的救國活動，包括小販義賣
獻金、捐獻飛機、勸募救護汽車、勸募軍用寒具等，《華僑日報》都作出
呼籲，加以支持；抗戰勝利後，獻金鑄像、慰勞榮軍和撫恤榮軍遺族募
金，也都努力以赴，且獲良好成績。[3]

　　戰後初期，社會百廢待興，貧苦大眾生活困難，《華僑日報》很注意
慈善事業，主要包括籌款賑災、社會福利和教育工作；1950 年代中展開
一年一度的救童助學運動，使社會人士和廣大讀者對此項義舉留有深刻
印象，即使在該報停刊以後，仍是人們津津樂道的話題。該報熱衷社會
公益，實亦與岑維休個人有密切關係，1976 年他榮膺 C.B.E. 勳銜，《華僑
日報》董事局暨同人等敦請名宿潘小磐製撰賀屏，當中提到：

　　　　《華僑日報》得以風行南服，遍銷歐美，馳譽寰宇，口碑載道者，
　　　豈偶然哉，蓋由於先生擎持有度，經署有方，數十年如一日，然後《華

僑日報》方能有今日之成就也。先生寬宏大度，敦於六行，凡紓國、賑災、救童、助學、防癆、撫幼諸端，輒藉言論推動，而籲集社會人士共襄其事，所以施惠特溥，而收效特宏，皆先生之力也。[4]

「紓國、賑災、救童、助學、防癆、撫幼諸端，輒藉言論推動」，充分表明了《華僑日報》主要的社會服務工作重點，以及該報與香港社會福利事業的關係。概括地說，可以歸納為兩個階段：1925 年至 1965 年是第一個階段，該報致力於舉辦賑災籌款和參與社會福利；1957 年至 1995 年是第二個階段，以發起和舉辦救童助學運動為主。不妨認為，1957 年至 1965 年是兩個階段重疊的轉換期，該報既積極參與賑災籌款，又開展救童助學運動，這亦從一個側面說明了香港社會變遷的實況。

一、賑災籌款和社會福利工作

香港居民不少都來自中國內地，血濃於水，每當內地尤其是居民的家鄉有災難發生時，由團體以至個人，不論貧貴，不計較多寡，大家都樂於踴躍捐輸。戰前《華僑日報》對於內地廣東、各省以至海外各地的天災人禍，都曾致力參與救災籌款並向社會作出呼籲。戰後初期如廣東三江水災、廣西水災，以至英國南部水災等，該報均倡導救災，且獲佳績。

香港地狹人多，第二次世界大戰結束後，由內地來港人數激增，山邊木屋區林立，居住環境惡劣，經常發生火災。1953 年的聖誕夜，香港九龍的白田村、石硤尾村、窩仔村和大埔村等六個木屋區大火，是香

港有史以來最大的一場火災，一萬五千間木屋付諸一炬，災民六萬，財物損失無從估計。《華僑日報》迅速展開賑災運動，籌得款項四十一萬九千六百餘元，衣物無算，解救一時燃眉之急。其後各木屋區火災，該報均努力呼籲賑濟。[5] 歷次向社會作出呼籲，通常都可籌得數十萬巨款救助災民。

　　香港每年夏秋之間常有颶風，1960 年代風災尤甚。1960 年 6 月 9 日，颶風「瑪麗」襲港，釀成巨災，人員傷亡和財物損失的慘重情況為戰後僅見。《華僑日報》與《南華早報》、《星島日報》、《工商日報》四個報業機構聯合起來，發動「社會救濟捐款運動」，由 6 月 11 日起至 7 月 21 日止，共得善款一百二十三萬二千餘元；香港政府撥款五萬元，用作永久基金。報界這種聯合行動是前所未有的，顯示了共襄善舉的熱心。[6] 1962 年 9 月 1 日，「溫黛」風災對香港造成嚴重損害，船舶、房屋、農場、道路均受破壞，人命傷亡數以千計，無家可歸者七萬六千餘人，災情為數十年間之最。各界旋即展開善後行動，四個報業機構聯合發起「全港居民救濟風災捐款運動」，捐款總額達四百九十二萬餘元，《華僑日報》籌得讀者捐款近八十萬元。[7] 其後，1965 年又有「露比」風災，《華僑日報》經收讀者善款十萬零六千餘元，彙送社會救濟信託基金會。[8]

　　早在抗日戰爭時期，《華僑日報》曾從事救濟青年失學運動、免費讀書運動；香港淪陷期間，有救濟棄嬰運動等。戰後初期則有防癆運動籌款、保護兒童籌款，以及經常為讀者收交各種慈善團體捐款等。戰後香港社會漸次復原，但百廢待舉，民生凋敝，需要救助的兒童很多，貧苦家庭很多都無力供子女升學，東華三院、保良局等慈善機構雖樂意在這

方面予以資助，但社會上等待救助的急務總得先行處理，貧童升學問題難以周全照顧。《華僑日報》因而發動的讀者救助貧童運動，獲得社會各界支持，慷慨捐助，長期成為香港福利事業的重要一環。

該報在 1957 年發起救童助學運動，以後逐年舉行，截至 1975 年該報慶祝金禧時已達十八屆，收入善款連同香港賽馬會所捐，共有二千萬餘元。獲得資助的貧童機構達四十餘家，貫徹了救童的宗旨；貧生獲升學者，連同香港賽馬會委辦者在內，共達七萬五千餘人，當中有的是大專貸款助學受惠者；此外又在新界各區學校興建「助學亭」多間。[9] 其後救童助學運動繼續舉辦至 1995 年該報停刊為止，成績美滿。與此相關的活動，還有募集讀者助學金。香港賽馬會每年均撥出巨額款項支持《華僑日報》這個救童助學運動，充分說明了該報與賽馬會的關係是頗為密切的。

1971 年，《華僑日報》主辦港九新界兒童健康比賽，該項活動由香港政府醫務衛生處贊助，分香港區、九龍區、新界區舉行，然後進行總決賽，選出全港冠、亞、季軍。以 1975 年為例，香港及九龍兩區於 6 月 1 日分別舉行決賽，由香港醫學會五位兒科醫生擔任評判，共有二十四名兒童入選；新界區決賽於 16 日舉行，22 日在希爾頓酒店舉行港九新界總決賽。[10] 至 1985 年該報成立六十周年時，兒童健康比賽已舉辦了十四屆；至 1991 年，連續舉辦了二十一屆。[11] 除了倡導兒童健康活動之外，《華僑日報》又與其他機構合辦文教、娛樂活動，或以贊助方式支持這些有意義的活動。[12]

二、發起和舉辦救童助學運動

　　戰後二三十年間，貧苦兒童眾多是香港社會一個重大問題。1957年，《華僑日報》應本港各大救助兒童機構的請求，發起一個「救助貧童運動」，呼籲社會人士支持，採取一切可行方法，努力為二十個救助兒童機構籌募善款。運動開展之初，由《華僑日報》創辦人岑維休和社會知名人士馮秉芬等率先捐款作基金，《華僑日報》讀者熱烈響應，各界捐款人士源源不絕。結果一辦就是三十多年。[13] 1958 年 7 月，又應讀者要求，發起籌募《華僑日報》讀者助學金，稱為「讀者助學運動」，與救助貧童運動相輔而行，兩者合稱「救童助學運動」，成為《華僑日報》每年舉行的主要活動。連續舉辦六年之後，有四十多個貧童福利機構每年均獲資助，貧生獲助入學者達一萬八千餘人；1963 年起且擴大範圍，舉辦大專學生貸款，使有志向學者受惠成材。[14] 據岑才生說，這個運動得到立法局議員和香港政府的支持，也邀請了很多演藝界名人出席籌募活動，一年舉辦十多次，吸引市民捐款支持。其後捐助人愈來愈多，成為常年活動，《華僑日報》雖然沒有特別宣傳這個活動，仍然有很多人樂意捐輸。[15] 1960 年起，更得香港賽馬會響應，當年就撥款五十萬元作為助學金，資助三千一百多名學童。[16] 此後《華僑日報》一直負起賽馬會委辦助學金的任務，助學金總額且逐年增加，以 1967 年為例，香港賽馬會助學金的支出預算為六十二萬四千餘元，是《華僑日報》讀者助學金支出預算二十六萬七千餘元的兩倍以上。[17]（表 15）

表 15　救童助學運動的項目配佈（以 1967 年度為例）

項目	內容配佈
《華僑日報》讀者助學金	全年支出預算：267,870 元 獲全費助學金人數：172 人 獲半費助學金人數：83 人 獲減費助學金人數：1,753 人 獲助學金人數合計：2,008 人
《華僑日報》讀者助學額	捐出助學額的學校：100 間 獲全費助學額人數：187 人 獲半費助學額人數：103 人 獲減費助學額人數：57 人 獲助學額人數合計：347 人
香港賽馬會助學金	全年支出預算：624,720 元 獲全費助學金人數：487 人 獲半費助學金人數：563 人 獲減費助學金人數：1,443 人 獲獎學金人數：2 人 獲獎助學金人數合計：2,495 人
其他	獲專上學生貸款人數：29 人 獲資助的救童助學機構：40 個 助學亭：無定額（平均每年一座）

　　《華僑日報》舉辦「救童助學運動」，不但本身是一項社會福利事業，同時亦促使該報對香港教育問題多所關注，且增加了對教育事務的發言權。1965 年 5 月，岑維休便對當時盛傳增加學費的建議提出不同意見，

為家長和學子發聲,他說:

> 香港教育一向落後,戰後以來,始急起直追,關於全港整個教育
> 健康之策進,英專家馬殊森浦遜之報告書尚在研究中,盛傳有增加學費
> 之議,姑無論其利害得失與影響如何,吾人願意向教育當局提供者,厥
> 為今日香港適齡學童,無書讀者固多,無升學機會者亦正不少,根據過
> 去八年來,《華僑日報》舉辦助學金之實地調查,一般而言,家長與學
> 生莫不為失學與升學兩事所窘擾,小學尚未普遍設立,中上學校更感不
> 足,此時而言增加學費,得毋有不合時之嫌耶? [18]

次年,岑維休續強調,香港教育有一頗大之變革,「其中最為市民所
反對者,為中學增加學費,及師範學校由免費而收費,論者指出:此將
增加家長負擔,剝奪許多青年接受中等教育機會,且不獨私立中學增加
學雜費振振有詞,凡百消費事業亦將有起價之藉口。此一影響,實不為
小」[19]。1967 年初,在救童助學運動十周年之際,岑氏撰文指出:

> 關於教育者,讀書問題久為學生與家長之頭痛問題。單以學費而
> 言,各個家庭均感不勝負荷。去年一家中學增加學費,曾掀起罷課風
> 潮,可見一斑。華僑日報救童助學運動之發動,即為針對讀書問題之一
> 項行動,匆匆十載,受益學童,計共三萬餘人,然各區居民子弟申請助
> 學日眾,可見此一方面之工作,必須加強,乃足應付。甚盼各界善士仁
> 人大力支持,俾全港居民子弟,人人皆有讀書成材機會。至於整個教育

問題，應興應革，則非政府與教育界人士協力解決不為功。[20]

以 1977 年至 1978 年度救童助學運動的預算為例，救童助學機構連同香港賽馬會助學金，預算合共動用善款二百二十八萬餘元，受助學生約達四千五百七十八名；《華僑日報》救童助學運動屬下讀者助學金預算動用五十七萬六千餘元，受助學生約一千四百九十八名；賽馬會助學金預算支出一百七十萬六千餘元，受助學生約三千零八十名。[21]

1985 年，即《華僑日報》創立六十周年，救童助學運動舉辦第二十八屆，總計過去二十七屆收入的善款，連同香港賽馬會所捐，共五千二百四十九萬餘元。貧童機構每年獲助者，多達四十餘個；貧生獲升學者，連同香港賽馬會委辦者在內，達十一萬七千七百餘人，包括大專貸款助學受惠者在內；又在新界各區學校興建助學亭，至此已有二十多間。[22]

若以一個年度的具體情況來看，《華僑日報》此舉對教育界助學也是舉足輕重的。1985 年 10 月 31 日，該報的救童助學運動基金善款支配委員會假香港溫莎皇宮大酒樓舉行該年度第二次會議。席間透露，1985 年至 1986 年度該救童助學機構，連同香港賽馬會助學金，預算合共動用五百三十三萬六千元作為助學用途，受助學生約達四千五百三十五名。此外，1985 年間，截至 10 月 10 日止，救童助學運動基金已撥款三十八萬四千二百元，資助本港三十九所慈善福利機構。同年《華僑日報》的讀者大專學生免息貸款基金，預算撥出三十九萬六千元，資助一百一十七名大專生繼續學業。歷屆獲助完成學業者，共有八百五十六人，其中

六百三十一人已清還借款，部分同學因就業或健康關係而要延期還款。[23]

　　救童助學運動其中一項較為別致的舉措，是在新界地區興建助學亭。此舉始自 1973 年間，岑維休個人捐出九萬八千元，在上水大頭嶺東慶學校、坑頭村坑頭學校、河上鄉河溪學校、老圍村蕉徑學校，分別建一個助學亭，使學子可免受風吹日曬雨淋之苦。[24] 至於由救童助學基金撥款興建的助學亭，亦陸續興建，例如 1975 年撥款三萬元，在新界上水蓮塘尾村建德公立學校興建助學亭；[25] 1985 年內共完成兩間：一間是元朗白泥公立學校助學亭，於 7 月 11 日由湛北霖主持揭幕儀式；另一間是大嶼山東灣小學助學亭，於 7 月 12 日由黃允畋主持揭幕禮。[26] 1984 年 11 月 16 日，《華僑日報》救童助學基金捐贈的香港中文大學助學亭舉辦揭幕儀式。至 1988 年為止，在新界各區興建的助學亭共有三十個。

　　截至 1991 年，救童助學運動過去三十四屆收入善款，連同香港賽馬會所捐，共逾一億零二百六十五萬一千餘元。兒童福利機構每年獲助者達四十餘個，學子獲資助升學者，連同香港賽馬會委辦者在內，達十四萬八千五百五十多人，包括大專貸款助學受惠者在內；此外，又在新界各區學校興建助學亭三十三間。[27] 此一意義深長的福利事業，旨在培育清貧家庭子弟完成學業，向莘莘學子「傳達絲絲關懷」，捐款者包括團體和個人。自 1957 年創辦以後，持續三十七年，共籌得一億二千七百三十萬餘元助學金，受惠學生達到十六萬一千七百餘人。[28] 救童助學運動成為二十世紀後半期香港文教界照顧清貧學子、倡議讀書上進的重要活動，亦使社會各方人士對《華僑日報》留下了深刻印象，該報的正派作風，在社會上起了積極的作用。

至於救童助學運動資助的慈善福利機構，由初時的二十間增至後來的四十間左右。以 1976 年度為例，《華僑日報》籌得七十三萬元，香港賽馬會撥款一百三十萬元，共逾二百萬元，獲資助的機構包括救護兒童的慈善團體、孤兒院、托兒所和文康福利團體等。[29]（表 16）

表 16　救童助學運動資助的機構（以 1976 年度為例）

類別	機構名稱
兒童福利社團	香港小童群益會、香港保護兒童會、香港中國婦女會（指定作兒童福利用）、香港兒童安置所、香港大學福利服務組（指定作兒童福利用）。
協助傷殘機構	嘉諾撒盲女院、協康會不健全兒童輔導組、香港弱能兒童及青年輔導會、香港痙攣兒童會、聖公會聖雅各副群會。
兒童收容所	香港嘉諾撒仁愛會（孤兒院）、寶血兒童村、根德公爵夫人兒童骨科及療養院、可愛忠實的家、救世軍長洲弱能兒童收容所。
托兒所	靈光堂托兒所、九龍婦女福利會托兒所、凌月仙小嬰院、粵南信義會腓立堂托兒所、聖多瑪托兒所、黃大仙社區服務中心托兒所、香港東區婦女福利會托兒所、香港西區婦女福利會托兒所、葵涌中華基督教禮賢會第一托兒所及第二托兒所、五邑工商總會托兒所、五邑工商總會張祝珊托兒所、寶血托兒所、聖雲先會聖靈托兒所。
康樂中心	香港遊樂場協會、香港仔鮑思高青年康樂中心、鮑斯高慶禮院（慈幼學校）康樂中心、鮑斯高慶禮院（聖類斯學校）康樂中心、九龍鄧鏡波鮑思高青年康樂中心。

1995 年 1 月 11 日，即《華僑日報》停刊前一天，該報正展開第三十八屆救童助學運動，首期共收捐款二十一萬餘元。報上表明歷年所

籌得善款，盡數撥作助學用途，給予清貧學生，補助其學費，可惜資金有限，合符申請資格的學生中，只得三分之二可以受惠，因此「救童助學運動的延續及發展，仍有賴各界善長的不斷捐輸，樂善好施，福有攸歸」[30]。《華僑日報》停刊後，助學基金歸由南華早報集團管理，雖然繼續運作，但也不再引起社會大眾的注意了。

第二節 《華僑日報》與慈善社團的關係

香港慈善機構的創建，首推東華三院，其次為保良局，後來陸續有不同性質和規模的慈善社團成立。在戰後初期，尤其是 1950 年代，與《華僑日報》關係較深的慈善社團之一，是香港保護兒童會，這亦與岑維休有關，因他曾擔任該會會長和榮譽會長。《華僑日報》認為「報紙不僅供應讀者以精神食糧，同時也負起輔助福利事業的發展」這種神聖工作。[31] 以下分述東華三院、保良局和香港保護兒童會三個機構的宗旨，並舉例說明《華僑日報》在參與慈善活動方面所作出的努力和貢獻。

一、東華三院

東華三院由東華醫院、廣華醫院、東華東院組成，是香港歷史最悠久、組織最龐大的醫院和慈善機構。其中最早的是東華醫院，創立於 1870 年，由香港華商集資興辦的華人醫療慈善團體，初時的主要目的是為香港華人民眾尤其是下層民眾提供中醫醫療服務。19 世紀的華人，由於受到傳統觀念影響，大都不信任西醫西藥，抗拒甚至畏懼，視其為「邪術」。東華醫院的出現，為這些生活在英國人統治下、以西醫為主流的香

港社會的眾多華人，提供了他們可以接受並樂於接受的醫療服務。東華醫院還為華人提供廣泛的慈善服務，包括：贈醫施藥，施棺贈殮；收容孤寡，護送回鄉；拯救婦孺，防止拐賣；興辦義學，賑濟災禍等。廣華醫院於 1911 年投入服務，東華東院於 1929 年投入服務，與東華醫院並稱「東華三院」，奠定了日後發展的規模。東華三院另一個重要的作用，是作為華人與香港政府溝通的橋樑，華人透過東華上達民情，港府亦通過東華管理華民。因此，東華三院自十九世紀下半葉以來，在香港的政治、文化、社會等多個方面，都扮演着極為重要的角色。

　　1934 年 5 月 14 日，香港石塘咀發生煤氣公司氣鼓爆炸，焚燬屋宇達四十餘座，難民七百，失蹤與死傷者多達二百人。[32] 災區內的難民，除傷亡者外，還有不少無家可歸者，當時各慈善機構已盡力救助。《華僑日報》認為救災之道，不妨擴大工作，於是發起「救濟災區難民運動」，組織代收各界捐款處，匯款按日繳交東華醫院施賑。[33] 1945 年戰爭結束後，百廢待興，廣東全省不幸發生大水災，災民達百餘萬人，浸田百五萬畝，《華僑日報》於是發動全港捐賑，得款二百餘萬元，並會同東華三院首長赴粵散賑。[34]

　　1970 年 8 月 13 日及 14 日，東華三院為慶祝創院一百周年紀念，由《華僑日報》及通利琴行贊助，一連兩晚在大會堂音樂廳舉行「流行音樂及民歌演奏會」和「古典音樂演奏會」。[35] 東華三院歷年舉行籌款活動，常在《華僑日報》上出版特刊，藉此加以推廣，例如 1967 年東華三院籌建安老院暨院舍校舍，6 月 7 日舉行粵劇籌款大會，當天就有一個「粵劇籌款大會特刊」，佔了《華僑日報》半版篇幅。[36] 1969 年 6 月 12 日的「本

港新聞」版,有東華三院總理夫人勸銷慈善獎券的報導,王劍偉總理呼籲各界支持的發言內容,以及即將在大會堂舉辦慈善遊藝會的消息。[37] 以報導新聞的方式推廣慈善事業,收效比特刊或廣告有時還要大。1975 年 6 月 5 日,《華僑日報》出版「報慶增刊」,且以全版篇幅,刊載〈東華三院簡史〉。[38] 這在當時是非常珍貴的文獻資料,使全港大眾對東華三院歷來的發展有概括的認識。

二、保良局

香港的保良局創辦於 1878 年,自成立之初,就已有了特定的宗旨和針對性,即保護和收容被騙販賣的婦孺。其時中國人民多貧苦不堪,生活困窘。一些不法之徒於是以僱傭為由,將良家婦女誘拐至香港,或逼良為娼,或將其販賣出境,藉此謀取暴利。鑑於拐賣之風日盛,幾位東莞籍商人,包括曾任東華醫院總理的盧賡揚(禮屏)、金山莊商人馮普熙(明珊)、施笙階、謝達盛等人於是聯名向港府提議,成立一個專司其職的「華人保良局」。[39] 早期保良局的宗旨是「保赤安良」,其工作以處理夫婦爭執、家庭糾紛、迷途童婦、過埠婦女、已註冊和未註冊婢女、私娼及買賣人口等事務為主。第二次世界大戰結束後,隨着社會日益安定和人民生活逐步改善,拐賣婦孺的行為漸見絕跡,新的社會需求應運而生。保良局作為最早建立的華人慈善機構之一,其服務也隨而擺脫單一的內容,開始邁向多元化,為全港市民提供優質專業的社會福利、教育、康樂及文化等各方面服務。

　　《華僑日報》刊登保良局的消息時，常為該局活動作出呼籲。例如 1969 年 6 月 2 日的「本港新聞」版上，以「六月陽光普照，照顧保良局童，助養運動大受善士響應」的標題，報導該局「近來推行助養兒童計劃」，強調「保良局多年來為本港社會大眾及失去家庭溫暖之婦孺謀取福利」，並且「希望對該局推行之助養兒童計劃，力予支持，俾每個兒童，普獲社會大眾人士之慈愛云」。[40] 6 月 12 日，又有梁知行夫人、李作權夫人響應保良局助養的報導。[41]

　　1975 年 6 月 5 日，《華僑日報》出版報慶增刊，當中有老兵〈保良局創立近百年〉一文，介紹了保良局的歷史和發展概況。[42] 同日報上還以半版篇幅刊登〈從華僑日報創刊金禧紀慶看保良局的發展〉，介紹了保良局的宗旨、沿革和組織，並記述「保赤安良」的三段時期，即防止拐帶、保護婦孺、收容難民，而以積極發展福利服務作為第四時期，包括托兒托嬰服務和照顧弱智兒童。此外，又表列 1925 年至 1975 年歷屆主席芳名，以及列舉歷屆總理對局務的貢獻。[43]

　　1985 年 6 月 5 日，《華僑日報》創刊六十周年紀慶當天，該報的「本港新聞」版刊出保良局同人致賀，除保良局乙丑年總理姓名和照片外，還有一篇〈保良局一百零七年來之發展〉，介紹該局所提供的社會服務，除傳統的住宿服務外，還有日托服務、康復服務、教育服務、康樂服務、醫療服務等項，並將開拓老人服務，及考慮設立更多兒童專科診所，希望各界善長鼎力支持，共襄善舉，使保良局能「取諸社會，用諸社會」，有充裕的經費以發揚其「保赤安良，服務社會」的宗旨。[44] 總的來說，《華僑日報》有關保良局的報導是巨細無遺的，報上保留的記載和發表的文

章，是研究保良局歷來發展的重要佐證和參考。

三、香港保護兒童會

香港保護兒童會成立於 1930 年，由香港中西官紳名流發起組織，《華僑日報》亦參與籌建事務，自始即與該會結下淵源。其宗旨是為了援助一般處境困苦的兒童，予以保護和施以衛生教育，並按時向他們供給牛奶、維他命丸、衛生粥等，每日例行替嬰兒沐浴、磅重、醫藥治療，以及教導母親如何注意她本人和兒童的福利，又經常派人作家庭訪問等。在 1950 年代初，該會在彌敦道、醫務院及黃泥涌道設有三處救濟所，工作並推展至新界；[45] 位於九龍砵蘭街的總會，因地方不敷應用而作了擴建，於 1951 年落成揭幕。歷屆會長初由外籍人士充任，至 1956 年由岑維休出任會長。

香港保護兒童會在港九原有會所五處，後又增建筲箕灣分會一所，建築費十萬元，岑氏慨捐五萬元。筲箕灣分所於 1956 年 12 月中旬落成開幕，由名譽會長港督葛量洪爵士主禮；岑維休並報告，該會將在九龍城興建分所。政府當局對該會工作向甚重視，每年補助經費由五萬元增至十萬元。[46] 此外，岑維休更發動向各界善士呼籲，於 1957 年度捐助香港保護兒童會三十五萬元，繼續擴展救助貧病兒童工作，以及在九龍土瓜灣地區設置分所。[47] 岑維休擔任該會會長至 1965 年，1966 年被選為該會名譽會長。[48]《華僑日報》發起救童助學運動之後，香港保護兒童會是常年獲得資助的貧童機構之一。

第三節　倡導中文教育和推動華人文化

　　《華僑日報》自戰前開始已經奠定其中文大報的地位，成為華人社
會言論界的翹楚；戰後一度是全港最暢銷的報紙，與文教界有密切的聯
繫，該報舉辦文化活動尤其不遺餘力，在提倡中文教育和推廣中文應用
方面，做出了很多成績。最為矚目的一件事，是從 1955 年慶祝創刊三十
周年時開始，每年舉辦徵文比賽，包括中學組、大專組和公開組，還有
攝影比賽等。長期以來，香港一直以英文為法定語文，至 1970 年，社會
各界展開討論中文在香港的地位問題，形成爭取中文為法定語文運動，
《華僑日報》對此不但多所報導，而且經常刊登評論文章，社長岑維休亦
積極表態支持。可以肯定地說，《華僑日報》對二十世紀香港華人文教事
業的發展是有功勞的，可惜這方面雖為文教界人士認同，深入的研究仍
付闕如。

一、提倡和促進中文教育

　　十九世紀中葉以來，中文教育在香港一直沒有得到適當的重視。1900
年，曾有一群華人領袖提出設立一間高等漢文學堂的要求；同年印僑嘉

道理及本港紳商劉鑄伯等組織育才書社，以興學育才為目標，在廣州、上海及香港倡辦學校。[49] 岑維休和他的兄長岑子頌，早期便是在香港的育才書社接受教育和讀書成材的。直至 1911 年，香港政府始成立一個漢文教育組負責促進本港漢文教育的發展。1912 年，香港大學成立；翌年增設文科，聘請賴際熙及區大典兩位太史分別講授中國史學及經學。

1926 年，即《華僑日報》創刊後第二年，官立漢文中學宣告成立，香港大學副校長韓惠和爵士偕同賴際熙太史到南洋向華僑勸募專款，作為發展該校中文教育之需，中文學系旋於 1927 年正式成立。[50] 當時東華醫院辦有二十一間義學，是中文教育的一大支柱。1931 年香港大學鄧志昂中文學院落成啟用，次年馮平山中文圖書館落成開幕，香港的中文教育，至此初具發展規模。[51]《華僑日報》上對於這些發展，都有加以報導。

第二次世界大戰結束後，香港的中文教育有所突破。1949 年，史學家錢穆與一群致力發揚中國文化的學者創辦了新亞書院；1951 年崇基學院成立，1956 年聯合書院成立，到了 1963 年，由這三所學院組成香港中文大學。在此之前，香港政府教育當局於 1961 年宣佈中文中學改制計劃，即小學六年、中學五年、大學預科一年、大學四年。1963 年初，岑維休在《香港年鑑》的序言中指出：

　　教育方面：今日最堪注意者為中文問題，香港居民百分之九十八為中國籍，雖在應用上英國語文不可或缺，但對其本國語文，亦豈能輕視，致貽「數典忘祖」之譏！年來香港當局鑑於時勢需要，乃有設立中文大學之議，今正促其實現，此固中外人士所讚揚，而尤為吾港僑所樂

觀厥成者。乃另一方面，香港大學之入學試，忽擬取消第二語文，英文以外語文無須考取及格，此將使吾僑之英文中學學生，降低其學習中文情緒，對中文教育前途，影響殊深，此一變更，實有慎重處理之必要。今年《華僑日報》於中文中學改制之際，特舉辦「對香港中文中學課程及編制建議」徵文，用表關切。[52]

在檢討 1963 年香港教育方面的表現時，岑維休直言「最可喜者，為中文大學之成立，一如吾人去年之所期」[53]。

1972 年出版的《香港年鑑》，特於篇首設「時賢評論」，刊登香港中文大學校長李卓敏撰寫的〈香港高等教育的展望〉長文，就香港大學和中文大學的情況做了比較和論述，認為「香港的大學教育在最近的將來會有可觀和具體的進展」[54]。《華僑日報》上有關中文大學成立和活動的報導很多，足以反映該報對中文在高等教育界的發展是非常重視的。

二、中文法定語文運動

1967 年 11 月，香港大學學生會會刊《學苑》提出中文應與英文並列為官方語言；1968 年 1 月 20 日，香港中文大學崇基學院學生會舉行「中文列為官方語文問題」研討會。1970 年 3 月，香港學生團體組成中文運動聯席會；10 月間，香港浸會學院學生會發起簽名運動，爭取中文法定地位，香港專上學生聯會舉行「中學生論壇」進行討論。[55] 香港政府亦於這時成立公事上並用中文研究委員會，以示對中文問題的回應和跟進。[56] 1972 年

中，中文監察專員黃劍琴發表講話，公事上使用的中文將用橫寫，白話文易為人瞭解，可溝通官民往還。[57] 直至 1970 年代末，中文運動仍是香港社會關注的重要課題。

早在 1968 年初，岑維休便對此事表達了「關於中文地位者」的明確見解，他說：

> 中文列為官方語言，在我華人社會中，倡之者日益普遍，列舉理由，皆強有力，最要者為：香港人口百分之九八為華人，納稅人亦絕大多數為華籍，非使中文成為官方語言，不能消除政府與人民間之隔膜。倡之者舉出實例，謂新界民政署與新界鄉議局，理民府與鄉事會，公文往來及舉行會議，皆用中文，亦皆能表達原意無誤。雖則有人指為難行，但皆技術上問題，而非原則上問題，尚非無法解決。政府倘重視此一公意，似宜設立委會，詳加以研究，俾能於最適當環境下推行之也。[58]

1970 年，民政署設「中文公事管理局」，專責推動公事上使用中文，而立法局與市政局會議，亦先後使用中英語即時傳譯。但人手問題亟待解決，其後岑維休亦以「兼重中文人才缺乏」為言，他說：「放眼中英語文並重前景，殊感樂觀。唯精通中英語文之人才，尚待養成，此則由於過去風氣重視英文，一旦兼重中文，急切遂無兼通中英文之人才可用，中文公事管理局之遲遲未能廣事推動工作者以此，為養成足夠之人手計，舍學校教育方面負起訓練之責，又寧有他途哉？」[59]

1974 年初，岑維休撰文評論香港事務，其中一項是「鞏固中文崇高地位」，他說：「使中英語文具有同等地位之法定語文法案，立法局已於本年二月十三日完成立法手續，付諸實施。前此雖已設立中文公事管理局，委任中文專員，推行公事使用中文，而尚無立法根據，蓋中英互譯人才缺乏，一時未易為力，其後廣事徵聘，酬以高薪，人手漸足，當局認為時機成熟，乃提出法案，通過實行也。」進而強調：

此法既立，中英語文同為法定，政府與人民之隔閡，自必逐漸消失。吾人所關懷者，乃中文人才之培養，蓋中文既與英文具同等地位，前此重視英文者，今當並中文而重視之，方不失中文之崇高地位，深願負教育之責者有以倡導之焉。[60]

不過，社會上尤其是教育界「重英輕中」的趨勢一直未能矯正。1978 年 11 月間，香港大學學生會舉行「中文運動簽名大會」，有逾千名學生熱烈支持。[61] 接着在 12 月至翌年 1 月，三十二個文教團體聯同籌組中文運動聯委會，目的有三：第一，督促政府進一步貫徹中文為法定語文的政策；第二，爭取中學以母語作為教學媒介；第三，全面改進中文教學，提高中文教育的質素，並同時關注英文教學的改進。[62]《華僑日報》上，也經常刊登一些討論中文教育的文章。[63]

1995 年 1 月 11 日，即《華僑日報》停刊前一日，該報社論是〈法院採用中文審訊大有好處〉，認為這是「香港法治體制過渡九七的重要一步」，不但可以減輕利用法律制度排解社會糾紛的費用，提高審訊的效

率，同樣有利於體現市民訴諸法律的權利，所以「本港司法部門盡快落實法律中文化的計劃，不僅對香港法治體系的過渡有利，而且更可以從實質的安排之中，鞏固法治制度維繫社會秩序，體現社會公義的功能」[64]。該報停刊之後，香港社會就缺少了一份經常舉辦文教活動和大力提倡中文教育的報紙了。

註釋

1　〈訪問江河先生〉,《〈華僑日報〉副刊研究（1925.6.5-1995.1.12）資料冊》,第 84 頁。

2　李文〈我們踏入第二個甲子〉,《華僑日報》,1985 年 6 月 5 日,第 1 張第 1 頁。

3　〈華僑日報二十五年〉,《香港年鑑》第二回（1949 年）,特載,第 8 頁。

4　〈恭賀岑維休先生榮膺 CBE 勳銜大慶序〉,載〈一年來之香港報業〉,《香港年鑑》第三十回（1977 年）,第二篇,第 151 頁。

5　吳灞陵〈華僑日報之過去與現在〉,《香港年鑑》第八回（1955 年）,特載,第 12 頁。

6　〈一年來之香港報業〉,《香港年鑑》第十四回（1961 年）,第二篇,第 39 頁。

7　岑維休〈檢討過去一年 —— 香港年鑑第十六回代序〉,《香港年鑑》第十六回（1963 年）,卷首,第 1 頁;〈一年來之香港福利〉,《香港年鑑》第十六回（1963 年）,第二篇,第 107 頁。

8　〈一年來之香港報業〉,《香港年鑑》第十八回（1965 年）,第二篇,第 105 頁。

9　〈華僑日報慶祝金禧〉,《香港年鑑》第二十八回（1975 年）,卷首,第 1 頁。

10　《華僑日報》,1975 年 6 月 2 日。

11　〈華僑日報六十七年〉,《香港年鑑》第四十五回（1992 年）,卷首,第 1 頁。

12　〈華僑日報六十年〉,《香港年鑑》第三十八回（1985 年）,卷首,第 1 頁。

13　〈華僑救童助學基金〉,《香港飛躍七十年:華僑日報歷史見證》（香港:南華早報,1995 年）,第 126 頁。

14　岑維休〈檢討一九六三年 —— 香港年鑑第十七回序〉,《香港年鑑》第十七回（1964 年）,卷首,第 1 頁。

15　〈訪問《華僑日報》社長岑才生先生及編輯甘豐穗先生〉,《〈華僑日報〉副刊研究（1925.6.5-1995.1.12）資料冊》,第 80 頁。

16　〈一年來之福利〉,《香港年鑑》第十四回（1961 年）,第二篇,第 50 頁。

17　〈一年來之香港報業〉,《香港年鑑》第二十一回（1968 年）,第二篇,第 113 頁。

18　岑維休〈香港年鑑第十八回序〉,《香港年鑑》第十八回（1965 年）,卷首,第 1 頁。

19　岑維休〈檢討一九六五年 —— 香港年鑑第十九回〉,《香港年鑑》第十九回（1966年）,卷首,第 1 頁。

20　岑維休〈回顧與展望 —— 一九六七年香港年鑑序〉,《香港年鑑》第二十回（1967年）,卷首,第 2 頁。

21　〈一年來之香港報業〉,《香港年鑑》第三十一回（1978 年）,第二篇,第 144 頁。

22　〈華僑日報六十年〉,《香港年鑑》第三十八回（1985 年）,卷首,第 1 頁。

23　〈一年來之香港報業〉,《香港年鑑》第三十九回（1986 年）,第三篇,第 114 頁。

24　〈一年來之香港報業〉,《香港年鑑》第二十七回（1974 年）,第二篇,第 102 頁。

25　〈一年來之香港報業〉,《香港年鑑》第二十九回（1976 年）,第二篇,第 127 頁。

26　〈一年來之香港報業〉,《香港年鑑》第三十九回（1986 年）,第三篇,第 114 頁。

27　〈華僑日報六十七年〉,《香港年鑑》第四十五回（1992 年）,卷首,第 1 頁。

28　《華僑日報》,1994 年 12 月 21 日,第 14 頁。

29　《華僑日報》,1976 年 4 月 27 日,第 3 張第 1 頁。

30　《華僑日報》,1995 年 1 月 11 日,第 43 頁。

31　〈一年來之香港報業〉,《香港年鑑》第十四回（1961 年）,第二篇,第 39 頁。

32　《華僑日報》,1934 年 5 月 15 日,第 2 張第 2 頁。

33　《華僑日報》,1934 年 5 月 17 日,第 1 張第 1 頁。

34　〈福利〉,《香港年鑑》第三回（1950 年）,上卷,第 116 頁;〈華僑日報簡史〉,《華僑日報六十周年紀念專刊》（1985 年）,第 3 頁。

35　〈一年來之香港報業〉,《香港年鑑》第二十四回（1971 年）,第二篇,第 83 頁。

36　《華僑日報》,1967 年 6 月 7 日,第 6 張第 4 頁。

37　《華僑日報》,1969 年 6 月 12 日,第 3 張第 1 頁。

38　《華僑日報報慶增刊》,1975 年 6 月 5 日,第 2 張第 2 頁。

39　保良局文獻:呈文（ 1878-1881 ）,1878 年 11 月 8 日; "To His Excellency the Governor," *Hong Kong Government Gazette (HKGG) 1880*, pp. 103-105.

40　《華僑日報》,1969 年 6 月 2 日,第 3 張第 4 頁。

41　《華僑日報》,1969 年 6 月 12 日,第 3 張第 1 頁。

42　《華僑日報報慶增刊》,1975 年 6 月 5 日,第 2 張第 4 頁。

43　《華僑日報》,1975 年 6 月 5 日,第 3 張第 3 頁。

44　《華僑日報》，1985 年 6 月 5 日，第 2 張第 1 頁。

45　〈福利〉，《香港年鑑》第四回（1951 年），上卷，第 113 頁。

46　〈一年來之香港福利〉，《香港年鑑》第十回（1957 年），第（甲）111 頁。

47　〈港九華僑團體史略〉，《香港年鑑》第十一回（1958 年），第九篇，第 1-2 頁。

48　《香港年鑑》第二十回（1967 年），人名辭典，第十篇，第 27 頁。

49　王齊樂著《香港中文教育發展史》（香港：三聯書店，1996 年），第 333 頁。

50　〈發展本港學務之團防局紳意見〉記述港督金文泰到任之後，竭力提高漢文程度，在小
　　學、中學推行，「近政府且欲設一漢文大學院，於是本港華僑，欲研究高深之漢文者，
　　無用還往內地矣」。載《華僑日報》，1928 年 12 月 11 日，第 2 張第 3 頁。

51　同註 49。

52　岑維休〈檢討過去一年 —— 香港年鑑第十六回代序〉，《香港年鑑》第十六回（1963
　　年），〈序言〉。

53　岑維休〈檢討一九六三年 —— 香港年鑑第十七回序〉，《香港年鑑》第十七回（1964
　　年），〈序言〉。

54　《香港年鑑》第二十五回（1972 年），特載，第二篇，第 3 頁。

55　《華僑日報》，1970 年 10 月 25 日，第 4 張第 2 頁。

56　湯開建、蕭國健、陳佳榮主編《香港 6000 年（遠古 -1997）》（香港：麒麟書業有限
　　公司，1998 年），第 822 頁。

57　《華僑日報》，1972 年 6 月 3 日，第 2 張第 4 頁。

58　岑維休〈香港前景光明 —— 一九六八年香港年鑑序〉，《香港年鑑》，第二十一回
　　（1968 年），〈序言〉。

59　岑維休〈今年展望前景依然一片美好〉，《香港年鑑》第二十六回（1973 年），〈序言〉，
　　第 2 頁。

60　岑維休〈吾人必能克服環境踏上坦途〉，《香港年鑑》第二十七回（1974 年），〈序言〉，
　　第 1 頁。

61　《華僑日報》，1978 年 11 月 28 日，第 5 張第 3 頁。

62　《華僑日報》，1978 年 12 月 9 日，第 6 張第 1 頁；1979 年 1 月 10 日，第 5 張第 4 頁。

63　例如：勞必基〈誰能站穩中文教育的立場〉，《華僑日報》，1979 年 10 月 8 日。

64　《華僑日報》，1995 年 1 月 11 日，第 2 頁。

第八章

結論：一張報紙與一個時代

報紙是歷史的記錄者、見證者，同時又是參與者。《華僑日報》作為二十世紀香港重要報章之一，其本身的歷史就是香港社會的一個組成部分；報上刊登的新聞和圖片，評論和文章，以至各式各樣的大小廣告，都是香港文化面貌的寫照。日積月累，年復一年，一份報紙的內容及其歷程所反映出來的，就是一個時代的步伐和特色。總結《華僑日報》走過的歲月，有助於更確切地、全面地認識二十世紀香港的歷史與文化。

　　必須指出，香港社會和文化的發展進程，明顯可以劃分為第二次世界大戰以前和二戰以後兩個主要的歷史時期；不過，總體來看，後者又是前者的接續並且進一步加以發揚，《華僑日報》作為「社經報業」時期的代表性報紙，加上該報獨有的經歷，就是一個具體而明確可舉出的例子。《華僑日報》創刊時起，即與香港華人社會的發展息息相關，並不超然於社會事務，在福利工作、文教事業等方面甚至是積極的參與者。要客觀地評價《華僑日報》，應先透過該報的種種具體表現，確定其在報業史上所作出的貢獻，進而闡明該報於香港社會發展進程中所擔當的角色。

第一節 從《華僑日報》看香港社會發展

　　論者指出，「《華僑日報》不但有較長久的歷史，而且向來被認為是較具規模的，每日出版張數多、廣告多、銷數多（指大報中銷數較多的）、盈利多，經營穩定，在香港報壇中享有較高地位的中文報紙」。[1]因為有長達七十年的刊行記錄，《華僑日報》與香港社會一樣，經歷了不同的發展階段，藉着分期法可以更清晰地掌握它在不同階段中的實際情況，並以此為基礎，反映香港社會起伏變遷的進程。

一、《華僑日報》歷史的分期問題

　　《華僑日報》的歷史，正如上文所述，可以概略分為三個階段，即前期（1925-1945 年）、中期（1945-1975 年）和後期（1976-1995 年）。前期由 1925 年 6 月 5 日創報時起，至 1945 年 8 月 15 日第二次世界大戰結束為止，共二十年，又可細分為奠立時期（1925-1941 年）和淪陷時期（1941-1945 年）；中期由戰後復員開始，至 1970 年代中，共三十年，又可細分為復興時期（1945-1960 年）和鼎盛時期（1961-1975 年）；後期由 1970 年代中開始，至該報停刊為止，共二十年，又可細分為持續時期

（1976-1990 年）和變動時期（1991-1995 年）。（表17）奠立、淪陷、復興、鼎盛、持續和變動，大抵足以說明《華僑日報》在其興衰過程中表現出來的階段性特色，有時在該報的版面上明顯可見，尤其是前期和中期的變化；戰後該報建立了獨有的風格，即使內容有所改革，整體予人的觀感則變化不大（1990 年代除外），就要根據報紙銷數、報業地位和社會影響作出判斷。無論如何，《華僑日報》的歷史分期，與香港社會發展進程大體上是一致的，在二十世紀的中文報紙中最具時代性和代表性。

表 17　《華僑日報》的歷史分期

時期		說明
前期 （1925-1945 年）	1. 奠立時期 （1925-1941 年）	1925 年 6 月 5 日創刊不久，該報在省港大罷工期間表現出色，奠定其中文大報的地位，1933 年香港政府指定該報為刊登法律性質廣告的有效刊物。
	2. 淪陷時期 （1941-1945 年）	1941 年 12 月 25 日香港淪陷後，該報仍能維持出版，在淪陷時期是香港五份中文報紙之一。
中期 （1945-1975 年）	3. 復興時期 （1945-1960 年）	1945 年 8 月 15 日，日本宣佈投降後，該報繼續出版，並加強版面，成為戰後初期香港第一中文大報。
	4. 鼎盛時期 （1961-1975 年）	1960 年代開始，該報在報界和社會上享有崇高地位，內容豐富，銷量可觀，活動頻繁，處於鼎盛狀況。
後期 （1976-1995 年）	5. 持續時期 （1976-1990 年）	1970 年代中開始，隨着社會轉型和需求改變，該報仍持續有所發展，但地位和影響已不如前。
	6. 變動時期 （1991-1995 年）	1990 年代開始，由於社會衝擊和市場變化，該報面臨新的考驗，1992 年起由南華早報集團接辦，1993 年再轉手，1995 年 1 月 12 日停刊。

1. 奠立時期（1925-1941 年）：《華僑日報》創刊時，第一次世界大戰結束未及十年，世界各地政局和社會仍處於動盪不安狀況，幸而中國民族資本在戰後逐漸發展，工商業有抬頭之勢，商營報紙乘時崛興。該報旋因報導省港大罷工領先同行，更為本地中文報業爭得與西報平等的重要席位。但是到了 1930 年代初，又因世界各地受到經濟大衰退的影響，香港亦不能倖免，社會面對不少困難，工商貿易進入艱苦經營狀態，《華僑日報》極力為華人發聲；1937 年七七事變後，抗日戰爭爆發，上海、廣州相繼失陷，兩地報人及文化人大批南下，香港報業頓呈五花八門現象，《華僑日報》在強手競爭下進而奠定其報界地位。應予特別指出，該報是商營企業報紙，本着「為祖國服務，為僑胞謀福利」的立場，力求不涉政治，延續了《香港華商總會報》的傳統。[2]

2. 淪陷時期（1941-1945 年）：又稱日治時期或日佔時期，是香港史上最黑暗的一段日子，港人稱為「三年零八個月」，新聞界處於侵略軍政府全面控制的非常時期。日軍侵犯香港時，大小報紙相繼停刊，《華僑日報》在淪陷時期仍然照常出版，成為僅有的五份中文報紙之一。在言論和物資都受到嚴厲管制的情況下，該報仍勉力為本港市民報導新聞和提供服務。此事在戰後初期一度受到批評，因其報業地位很快得到香港政府的肯定，在社會上又普遍得到讀者的認同，為其後的發展鋪平了道路。

3. 復興時期（1945-1960 年）：戰後香港社會由恢復而興盛，《華僑日報》亦進入它的復興期，版面漸趨宏備，躍居為香港第一中文大報。1945年至 1954 年間，是全港最暢銷的日報；《華僑晚報》亦奠定了在晚報中的地位，但不及當時銷量最高的《新生晚報》。香港報業公會的成立和發

展，《華僑日報》社長岑維休、秘書何少庵等人出力甚多；該報又致力於社會福利事業，並發起救童助學運動，香港賽馬會每年撥出巨額款項予以支持，兩方合作長達三十餘年。

4. 鼎盛時期（1961-1975 年）：《華僑日報》與《星島日報》、《工商日報》並稱香港三大中文報紙，在報業居於領導地位；因其注重報導社團活動消息，在社會上甚得工商、文教各界推崇。該報內容豐富，專刊之多冠於他報，舉辦的活動亦頗頻繁，壯大盛況達於巔峰。

5. 持續時期（1976-1990 年）：更明確地說，就是從鼎盛狀況回落，報紙陣容和報社規模一如舊觀，但報紙銷量逐漸減少。由於社會轉型和讀報風氣改變，《華僑日報》在 1970 年代中以後雖持續有所發展，但讀者漸為其他報紙所吸納，影響和地位不如此前之重要。1980 年代中，該報已呈露滯後的現象。

6. 變動時期（1991-1995 年）：踏入 1990 年代，《華僑日報》受到市場變化的衝擊，報紙版面和內容，都面對改革與否的兩難抉擇。該報於1992 年由南華早報集團接辦，翌年再轉手，改革未見成效，且有財政虧損，出於經濟考慮，終致停刊。1997 年 7 月 1 日香港回歸前後，社會變動頗大，至回歸後才逐漸恢復和發展，《華僑日報》未能見證此重要歷史時刻，是很可惜的事。《華僑日報》對於戰後成長的一代有較深刻的影響，所以老一輩的讀者都非常懷念它，該報宗旨純正，可以說是二十世紀的文化現象和特色。[3]

在百年歲月滄桑變幻中，香港社會及文化的基本面貌經歷了深刻而劇烈的變動，其發展和變化雖大，卻是有跡可尋的。論者指出，這主要依

循兩條線索進行：其一，是香港從移民社會轉變為獨立自主發展的華人社會；其二，是香港從傳統社會向現代社會的轉型。[4] 而報紙所留下的，是逐日的報導和時代的印記。

二、《華僑日報》反映的香港社會進展

1995 年初《華僑日報》停辦後不久，《南華早報》即編印了一本題為《香港飛躍七十年：華僑日報歷史見證》的紀念冊，以摘要方式記述 1925 年至 1995 年間的大事，內容都是根據《華僑日報》歷年刊載的資料編寫而成的。該書的〈前言〉，首先描述了戰前香港社會的情形：

> 1925 年 6 月，本港發生大罷工，廣州市發起抵制運動，使本港百業停頓，經濟蕭條，隨後由於國民革命軍北伐，在華南誓師出發，抵制香港運動始得以解除；跟着而來，日軍於 1938 年攻佔廣州市，大量國內人民逃避戰爭湧到本港，形勢急激變化，也刺激了工商業出現轉機，在直到太平洋戰爭爆發前，反日情緒高漲，成為社會氣候的主流。

繼而指出：「40 年代是本港歷史上最暗淡時期，香港淪陷，在日本統治下渡過了三年零八個月的苦難歲月，工商各業停頓，民不聊生，直到 1945 年日本投降，整個香港滿目瘡痍。」[5]

《華僑日報》在省港大罷工期間克服出版印刷方面的種種困難，爭取每日出紙報導，在報界脫穎而出，在社會上贏得好評。1930 年代伊始，

世界經濟大衰退，香港未能倖免，報業都要在艱苦中經營；1937年抗日戰爭爆發後，國難當前，《華僑日報》是香港報界率先鼓吹捐輸救國的報紙之一，不遺餘力。香港淪陷期間，報業萎縮，《華僑日報》是本港僅有的幾種報紙之一，受制於當時的政治環境和經濟條件，而仍繼續為居民提供消息。當時的《華僑日報》，相對於日本人所辦的《香港日報》和汪精衛政權控制的《華南日報》來說，較能因應本地華人的需求，報中保存了不少關於「三年零八個月」期間社會狀況的記載。曾有學者就日佔時期《華僑日報》和《香港日報》的社論作出比較，認為《華僑日報》在關心社會民生方面甚為措意，這是日本人所辦的《香港日報》大大不及的，後者較重視的是政治問題。[6]

戰後香港復員，《華僑日報》不但沒有被時代、被讀者遺棄，反而迅速躍居成為香港第一中文大報，得到政府當局和社會大眾信任和支持，繼續服務本港達半個世紀，實在不是偶然的。具體地說，該報在一些大眾關心的問題上，常能歸納民意，向當局作出反映，而且獲得政府重視，加以考慮。該報又常與一些政府部門合辦活動，使社會大眾對政府的施政有較清楚的認識。

戰後初期，香港社會雖然逐漸復甦，但國際局勢並未穩定，加上中國政治動盪，尤其是國共內戰和政權轉移的影響，致使香港不斷承受逃亡人潮的衝擊，人口劇增造成居住問題，山邊出現了很多木屋區，居民之間又常有左右兩派的政治衝突，天災人禍接踵而來。《華僑日報》對於當時社會發生的事件都作出詳盡報導，並且積極參與賑災救貧等慈善活動。另一方面，從中國各地湧來香港的人潮，與伴隨而來的大量資金，

增強了香港的人力物力，促使香港工業進入起飛年代。《華僑日報》增設
「工人世界」版，反映了該報在重視工商界的同時，亦能照顧廣大工人的
需要，致力為他們服務。戰後本港女性的地位日漸提高，女工和在職婦
女趨於普遍；與此同時，女性如何在職業與家庭之間做出抉擇，又要兼
顧家庭生活和照顧子女，也是新生的社會問題。《華僑日報》亦注意到家
庭婦女在社會中的重要性，「康樂家庭」就是專為她們和兒童而設的。

　　藉着《華僑日報》的報導，可以瞭解戰後香港迅速變化的歷史面貌，
尤其是在 1970 年代以前，電視廣播尚未普及，報紙報導和各種記錄是新
聞傳播的最重要媒介，《華僑日報》的內容又是眾多的報紙中最為完備
的，其他報紙認為不是新聞的一些工商文教消息，該報也撥出篇幅予以
刊載。作為當時三大中文報紙之一，其綜合性和多元性仍領先於《星島日
報》和《工商日報》。從戰後的《華僑日報》可以看到該報為讀者提供電
台、電視廣播的訊息，是十分用心的，該報獨創以劇照加說明的「連環故
事」，別開生面，在電視尚未普及的時代，並非每個家庭都有電視機，劇
照配上劇情介紹，是饒有趣味的消閒遣興的閱讀方式之一。

　　1970 年代中，《華僑日報》仍着意推行鼎盛時期全方位發展的路線，
雖能保持在報界的尊崇地位，但在很多讀者心目中，卻是一份四平八穩
的報紙，各取所需。公私機構和大小店舖，不少都訂閱《華僑日報》；學
校和教師樂於向學生推薦該報，不必擔心報上刊載的內容有不雅成份。
從該報的內容和持論，尤其是教育版提供的資訊，較能反映出教育方面
的進展和文化事業的活躍，受到校長、教師以及教育署官員的重視。由
於社長岑維休多年來的努力獲得政府肯定和社會推崇，他自 1950 年代後

期開始，積極參與社會福利工作，《華僑日報》發起「救貧助學運動」，並持之以恒，對社會發展有很大的貢獻。

此外，1970 年代初，在推廣中文應用運動方面，該報極表支持；事實上，該報對於提倡中國文化，戰後以來是非常積極的，文學、歷史、哲學、藝術以至日常生活都有相應的周刊或雙周刊。與此同時，該報於反對政府增加學費和建議學生獲免費教育等事情上，均能緊跟消息作出報導，並向當局進言和作出勸告。為學生設想、為家長代言，成為該報長期的持論特色。到了 1980 年代，香港前景未明，社會出現不安情緒，該報持論傾向穩定人心。總的來說，《華僑日報》歷來都能緊貼香港社會的重大變化，其言論大抵亦切合廣大市民在不同時期的需求和意向。

第二節　《華僑日報》與華人社會的互動關係

綜合性報紙不單要為廣大讀者提供豐富而及時的新聞，還要刊登多方面的知識和資訊，因而需要並且具備一種理念，把不同內容的報紙版面貫串起來。以商業性報紙來說，就是「在商言商」，自然要講求經濟效益，但隱然亦存在社會責任和文化承擔。《華僑日報》在戰前表露出來的，是僑民關心國家民族的情懷；戰後隨着香港社會的發展和變化，濃厚的移民社會色彩逐漸淡去，代之而起的是 1970 年代以後一系列本地化特徵的出現，除了歸屬意識、風尚習俗之外，還有社會組織功能的轉換以及具有鮮明香港特色的本地文化的崛起，大眾文化的蓬勃和現代教育體系的建立，在在昭示着香港這個城市已經具備高度現代社會的種種表徵。對本地事務的注意日見增長，致力於福利工作和文教活動，遂成為《華僑日報》的常年服務。

作為香港本地和海外華人的報紙傳媒，《華僑日報》的作用與功能應該包括以下幾方面：第一，為華人提供新聞與娛樂信息；第二，中國文化的承傳和發揚；第三，與本地以至海外華人社團的聯繫；第四，維護華人利益和促進華人團結；第五，推動華人參政議政；第六，肩負起提升華人形象的文化使命。[7] 透過這幾方面的審視，就可以對《華僑日報》

的歷史意義作出評價。

一、反映民意和服務讀者

　　《華僑日報》創於中文商營企業報紙出現的時代，「一開始便站在商人辦報的立場，為工商界向政府表達意見，甚受政府重視」[8]。當時香港的華人社會，雖然在經濟方面有所發展，但主要依靠華人領袖、商界要人和專業精英反映意向，此外仍缺少與政府當局溝通的渠道，《華僑日報》自始亦能注意民生百態，在一定程度上傳達了眾多華人的心聲，在華人社會中有較大的認受性。

　　報導新聞、反映現實是報紙的天職，作為綜合性的報紙，《華僑日報》同時能夠做到為讀者提供各種知識和發揮消閒娛樂的作用，該報設有多種專刊版面，供不同類型的讀者閱覽，加上副刊受歡迎的程度，足以充分說明這一點。「讀者版」的設置，一方面刊登讀者來信，一方面答覆讀者詢問，亦能起到報紙與讀者溝通互動的功能。針對社會變化現象和發展趨勢，不斷推出新的版面和專欄，例如「工人世界」面向工人和工會，關心工人的生活和工作環境；「康樂家庭」服務婦女和兒童，倡導健康愉快的家庭氣氛；「學生園地」因應各級學生的需求，提供相關的活動和預備考試的練習等；「兒童周刊」和「青年生活」分別為不同年紀的青少年而設，關懷下一代的成長；這在當時是很難能可貴的，《華僑日報》停刊後更是無以為繼。

　　《華僑日報》還有專門性質的雙周刊，人文方面有「文史」和「書

評」，科學方面有「海洋智識」，藝術方面有「音樂」、「藝文」與「影劇」，興趣方面有「集郵」、「旅行」，以至「健力」等等，盡量照顧讀者多元發展的需求。(表18) 當時能夠做到這樣全面地步的報紙，在香港只有《華僑日報》一家。該報希望可以迎合不同階層和不同年齡讀者的口味，因此有專為婦女、兒童、學生而設的副刊，後來再加上「青年生活」，特別照顧青少年。[9] 報上為各級學生提供中、英、數等科目的溫習內容，又有為預備公開考試的學生編印各科模擬試題等，頗受教師和學生歡迎，但於配合青少年的潮流事物方面則較為穩重，說得明白一些，就是不夠吸引力。

表 18 《華僑日報》的主要專刊

類別	周刊及雙周刊名稱
1. 文學	「文藝」、「中國文學」、「西洋文藝」。
2. 藝術	「藝術」、「美術」、「藝文」、「音樂」、「影劇」、「戲劇藝術」、「圓社藝文」。
3. 人文	「人文」、「宗教」、「人物與風土」、「嶺南文物」、「文史」、「東南亞」、「香港史天地」。
4. 科技	「電工」、「科學」、「汽車」、「海洋智識」、「花鳥蟲魚」。
5. 康體	「醫藥」、「健美」、「健力」、「飲與食」。
6. 閱讀	「讀書」、「書評」、「半周書刊」、「書刊」、「書坊」。
7. 文娛	「旅行」、「旅遊」、「度假版」、「朗誦」、「電影」、「集郵」、「漫畫」。
8. 工商	「工業」、「經濟」、「漁農」、「海外投資移民版」。
9. 綜合	「彩色華僑」、「華僑周報」、「彩虹新頁」、「彩色生活」。
10. 其他	「學生」、「兒童」、「評論」、「家庭」、「國際」、「國際動態」、「學生園地」、「新聞精華」、「兒童周刊」。

二、社會福利和文化承擔

在報紙而言，與群眾直接產生互動作用和發揮社會影響力的，主要有兩方面：一是主辦或與其他團體合辦各種活動，有興趣的讀者都可以參加；二是致力於社會服務和福利工作，使廣大社會都能受惠。《華僑日報》除了每年舉辦報慶徵文之外，還有不同主題、不同類別的徵文比賽；在社會服務和福利工作方面，可舉的事例很多。不但兩者均做到，而且成績甚為豐碩。《華僑日報》眾多的社會服務之中，最可記的一件事，就是在 1957 年創辦救童助學運動，直至該報停刊為止，歷時三十七年，從未間斷，籌集及發出的助學金和免息貸款總額，達一億二千七百多萬元，總共有十六萬餘名大、中學生受惠，當中卓然有成、作出貢獻並回饋社會者大不乏人。[10]

作為《華僑日報》的創辦人和社長，岑維休一向認為報業對社會大眾有所承擔，在《華僑日報》的地位如日方中之際，他仍不忘強調：

> 吾人以為輿論事業，不徒為牟利性質，其最終目的，應與社會大眾發生聯繫，引致讀者對社會多所關懷，從而對社會人群，對國家，對世界，有所貢獻，斯為吾人出版《華僑日報》與《香港年鑑》之主旨，敢持此自勉，並與諸同事及社會人士共勉。[11]

因此，在他主持下的《華僑日報》，「即以服務僑群，服務社會，願有助於世人，有助於世界永久和平為終極目的」；該報「又策全力於本港

社會福利工作,期對目前香港畸形社會有所補助,關於此點,其最大表現,厥在發動全港讀者救童助學運動」。[12] 數十年如一日,救童助學運動成為岑維休在辦報工作以外努力以赴的一大事業,救童助學運動也成為《華僑日報》眾多的社會福利工作之中,最為人所注視的重大成就。

　　《華僑日報》從戰後開始,致力於服務文教界的角色愈來愈確定,尤其是在 1960 年代以後,該報的言論和活動經常是與此相配合的。該報愈是走綜合報紙路線,其文教意義愈明顯可見。《華僑日報》對香港文教界的影響是廣泛而深遠的,可以論述的課題很多,這方面已逐漸引起一些學者的注意,相信可以為香港教育研究提供有益的參考。

第三節　《華僑日報》的歷史地位及其評價

　　《華僑日報》所採取和確立的新聞報導模式，具有以下幾個特點：其一，是迅速、翔實地報導重大事件，將信息傳遞給讀者；其二，是盡量如實報導，不事誇張，不作渲染；其三，是將事實與意見分開，在新聞中不直接發表意見，而以「小評」等形式另行闡述。該報所奉行的，明顯是屬於「信息模式」。社會對於信息的渴求，讀者對於信息真實性的倚重等，都是信息模式產生和發展的主要原因，而這與報紙成為一種專業組織也是相聯繫的。在報社本身，編輯部已經成為報紙的獨立部門，報紙內部也有明確的勞動分工和等級劃分，報紙且具有較明確的理念。而在報界，新聞教育機構開始出現，與報紙有關的各種專業協會亦宣告成立，都是使報紙成為「有組織信息」生產者的條件。[13]《華僑日報》成為信息模式的典範之一，這也是它對香港報界和社會所作出的貢獻。

一、《華僑日報》對香港報界的貢獻

　　香港是中西文化交匯之地，在介紹和傳播西方文化方面的建樹是很可觀的，但是，論者已予指出，全新的文化事業在香港本地的發展是遲緩

的。以報業的情形為例，《中外新報》、《香港華字日報》和《循環日報》這些在中國報業史上早期的中文報紙，其進一步求新求變的後續動力明顯不足。1925 年《華僑日報》創刊以前，香港中文報紙的內容編排仍以刊登廣告、經濟、航情消息為主。[14]《華僑日報》自創刊時起，即革新版面安排，第一版刊登副刊文字，而不是廣告。其後隨着國際形勢和內地政局的轉變，各報紛紛以國際新聞或中國新聞為主，廣告及航訊則轉移到內頁各版。[15]

作為二十世紀香港重要的中文大報，《華僑日報》在報界有崇高地位，既促進新聞事業的發展，亦推動了本地的新聞教育。首先必須指出，該報做到與英文報紙同日報導新聞消息的地步，為本地的中文報紙帶來新氣象，並且奠定了現代報紙的形式。其次，香港政府於 1933 年宣佈《華僑日報》為登載法律廣告的有效刊物，這在中文報界是破天荒的事情，其後《工商日報》和《星島日報》才獲得相同的地位。再者，《華僑日報》在戰前與本地的《南中報》、《南強日報》、《中華日報》、《華強報》聯營，與廣州的《大中報》和《大華晚報》聯營，又在澳門創辦《華僑報》，成為一個華南報業集團；香港報業於 1960 年代開始策劃海外版，照顧海外華文讀者的需要，《星島日報》和《華僑日報》相繼發展海外版事務，對世界華文報業起了促進作用。[16]

1954 年創立的香港報業公會，是由《華僑日報》、《南華早報》、《星島日報》、《工商日報》這四家在當時為「香港政府特許刊登法律性質廣告之有效刊物」倡議組成的，該會的主旨「在成為香港報業之中心機構，以促進香港新聞事業之合作，並推動一切有關香港報業事宜及會員之權

益」。[17]《華僑日報》人員在報業公會一直擔當重要角色，岑維休從創會時起出任主席，連任三屆至 1957 年，此後又多次出任主席、副主席之職，至 1984 年為止；岑才生由 1986 年起擔任報業公會主席，至 1994 年改任名譽顧問，1999 年起，成為該會名譽會長；司庫之職一直由《華僑日報》人員出任（有時是以《華僑晚報》的名義），1954 年至 1981 年是何少庵，1982 年至 1992 年是汪石羊，1992 年至 1994 年是趙國安，1995 年是陸錦榮，從來沒有間斷。[18] 香港報業公會在加強報界合作和協調同業意見方面，起了關鍵性的作用，保障了各報有良性競爭的客觀環境，直至 1990 年代中始因報紙減價戰而發生變化。

　　世界中文報業協會的成立和發展，《華僑日報》與《星島日報》等大報都有促進的功勞；該會以提倡新聞自由為宗旨，共謀全球中文報紙合作和改進。岑才生在該會擔任要職多年，參與和主持過多屆報業研討會，在加強本地與海外華文報界的聯繫方面，《華僑日報》的角色一直是很重要的。此外，戰後香港的新聞教育有長足發展，1965 年香港中文大學新亞書院成立新聞系，1968 年香港浸會學院（香港浸會大學前身）成立傳理系，珠海書院（珠海學院前身）、樹仁學院（樹仁大學前身）等院校也相繼有新聞系的設立，《華僑日報》每年都捐出獎學金，藉此培養新聞專業人才，該報主要人員如岑才生、汪石羊、吳灞陵等都曾應邀參加活動及發表演講。對於香港報業，《華僑日報》所作的貢獻是有目共睹的。

二、《華僑日報》對香港社會的貢獻

　　《華僑日報》刊行的七十年間，對香港以至海外華人社會的作用和貢獻是受到肯定的。該報創刊之初對省港大罷工的報導，在華人社會中贏得了聲譽；由於《華僑日報》和《工商日報》的影響，香港其他中文報紙亦相繼勉力恢復出版。大罷工風潮在翌年得以解決，「僑胞公共意見」是起到一定程度作用的。「這是香港中文輿論對當地社會一個空前的貢獻，自此以後，商辦報紙益見地位鞏固，而任重道遠。」[19] 第二次世界大戰結束後，《華僑日報》是少數能夠屹立於報界的報紙，銷量一時稱冠，面對各種復刊報紙和新辦報紙的競爭，仍然領先並成為中文報界的領袖。1956年，香港政府年報中就指出「最重要的地方日報是《華僑日報》，它的早報擁有廣大的銷紙數量，並且印行晚報，它的政治立場是獨立的，《華僑日報》通常是一份可靠的報紙」[20]。

　　《華僑日報》一向強調立場「中立」，一般認為，該報的態度屬於「中間偏右」，這是當時報界的主流，除了一些「左派」和「右派」的報紙外，大多數報紙都持這樣的態度。岑才生曾強調，《華僑日報》「沒有明顯的政治立場，主要以香港的利益為出發點」。又說：「《華僑》的辦報宗旨是為社會。」[21] 不過，亦有學者認為，由 1920 年代中至 1960 年代初，《華僑日報》一直是代表香港工商界利益的報紙。又指出，在 1950 年代和 1960 年代，《華僑日報》與《星島日報》雄霸報界，執中文報業牛耳，當時《華僑日報》每天出紙七大張，而一般報紙只出紙一至兩張。文化和教育更是《華僑日報》出色的一面，教育界人士幾乎都有天天看《華僑日報》的習

慣,直至該報停刊時止,教育界一直很倚重《華僑日報》的新聞資訊,教師找職業也一定要看《華僑日報》,正正基於這點,《華僑日報》「也是一份極為莊重純潔的報紙」[22]。正如論者指出一般,「《華僑日報》重視教育新聞,報格嚴肅而傳統,在香港教育界具有影響力與良好聲譽」[23]。

香港社會在 1960 年代開始出現急劇的變化,從一個轉口港轉變成為世界上重要的工商及金融服務業城市,而香港土生土長的一代經已成長,香港報紙於 1970 年代至 1980 年代間亦相應有所改變。例如《明報》受人注視,成為香港最多教師和大專學生閱讀的報紙,大眾化報紙則以《東方日報》最為突出,《信報》以財經報紙的面貌出現,《華僑日報》這類綜合性報紙受到來自不同方面競爭者的衝擊,若進行改革則會失去長期以來的支持者,若維持原有路線則無法適應新的時勢,處於進退兩難的局面。尤應注意的是,《華僑日報》雖然一直注重工商界,但至少在 1960 年代以後,已轉移於社會上一般市民大眾的立場,且與支配經濟發展實力的大企業的意見並不同調。

總括而言,《華僑日報》的創辦及其興衰,見證着二十世紀香港華人社會的變遷和發展,該報本身的歷史和經驗也是香港社會文化進展的一個重要組成部分,可以為中國報業以至海外華文報刊提供有價值的參考。戰前香港華人以內地來港者居多,華僑又每每以香港作為往返海外和內地的中繼站,報紙以「華僑」為名,確有切合當時情況之妙,而又具有因應潮流的遠大眼光。《華僑日報》除了拓展本港市場和讀者空間外,戰前在澳門創辦《華僑報》,戰後開拓海外版,報上亦多刊載東南亞等各地華人消息,確實做到「服務僑群」的目標。

但戰後香港居民中有「僑居」心態者，隨着歲月的流逝已日見減少；加上土生土長世代的成長，「華僑」一詞的使用在海外以至本港均趨於淡薄。1990 年代以後，「華裔」、「華籍」、「海外華人」漸漸替代了「華僑」、「僑民」、「海外僑胞」。論者已予指出，華僑報刊轉變為華人報刊是一個漸進的過程，以東南亞華文報刊為例，戰後很多報刊的僑民色彩已不存在。[24] 香港的情況有異於海外華人社會，1970 年代以後，「僑民」、「華民」等字眼已在日常生活中幾近絕跡了。不過，須予特別指出，「華僑」這一名字並未對該報構成發展的妨礙，《華僑日報》轉讓給《南華早報》時，報館仍然盈利；該報停刊前夕，每日尚可銷紙五萬餘份，長期以來很多機構、社團、學校都慣常訂閱，該報停刊頓使香港文教界失一支柱，殊可惋惜，因此當初不少讀者仍寄望它會有復刊的一日。

1997 年香港回歸祖國前夕，《華僑日報》終於完成了它的時代使命；而它在漫長的刊行期間對香港和鄰近地區以至海外華人社會所發揮的積極作用，則是應該予以肯定和值得加以研究的。《華僑日報》是一張曾經與時並進和帶領潮流的報紙，在二十世紀中文報業史上和眾多讀者腦海中留下了深深的印記。於此還應指出，1990 年代以來，大眾化報紙雖有龐大銷紙記錄，但報導新聞方式、遣詞用字誇張、副刊內容低俗之類的批評不絕於耳，香港缺少像後期《華僑日報》那樣帶有文教意味的報紙，未嘗不是社會一大損失。《華僑日報》的經歷及其與香港華人社會發展的一段關係，實在有助於探索二十一世紀中文報紙的方向和前景。

註釋

1　林鈴〈歷史悠久的香港《華僑日報》〉，鍾紫主編《香港報業春秋》，第 49 頁。

2　李少南〈香港的中西報業〉，王賡武主編《香港史新編》下冊，第 513 頁。

3　〈訪問《青年生活》編輯何天樵先生〉，《〈華僑日報〉副刊研究（1925.6.5-1995.1.12）資料冊》，第 94 頁。

4　張麗著《20 世紀香港社會與文化》，第 277 頁。

5　《香港飛躍七十年：華僑日報歷史見證》（香港：南華早報，1995 年），〈前言〉。

6　鄭鏡明〈香港報業斷代史 —— 香港淪陷期間的中文報業〉，《明報月刊》第 23 卷第 10 期（1988 年）。

7　彭偉步著《海外華文傳媒概論》（廣州：暨南大學出版社，2007 年），第 224-273 頁。

8　李少南〈香港的中西報業〉，王賡武主編《香港史新編》下冊，第 515 頁。

9　〈訪問《青年生活》編輯何天樵先生〉，《〈華僑日報〉副刊研究（1925.6.5-1995.1.12）資料冊》，第 86 頁。

10　《香港飛躍七十年：華僑日報歷史見證》，〈編後話〉。

11　岑維休〈第十四回香港年鑑序言〉，《香港年鑑》第十四回（1961 年），卷首，第 1 頁。

12　同上註。

13　張軍芳著《報紙是「誰」—— 美國報紙社會史》，第 170-175 頁。

14　張麗著《20 世紀香港社會與文化》，第 199 頁。

15　張圭陽著《香港中文報紙組織運作內容》，第 2-5 頁。

16　《香港報業 50 載印記：香港報業公會金禧紀念特刊》，第 70 頁。

17　〈一年來之香港報業〉，《香港年鑑》第八回（1955 年），上卷，第 91 頁。

18　《香港報業 50 載印記：香港報業公會金禧紀念特刊》，第 97-100 頁。

19　林友蘭著《香港報業發展史》，第 39 頁。

20　轉引自岑維休〈我們要努力 —— 第十一回香港年鑑代序〉，《香港年鑑》第十一回（1958 年），卷首，第 1 頁。

21　〈訪問《華僑日報》社長岑才生先生及編輯甘豐穗先生〉,《〈華僑日報〉副刊研究（1925.6.5-1995.1.12）資料冊》,第 95 頁。

22　史文鴻〈從《華僑日報》的厄運看本港社會的轉化〉,《星島日報》,1995 年 1 月 14 日。

23　柯達群著《港澳當代大眾傳播簡史》,第 160 頁。

24　王士谷著《海外華文新聞史研究》（北京：新華出版社,1998 年）,第 39 頁。

附錄

一、《華僑日報》大事及相關事項年表

年份	《華僑日報》主要事項	香港及各地相關事項
1925 年	• 6 月 5 日，岑維休等創刊《華僑日報》，督印人是黃應元，總編輯初為李大醒，不久改為胡惠民。 • 6 月 21 日，出版《華僑日報號外》。 • 7 月 16 日，恢復鉛印。 • 10 月 8 日，出版《華僑日報足球特刊》。	• 6 月 20 日，省港大罷工全面爆發。 • 7 月 8 日，《工商日報》創刊。 • 11 月 1 日，金文泰接任香港總督。 • 本年，香港電話有限公司成立。
1926 年	• 本年，報中多報導中華體育會、南華會等體育團體活動的消息。	• 1 月 1 日，香港大酒店大火。 • 6 月，國民革命軍北伐。 • 10 月 10 日，廣州宣佈停止抵制香港。 • 11 月，香港政府首次委任華人周壽臣為行政局非官守議員。
1927 年	• 本年，《南強日報》、《南中報》創刊，是《華僑日報》系統內報紙。	• 6 月 22 日，廣州海員抵制省港澳輪船公司各輪客貨。 • 6 月 29 日至 9 月 7 日，招商局罷工。 • 本年，國民政府定都南京。

（續）

年份	《華僑日報》主要事項	香港及各地相關事項
1928 年	• 5 月，日本侵佔濟南事件發生後，《華僑日報》響應內地的反日言論，設立專版，以「全國一致抗日」為版頭作出抗議。	• 5 月 1 日，第二屆新界農產品展覽會開幕。 • 5 月 4 日，東華東院奠基。 • 12 月 11 日，九龍半島酒店開幕；15 日，香港華商總會圖書館開幕。
1929 年	• 3 月 11 日，《華僑日報》率先獨家登載英皇酒店大火消息，將搶救情形連同圖片刊出，奠下報導新聞詳盡快捷的地位。 • 本年，《大中報》在廣州創辦，與其姊妹報《大華晚報》均為《華僑日報》的聯營報紙。	• 3 月 11 日，清晨三時英皇酒店大火，廣東省政府主席陳銘樞適為住客，從二樓越窗跳下逃生，致足部受傷而成跛。 • 10 月 8 日，香港電台正式啟播。 • 本年，香港大學中文學院成立。
1930 年	• 本年，《華僑日報》參與籌建香港保護兒童會。	• 1 月 21 日，香港保護兒童會成立。 • 11 月，《工商晚報》創刊。 • 本年，《南華日報》創刊。
1931 年		• 3 月 7 日，人口調查結果，全港總數為 849,751 人。 • 本年，東華醫院、廣華醫院和東華東院統一由一個董事局管理，合稱「東華三院」。
1932 年		• 12 月 14 日，香港大學馮平山圖書館落成啟用。
1933 年	• 3 月 3 日，香港政府宣佈《華僑日報》為登載法律廣告的有效刊物。	• 4 月，國民黨中央通訊社香港分社成立。 • 本年，《香港華商總會年鑑》出版。

（續）

年份	《華僑日報》主要事項	香港及各地相關事項
1934 年	• 本年，何建章到《華僑日報》做記者，後來當編輯（1942 年左右任總編輯）。	• 4 月 1 日，《香港華商總會月刊》創刊（次年改名《香港華商月刊》繼續出版）。 • 4 月，香港華商總會內成立「國貨廠商聯合會」，其後逐漸獨立，於 9 月發展成為香港中華廠商聯合會。
1935 年		• 10 月 10 日，滙豐銀行大廈落成（至 1981 年拆卸重建而成今貌）。
1936 年	• 5 月，出版馬沅編譯《香港法例彙編》，這是《華僑日報》出版的第一種工具書。 • 總編輯胡惠民約於本年離職，由張知挺接任《華僑日報》總編輯。	• 1 月，市政局正式成立，由 13 位議員組成。 • 6 月，鄒韜奮在香港創辦《生活日報》（至 8 月停刊）。 • 本年，香港仍在出版的報紙有 24 種，包括中文報紙 20 種和英文報紙 4 種。
1937 年	• 7 月 10 日，全港約有二千名中文報紙印刷工人罷工，《華僑日報》等多種報紙停刊。 • 11 月 20 日，澳門《華僑報》創刊。	• 7 月 7 日，七七事變爆發，中日戰爭開始。 • 12 月，香港生活新聞學院開辦。 • 本年，香港人口達一百萬。
1938 年		• 3 月 1 日，《申報》從上海遷至香港出版，出至 1939 年 7 月 10 日停刊。 • 8 月 1 日，《星島日報》創刊；13 日，《星島晚報》創刊。

（續）

年份	《華僑日報》主要事項	香港及各地相關事項
		• 8 月 13 日，《大公報》在香港出版。 • 10 月 21 日，廣州淪陷，人民紛紛逃港。
1939 年		• 5 月 1 日，《成報》創刊。 • 9 月 3 日，英國對德宣戰，香港宣佈進入戰時狀態；本月，第二次世界大戰全面爆發。 • 本年，九龍總商會成立。
1940 年		• 10 月，香港政府設立人民入境事務處。 • 本年，由於內地同胞逃難來港人數日多，香港人口約為一百六十萬。
1941 年	• 12 月 25 日，香港淪陷後，《華僑日報》副刊由張艾主編，直至日治時期結束。戴望舒、葉靈鳳、陳君葆是少數知名的作者。	• 4 月 8 日，《華商報》創刊。 • 12 月，日本發動太平洋戰爭，於 8 日開始進攻香港，經過十數日的戰鬥，港督楊慕琦向日軍投降，香港淪陷。日軍全面佔領香港，成立軍政府。 • 12 月 25 日，《華字日報》停刊，先後出版 77 年。 • 本年，香港人口約一百六十萬人。
1942 年	• 6 月 1 日，《華僑日報》與《大眾日報》合併出版，仍稱《華僑日報》。 • 何建章約於本年起擔任《華僑日報》總編輯，至 1987 年中退休。	• 2 月，東京宣佈香港為日本佔領地，任命陸軍中將磯谷廉介為香港佔領地總督。

年份	《華僑日報》主要事項	香港及各地相關事項
		• 6月1日起，香港中文報紙只剩《香港日報》、《南華日報》、《華僑日報》、《香島日報》（《星島日報》合併後改名）、《東亞晚報》五家。 • 本年，日軍對居民的糧食及其他日常必需品實行苛刻的配給制度，市場物資極為缺乏。
1943 年		• 本年，香港百業蕭條，無家可歸者數以萬計，災民、飢民等充斥巷里。
1944 年	• 8月22日，香港各報包括《華僑日報》在內，開始調整版面，減少內容，由原來的一大張改為半張。	• 2月，磯谷廉介調任台灣總督，日本改派「南支派遣軍」司令官田中久一兼任香港佔領地總督。 • 本年，香港糧食不足的問題達到頂點。 • 英國政府決定重佔香港。
1945 年	• 4月1日，《華僑晚報》創刊。 • 本年，戰爭結束後，廣東全省發生大水災，《華僑日報》發動全港捐賑，得款二百餘萬元，並會同東華三院首長赴粵散賑。	• 8月中，日本戰敗投降，第二次世界大戰結束；英國派遣太平洋艦隊司令夏慤率領艦隊抵港，從日軍手中接收香港。 • 8月中，《星島日報》恢復原名出版。 • 9月，夏慤成立軍政府；16日，夏慤以英國政府代表兼中國戰區最高統帥代表的身份，正式接受日軍投降。 • 11月，九廣鐵路恢復通車。

（續）

年份	《華僑日報》主要事項	香港及各地相關事項
1946 年	• 7 月 3 日至 12 月 17 日，黃侯翔任《華僑日報》督印人。當時國民黨政府擬接收《華僑日報》，派黃侯翔到報社，後來香港政府以他從事政治活動為理由，把他遞解出境。 • 本年，邱永鎏任《華僑日報》採訪主任。	• 1 月 4 日，《華商報》復刊。 • 5 月，楊慕琦返港復任香港總督，夏愨同時宣佈撤銷軍政府。 • 8 月，楊慕琦提出政制改革方案。
1947 年	• 3 月，出版「兒童周刊」第 1 期。 • 10 月開始，改用較細的六號活字。	• 1 月，香港股份總會與香港股份經紀會合併為香港證券交易所。 • 5 月，新華社香港分社正式成立。 • 7 月，葛量洪就任港督。
1948 年	• 7 月，出版《香港年鑑》第一回。 • 本年，開設中區辦事分處，並在東區及九龍各區增設代辦處。	• 1 月，香港政府公佈《銀行條例》，指定滙豐、渣打、有利三家銀行為香港鈔票發行銀行。 • 3 月，香港《大公報》復刊（1902 年初創於天津）。 • 9 月，香港《文匯報》創辦（1938 年初創於上海）。
1949 年	• 1 月 22 日，出版「兒童周刊」第 100 期；2 月 5 日，「兒童周刊」讀者會在中環樓梯街男青年會大禮堂舉行文藝晚會，有千餘人參加。 • 2 月，《香港年鑑》第二回出版，卷首有岑維休的序言。 • 本年，華僑日報出版部成立。	• 3 月，英文日報《虎報》（Hong-kong Standard）創刊。 • 10 月 1 日，中華人民共和國成立。 • 本年，有線廣播電台「麗的呼聲」面世。

（續）

年份	《華僑日報》主要事項	香港及各地相關事項
1950 年	• 本年，出版吳灞陵主編《香港九龍新界旅行手冊》及岑才生著《英遊鱗爪》。	• 1 月，英國政府正式承認中華人民共和國，中英建交。 • 10 月 5 日，《新晚報》創刊。
1951 年		• 本年，香港政府通過《刊物管制綜合條例》，是香港有史以來最嚴厲的刊物管制條例。
1952 年	• 2 月 6 日，原址拆卸後改建為五層大廈落成。 • 本年，添置一部德國紐倫堡岳斯堡廠 M.A.N. 高速輪轉印報機。	• 3 月，相繼發生「三一事件」與「《大公報》案」，中國政府外交部發表抗議聲明。 • 9 月，香港華商總會修改章程，改名為「香港中華總商會」（簡稱中總）。 • 10 月 11 日，《香港商報》創刊。
1953 年	• 12 月 25 日，石硤尾六村發生火災，災民六萬，《華僑日報》即展開賑災運動。 • 本年，設台灣經銷處。	• 7 月 30 日，合眾國際社香港分社成立。 • 本年，完成銅鑼灣填海計劃，建設維多利亞公園。
1954 年	• 1 月，出版馬沅主編《香港法律彙編》（1953 年版）。 • 本年，岑才生任《華僑日報》編輯。	• 5 月 10 日，香港報業公會註冊成立。 • 本年，完成中區填海計劃，即現時大會堂所在的地方。 • 本年，二千四百多家登記工廠屬下工人有十一萬五千多人，連同未登記的工廠在內，總共有工人二十萬人以上。

（續）

年份	《華僑日報》主要事項	香港及各地相關事項
	• 《華僑日報》與《南華日報》、《星島日報》、《工商日報》倡議組成香港報業公會，由四家報社負責人輪流擔任主席，香港十六家主要報紙均為該會成員。《華僑日報》社長岑維休任該會主席至1957年。	• 本年起，《成報》銷量居全港中文日報之首，這紀錄保持了二十多年。
1955年	• 6月5日，《華僑日報》三十周年報慶。 • 本年，出版何建章、歐陽百川、吳灞陵、岑才生著《報紙》。	• 本年，香港政府通過建築新條例，廢除自1903年以來民房高度以五層為限的規定，推動了地產建築業的發展。
1956年	• 1月1日，社長岑維休獲英女皇頒授 O.B.E. 勳銜。 • 岑維休任香港保護兒童會會長（至1965年），又任香港防癆會委員、台新開恩四邑工商總會理事長。	• 5月5日，《晶報》創刊。 • 10月，發生「雙十暴動」。 • 本年，香港中國通訊社成立，該社的主要業務是向香港、澳門地區及海外華文報刊提供新聞及副刊文稿。
1957年	• 1月，創設「工人世界」版及「康樂家庭」版，均為隔日刊。 • 本年，發起救助貧童運動，其後與讀者助學運動相輔而行，稱為救童助學運動，每年舉辦，直至報紙停刊。 • 岑才生任《華僑日報》經理。	• 5月29日，香港第一間電視台「麗的映聲」啟播（即現時的「亞洲電視」）。
1958年	• 4月1日，社長岑維休獲港督委任為非官守太平紳士。	• 1月，柏立基抵港就任港督。

附錄

（續）

年份	《華僑日報》主要事項	香港及各地相關事項
	• 7 月，發起讀者助學運動。 • 本年，岑維休任香港報業公會副主席（至 1959 年）。	• 本年，完成啟德機場新跑道的興建。
1959 年	• 本年，岑維休任香港報業公會主席（至 1960 年）。	• 5 月 20 日，《明報》創刊。 • 8 月 26 日，商業電台啟播。 • 10 月 5 日，《新報》創刊。 • 本年，香港政府新聞處成立。
1960 年	• 6 月初，颶風「瑪麗」襲港，《華僑日報》等四個報業機構聯合發起救濟捐款運動。	• 7 月 29 日，《新聞夜報》創刊。 • 11 月，《天天日報》創刊，是香港第一份彩色報紙。
1961 年	• 本年，首創「新聞精華」的報導方法，綜合撮錄每日的各版新聞，為讀者提供方便。	• 本年，戰後香港第一次人口普查結果，人口為 313.8 萬人。
1962 年	• 3 月 26 日，增闢「新界版」。 • 本年，岑維休任香港報業公會副主席（至 1963 年）。	• 9 月 1 日，颱風「溫黛」襲港，報界發起募捐善款行動。
1963 年	• 6 月 10 日起，增出「英倫航空版」以便利在英國經商或就業者訂閱。 • 本年，岑維休任香港報業公會主席（至 1964 年）。	• 3 月，《快報》創刊。 • 10 月，香港中文大學成立並開設新聞與大眾傳播系。 • 11 月 10 日，東南亞中文報業研討會議開幕，為期六日。 • 香港自 1960 年代初以來出現嚴重水災，至本年更實行每四天定時供水制。

（續）

年份	《華僑日報》主要事項	香港及各地相關事項
1964 年	• 9 月，為加強新聞時效性，首創採用英國 ULTRA 名廠無線電話機，設立無線電採訪車隊。	• 4 月，戴麟趾到港就任港督。
1965 年	• 6 月 5 日，《華僑日報》四十周年報慶。 • 本年，「露比」風災，《華僑日報》經收讀者善款十萬餘元送交社會救濟信託基金會。 • 岑維休任香港各界紀念孫中山百年誕辰籌備委員會籌備委員及常務委員。	• 3 月 1 日，東江水開始供應給香港，解決水荒問題。 • 本年，香港中文大學新亞書院新聞學系成立。
1966 年	• 10 月 3 日，華僑日報中區分處遷入砵甸乍街華人銀行大廈地下新址。 • 本年，「兒童天地」創刊。 • 岑維休任香港報業公會副主席（至 1967 年）。 • 岑維休被選為香港保護兒童會名譽會長。	• 4 月，天星渡海小輪加價，大批市民遊行示威，演變成騷動。 • 9 月 23 日，東南亞中文報業研討會在港舉行，議決成立世界中文報業協會。 • 本年，香港報社總數達 44 家。 • 「文化大革命」爆發，影響及於全國。
1967 年	• 本年，岑維休任香港報業公會主席（至 1968 年）。	• 5 月，新蒲崗工人罷工；其後受到了「文革」的影響，發生「六七風暴」。 • 11 月，香港大學學生會會刊《學苑》提出中文應與英文並列為官方語言。

（續）

年份	《華僑日報》主要事項	香港及各地相關事項
		• 11 月 19 日，電視廣播有限公司成立，「無線電視」啟播。
1968 年	• 5 月 23 日，經理岑才生獲英女皇頒授 M.B.E. 勳銜。	• 1 月 20 日，香港中文大學崇基學院學生會舉行「中文列為官方語文問題」研究會。 • 2 月，華民政務司正式改名民政司。 • 3 月，市政局發表《地方政府改制報告書》，建議分階段改革。 • 8 月，海底隧道動工。 • 9 月，香港第一座人造衛星地面聯絡站啟用。 • 11 月 18 日，世界中文報業協會成立，並召開第一屆年會。 • 本年，香港記者協會成立。 • 本年，香港浸會學院（香港浸會大學前身）開辦傳理學系；珠海書院（現珠海學院）開設新聞系。
1969 年	• 9 月 22 日，開招待會宣告擴建後的新廈啟用，港督戴麟趾爵士亦到報社參觀。 • 本年，因銷紙日多，添置最新型的全電動美國 GOSS 廠高速輪轉印報機。	• 1 月 22 日，《東方日報》創刊。 • 8 月 25 日，由《真報》等小型報紙發起的香港華文報業協會成立。 • 12 月 1 日，《明報晚報》創刊。 • 本年，《電視日報》創刊。
1970 年	• 4 月，「兒童周刊」為慶祝一千期紀念，舉行作文、美術、書法三項比賽。	• 3 月，香港學生團體組成中文運動聯席會。

（續）

年份	《華僑日報》主要事項	香港及各地相關事項
	• 7 月，增闢「書刊」雙周刊。 • 本年，岑維休任香港報業公會主席（至 1972 年）。	• 4 月 11 日，因成本高漲，香港十三間中文報紙負責人聯合通過，其中九份中文報紙逢賽狗賽馬日，調整報價為每份二角。 • 10 月 9 日，香港政府成立公事並用中文研究委員會。
1971 年	• 舉辦港九新界兒童健康比賽，由香港政府醫務衛生處贊助。	• 11 月，麥理浩抵港就任港督。 • 本年，香港樹仁學院（現樹仁大學）開辦新聞系。
1972 年	• 8 月，《華僑日報》、《工商日報》及《星島日報》三大報刊發行人有股份的商業電台集團，投得新中文電視台承辦權，定名為「佳藝電視」。	• 3 月，中英達成互換大使協議，英國撤銷在台灣的官方機構。 • 5 月，葵涌公地一號貨櫃碼頭啟用。 • 6 月，暴雨襲港，引起山泥傾瀉，數千人受災。
1973 年	• 8 月 22 日，董事岑梯雲逝世，終年一百零一歲。 • 本年，為了美化印刷，特裝設 GOSS 廠全部自動化轉輪柯式印報機並開始使用。	• 4 月，香港發生「七三股災」，股市狂瀉，當局宣佈解除外匯管制。 • 9 月，香港海底隧道通車。 • 7 月 3 日，《信報》創刊，是香港第一家以財經新聞為主要內容的中文日報。
1974 年	• 本年，岑維休任香港報業公會副主席（至 1975 年）。 • 3 月 15 日，每逢星期五，增設「視聽版」。 • 6 月 22 日起，增設「鐘與錶」月刊版。	• 2 月，廉政專員公署成立。 • 3 月 1 日，由於全球紙荒，紙價暴漲，香港四十家中文報紙聯同調整售價為每份三角，其後平均每年調整售價一次。

（續）

年份	《華僑日報》主要事項	香港及各地相關事項
1975 年	<li>6 月 5 日，《華僑日報》金禧報慶。</li><li>本年，岑維休任香港報業公會主席（至 1976 年）。</li><li>岑才生任世界中文報業協會主席（至 1980 年）。</li>	<li>5 月，英女王伊莉莎白二世伉儷訪港。</li><li>9 月 7 日，香港佳藝電視有限公司啟播，只設中文台。</li><li>11 月，地下鐵路動工興建。</li>
1976 年	<li>1 月 1 日，社長岑維休獲英廷晉封 C.B.E. 勳銜。</li><li>4 月 27 日，《華僑日報》港聞主任、《香港年鑑》主編吳灞陵病逝，享年七十二歲。</li><li>10 月 3 日，《彩色華僑》創刊，每逢星期日免費隨《華僑日報》附送。</li>	<li>1 月，《新生晚報》停刊。</li><li>7 月 28 日，唐山大地震。</li><li>本年，香港報社總數達 111 家。</li>
1977 年	<li>1 月 1 日，岑維休獲英女皇頒授 C.B.E. 勳銜。</li><li>5 月 28 日，董事會主席岑協堂宣佈退休；1977 年度新董事局公推岑維休總司理為主席。</li><li>6 月 1 日，出版美西版（三藩市），每日出紙兩大張，零售美金一角五分。</li><li>本年，岑維休任香港報業公會副主席（至 1979 年）。</li>	<li>9 月，香港中文大學新聞學系開辦碩士課程。</li><li>本年年底，香港人口總數為 447.76 萬人。</li><li>本年起，《東方日報》銷量居香港各報首位。</li>
1978 年	<li>5 月 23 日，《華僑日報》北角渣華道 127 號辦事處開始營業。</li>	<li>8 月 22 日，香港佳藝電視有限公司停業。</li><li>9 月，香港政府實行三年初中資助計劃，全港學生獲九年免費教育。</li>

年份	《華僑日報》主要事項	香港及各地相關事項
	• 12 月 21 日，《華僑日報》創辦人之一、前董事長岑協堂逝世，終年九十七歲。	• 本年，香港報社總數達 128 家。
1979 年	• 1 月 8 日，曾任《華僑日報》編輯的聖公會副會督（主教）張榮岳去世。 • 本年，岑維休任香港報業公會主席（至 1980 年）。	• 11 月 1 日，香港中文報紙聯合調整售價至每份五角。 • 本年，中國實行對外開放和經濟改革。
1980 年	• 6 月 5 日，《華僑日報》五十五周年報慶。	• 2 月 27 日，《中報》創刊。 • 2 月，地下鐵路觀塘至中環全線通車。
1981 年	• 11 月 1 日，《華僑日報》與「邁向豐盛人生 —— 八十年代青年指標」活動籌備委員會合辦「邁向豐盛人生」填字遊戲揭曉。	• 11 月 1 日，香港 63 家報紙聯合調整售價至每份八角。 • 本年，香港人口為 510 萬人。
1982 年	• 本年，岑維休任香港報業公會副主席（至 1983 年）。 • 添置兩座三色四單位瑞典 SOLNA 柯式印報機。	• 5 月，尤德抵港就任港督。 • 本年，鄧小平提出「一國兩制」的構想，並與英國談判香港的回歸問題、與葡萄牙談判澳門的回歸問題。
1983 年	• 本年，岑維休任香港報業公會主席（至 1984 年）。	• 10 月 15 日，香港政府為解決貨幣危機，公佈將港元按 7.80 兌 1 美元的固定匯率與美元掛鉤。 • 11 月 1 日，香港中文報紙售價由八角增至一元。

（續）

年份	《華僑日報》主要事項	香港及各地相關事項
1984 年	• 11 月 16 日，《華僑日報》救童助學基金捐贈的香港中文大學助學亭舉行揭幕儀式。	• 5 月 13 日，《英文星報》（*The Star*）、《中文星報》停刊。 • 9 月 26 日，《中英兩國政府關於香港問題的聯合聲明》在北京舉行草簽儀式。 • 12 月 1 日，《工商日報》、《工商晚報》停刊。
1985 年	• 6 月 5 日，《華僑日報》六十周年報慶，出版《華僑日報六十周年紀慶專刊》。 • 12 月 19 日，《華僑日報》創辦人兼社長岑維休病逝，終年八十九歲。	• 2 月，英國下議院通過《香港法案》，規定從 1997 年 7 月 1 日起，英國對香港的主權和治權即告結束。 • 4 月 10 日，全國人大六屆三次會議審議批准中英兩國政府簽署的《關於香港問題的聯合聲明》；同時，通過《關於成立中華人民共和國香港特別行政區基本法起草委員會的決定》。
1986 年	• 本年，岑才生任香港報業公會主席（至 1994 年）。	• 11 月 1 日，香港中文報紙售價由一元增至一元五角。 • 11 月 7 日，澳洲報業大王梅鐸屬下「新聞有限公司」的全資附屬機構「新聞出版有限公司」，收購《南華早報》34.9% 股權。
1987 年	• 本年年中，在報社工作了四十多年的總編輯何建章退休；由潘朝彥接任總編輯，梁儒盛為副總編輯。	• 4 月 22 日，《中報》停刊。 • 4 月，衛奕信到港就任港督。 • 本年，梅鐸持有《南華早報》51% 股權。

（續）

年份	《華僑日報》主要事項	香港及各地相關事項
	• 本年，岑才生在香港報業公會周年大會上指出，本港中文報章太多採用照相排字，英文報紙則已採用電腦排字。	
1988 年	• 4 月 1 日，《華僑晚報》停刊。 • 至本年為止，《華僑日報》救童助學基金在新界各區興建助學亭共 30 間。	• 1 月 26 日，《香港經濟日報》創刊。 • 9 月 1 日，《明報晚報》停刊。 • 11 月 1 日，因紙價上升，香港主要中文報紙售價由一元五角增至二元。
1989 年	• 12 月，率先採用電腦全頁排版系統。	• 6 月 4 日，北京發生「六四事件」。 • 9 月 17 日，《兒童日報》創刊，是香港報業史上第一張兒童報紙。
1990 年	• 本年，增設「香港史天地」雙周刊。	• 10 月 1 日，香港中文報紙售價由二元增至二元五角。
1991 年	• 4 月，出版《香港年鑑》第四十四回，這是《華僑日報》易手前出版的最後一期。 • 12 月，南華早報集團以四千萬元成功收購《華僑日報》。	• 3 月 15 日，《晶報》停刊。 • 10 月 1 日，香港中文報紙售價由二元五角增至三元。
1992 年	• 1 月，南華早報集團正式接辦《華僑日報》，這是澳洲報業大王梅鐸首次購入中文報章。 • 本年，續出《香港年鑑》第四十五回。	• 9 月，彭定康抵港就任港督。 • 10 月 1 日，香港中文報紙售價由三元增至三元五角。

附錄

（續）

年份	《華僑日報》主要事項	香港及各地相關事項
1993 年	• 12 月，財經界人士香樹輝牽頭的 Goldbase Holdings Limited 以二千萬元從《南華早報》有限公司收購《華僑日報》及《香港年鑑》五成股權。 • 本年，《香港年鑑》中斷出版。	• 2 月 17 日，《香港時報》停刊。 • 9 月，大馬富商郭鶴年控制的嘉里，收購《南華早報》34.9% 股份。 • 10 月 1 日，香港中文報紙售價由三元五角增至四元。
1994 年	• 年初，《華僑日報》由香樹輝（董事總經理）及陸錦榮（總編輯）接手辦理及進行改革。 • 本年，出版《香港年鑑》第四十六期。 • 岑才生任香港報業公會榮譽顧問（1999 年起改為名譽會長）。	• 4 月 21 日，梅鐸將手上所有的《南華早報》股份售予郭鶴年關連人士。 • 10 月 1 日，香港中文報紙售價由四元增至五元。 • 11 月 25 日，《現代日報》停刊。
1995 年	• 1 月 12 日，《華僑日報》停刊。 • 本年，南華早報集團據《華僑日報》資料編印《香港飛躍七十年：華僑日報歷史見證》。 • 《華僑日報》救童助學基金由《南華早報》管理。	• 6 月 20 日，《蘋果日報》創刊。 • 本年，香港中文報紙之間展開減價大戰，降價幅度最大的報紙，報價由每份五元降至一元，使報業收入大受影響，《現代日報》、《電視日報》、《香港聯合報》、《快報》等報紙停刊，《快報》於次年 10 月復刊。

出處　本年表主要參考《華僑年鑑》第一回至四十五回及第四十六期（香港：華僑日報，1948-1994 年）、《香港飛躍七十年：華僑日報歷史見證》（香港：南華早報，1995 年）、《香港報業 50 載印記》（香港：明報報業有限公司，2004 年）等文獻資料編成。

二、《香港年鑑》記述《華僑日報》專文一覽表

回數	出版年月	主編	文章題目（作者）	頁數
第一回	1948.7.1			
第二回	1949.2		〈華僑日報二十五年〉（吳灞陵）	12
第三回	1950.3	吳灞陵	〈華僑日報現狀〉（吳灞陵）	12
第四回	1951.2	吳灞陵	〈華僑日報現狀〉（吳灞陵）	12
第五回	1952.3	吳灞陵	〈華僑日報概況〉（吳灞陵）	12
第六回	1953.4	吳灞陵	〈華僑日報概況〉（吳灞陵）	12
第七回	1954.2	吳灞陵	〈華僑日報概況〉（吳灞陵）	12
第八回	1955.2	吳灞陵	〈華僑日報之過去與現在〉（吳灞陵）	12
第九回	1956.1	吳灞陵	〈華僑日報概況〉	2
第十回	1957.1	吳灞陵	〈華僑日報發展情形〉	2
第十一回	1958.1	吳灞陵	〈一年來的華僑日報〉	2
第十二回	1959.1	吳灞陵	〈一年來華僑日報面面觀〉	2
第十三回	1960.1	吳灞陵	〈華僑日報現狀〉	2
第十四回	1961.1	吳灞陵	〈華僑日報近狀〉	2

（續）

回數	出版年月	主編	文章題目（作者）	頁數
第十五回	1962.1	吳灞陵	〈華僑日報近狀〉	1
第十六回	1963.1	吳灞陵	〈華僑日報近狀〉	1
第十七回	1964.1	吳灞陵	〈華僑日報近狀〉	1
第十八回	1965.1	吳灞陵	〈華僑日報近狀〉	1
第十九回	1966.1	吳灞陵	〈華僑日報近狀〉	1
第二十回	1967.1	吳灞陵	〈華僑日報近狀〉	1
第二十一回	1968.1	吳灞陵	〈華僑日報近狀〉	1
第二十二回	1969.1	吳灞陵	〈華僑日報近狀〉	1
第二十三回	1970.1	吳灞陵	〈華僑日報近狀〉	1
第二十四回	1971.2	吳灞陵	〈華僑日報近狀〉	1
第二十五回	1972.2	吳灞陵	〈華僑日報近狀〉	1
第二十六回	1973.2	吳灞陵	〈四十七年來之華僑日報發展概況〉	1
第二十七回	1974.2	吳灞陵	〈華僑日報四十八年〉	1
第二十八回	1975.2	吳灞陵	〈華僑日報四十九年〉	1
第二十九回	1976.4	吳灞陵	〈華僑日報慶祝金禧〉	1
第三十回	1977.4	曾卓然、李才藻	〈華僑日報五十一年〉	1
第三十一回	1978.3	曾卓然、李才藻	〈華僑日報五十二年〉	1
第三十二回	1979.3	曾卓然	〈華僑日報五十三年〉	1
第三十三回	1980.5	曾卓然	〈華僑日報五十四年〉	1
第三十四回	1981.4	曾卓然	〈華僑日報五十五年〉	1

（續）

回數	出版年月	主編	文章題目（作者）	頁數
第三十五回	1982.4	曾卓然	〈華僑日報五十七年〉	1
第三十六回	1983.3	曾卓然	〈華僑日報五十八年〉	1
第三十七回	1984.3	曾卓然	〈華僑日報五十九年〉	1
第三十八回	1985.3	吳國基	〈華僑日報六十年〉	1
第三十九回	1986.3	吳國基	〈華僑日報六十一年〉	1
第四十回	1987.3	吳國基	〈華僑日報六十二年〉	1
第四十一回	1988.3	吳國基	〈華僑日報六十三年〉	1
第四十二回	1989.3	吳國基	〈華僑日報六十四年〉	1
第四十三回	1990.3	吳國基	〈華僑日報六十五年〉	1
第四十四回	1991.3	吳國基	〈華僑日報六十六年〉	1
第四十五回	1992	吳國基	〈華僑日報六十七年〉	1
第四十六期	1994.4			

出處　本表參考《香港年鑑》第一至四十五回及第四十六期（香港：華僑日報，1948-1994 年）編成。

三、《華僑日報》刊行期間香港中文報紙一覽表

名稱	創刊日期	停刊日期	說明
《香港華字日報》	1872.4.17	1941	一說創始於 1864 年，陳靄廷創辦
《循環日報》	1874.1.5	1947	王韜、黃平伯創辦
《華僑日報》	1925.6.5	1995.1.12	岑維休等創辦
《工商日報》	1925.7.8	1984.12.1	洪興錦創辦，1929 年由何東接辦
《工商晚報》	1925.11.15	1984.11.30	《工商日報》的姊妹報
《生活日報》	1936.6.7	1936.8.1	初為日報，兩個月後改為周刊
《申報》	1938.3.1	1939.7.31	從上海遷至香港出版
《大公報》	1938.3.15	現在刊行	香港版，戰後於 1948.3.15 復刊
《立報》	1938.4.1	1941	原在上海出版
《星島日報》	1938.8.1	現在刊行	日佔時期改組為《香島日報》
《星島晚報》	1938.8.13	1996.12.18	《星島日報》的姊妹報
《成報》	1939.5.1	現在刊行	初為三日刊小報，後改為日報
《國民日報》	1939.7	1949.8	1949.8.4 改為《香港時報》
《華商報》	1941.4.8	1949.10.15	廖承志創辦
《光明報》	1941.9.18	1949.6	1949.6.16 改在北京出版《光明日報》

（續）

名稱	創刊日期	停刊日期	說明
《正報》	1945.11.13	1948.11.13	共產黨系報紙
《新生晚報》	1945.12.23	1976.1	以副刊內容著稱
《華僑晚報》	1946.4.1	1988.4.1	《華僑日報》的姊妹報
《紅綠日報》	1947	1980 年代末	1980 年代末改為《港人日報》
《文匯報》	1948.9.9	現在刊行	原在上海出版
《香港時報》	1949.8.4	1993.2.17	國民黨系報紙
《新晚報》	1950.10.5	1997.7.26	與《大公報》同系的晚報
《香港商報》	1952.10.11	現在刊行	前身是報導財經新聞的報紙
《晶報》	1956.5.5	1991.3.15	前身是《明星日報》
《明報》	1959.5.20	現在刊行	查良鏞、沈寶新創辦
《新報》	1959.10.5	現在刊行	羅斌創辦
《天天日報》	1960.11.1	2000.9.8	香港首份全彩色印刷的報紙
《快報》	1963.3.1	1998.3.16	1995.12.16 停刊，1996.10.28 復刊
《電視日報》	1969	1995.12.2	消閒式報紙
《星報》	1969	1984.5.13	八開本報紙
《東方日報》	1969.1.22	現在刊行	馬惜珍創辦的綜合性報紙
《明報晚報》	1969.12.1	1988.9.1	《明報》的姊妹報
《信報財經新聞》	1973.7.3	現在刊行	林山木創辦的財經專業報紙
《中報》	1980.2.27	1987.3.22	傅朝樞創辦
《財經日報》	1981.4.30	1986.3.29	財經報紙
《爭鳴日報》	1981.6.16	1981.7.31	溫輝創辦

（續）

名稱	創刊日期	停刊日期	説明
《今天日報》	1986.1	1993.11	以基層市民為主要對象
《金融日報》	1987.11.11	1988.1.22	黃振隆（玉郎集團主席）創辦
《香港經濟日報》	1988.1.26	現在刊行	以工商界和投資者為主要對象
《香港聯合報》	1992.5.4	1995.12.16	台灣聯合報系在香港創辦的報紙
《華南經濟新聞》	1993.4.27	1995.12.27	香港玉郎國際集團有限公司編印
《現代日報》	1993.11.8	1994.11.25	八開本報紙

出處　本表主要參考《香港年鑑》第一至四十五回及第四十六期（香港：華僑日報，1948-1994 年）、
中國新聞社香港分社主編《港澳台海外華文報刊名錄》（香港：海天出版社、香港中國新聞出版
社，1993 年）等編成。

參考資料

（一）報紙及報社出版物 ···

1. 報紙

《華僑日報》，1925-1995 年，包括報紙原件（部分）和微縮膠片。

《華僑晚報》，1945-1988 年（部分）。

《工商日報》，1925-1941 年，1946-1984 年（部分）。

《香港日報》，1942-1945 年（部分）。

《星島日報》，1946-1995 年（部分）。

《南華早報》（*South China Morning Post*），1925-1995 年（部分）。

2. 報社出版物

《香港年鑑》，第一回至第四十五回及第四十六期，香港：華僑日報有限公司，1948-1994 年。

何建章、歐陽百川、吳灞陵、岑才生合著《報紙》，香港：華僑日報有限公司，1955 年。

岑才生著《英遊鱗爪》，香港：華僑日報有限公司，1950 年。

《華僑日報六十周年紀慶專刊》，香港：華僑日報有限公司，1985 年。

《香港飛躍七十年：華僑日報歷史見證》，香港：香港南華早報出版有限公司，1995 年。

《華僑報五周年紀念手冊》，澳門：華僑報，1942 年。

《華字日報七十一周年紀念刊》，香港：香港華字日報，1934 年。

《星島日報創刊二十五周年紀念論文集》，香港：香港星系報業有限公司，1966 年。

《香港報業五十年：星島日報金禧報慶特刊》，香港：星島日報，1988 年。

《星島日報創刊六十周年紀念特刊》，香港：星島日報，1998 年。

《香港工商日報創刊五十周年紀念》，香港：工商日報，1975 年。

《明報走過 40 年：邁向新世紀》，香港：明報報業有限公司，1999 年。

《香港報業 50 載印記：香港報業公會金禧紀念特刊》，香港：明報報業有限公司，
2004 年。

《大公報一百年》上、中、下冊，香港：大公報出版有限公司，2002 年。

（二）中文書籍 ··

1. 中國報業史、華文報業史著作

《中國近代報刊史參考資料》，北京：中國人民大學新聞系，1982 年。

《中國現代報刊史講義》（初稿），北京：北京大學中文系新聞專業，1958 年。

《中國報刊發行史料》第一輯，北京：光明日報出版社，1987 年。

《中國新民主主義時期新聞事業史》，杭州：杭州大學新聞系，1962 年。

《中國新聞史（古近代部分）》，北京：中央民族學院出版社，1988 年。

《中國新聞事業史（新民主主義革命時期）》，北京：中國人民大學新聞系，1965
年，1979 年修訂重版。

《中國新聞事業史講義（新民主主義革命時期）》（初稿），上海：復旦大學新聞系新
聞事業史教研組，1962 年。

丁淦林主編《中國新聞事業史》，武漢：武漢大學出版社，1990 年。

于肇怡著《報紙與現代生活》，香港：友聯出版社，1961 年。

［日］小野秀雄著，陳固亭譯《中外報業史》，台北：正中書局，1966 年。

中國人民大學新聞系編《中國現代報刊史講義》，北京：中國人民大學出版社，1959 年。

中國社會科學院新聞研究所編《抗日戰爭時期的中國新聞界》，重慶：重慶出版社，
1987 年。

戈公振著《中國報紙進化之概況》，上海：國聞周報社，1927 年。

戈公振著《中國報學史》，長沙：岳麓書社，2011 年。

方漢奇、李矗主編《中國新聞學之最》，北京：新華出版社，2005 年。

方漢奇、陳業劭、張之著編著《中國新聞事業簡史》，北京：中國人民大學出版社，1983 年。

方漢奇主編《中國新聞事業通史》第一至三卷，北京：中國人民大學出版社，1992 年。

方漢奇主編《中國新聞事業編年史》上、中、下冊，福州：福建人民出版社，2000 年。

方漢奇著《中國近代報刊史》上、下冊，太原：山西人民出版社，1981 年。

方漢奇著《中國近代報刊簡史》，北京：中國人民大學新聞系，1965 年。

方漢奇編著《報刊史話》，北京：中華書局，1979 年。

王士谷著《海外華文新聞史研究》，北京：新華出版社，1998 年。

王鳳超著《中國報刊史話》，北京：商務印書館，1991 年。

余戾林著《中國近代新聞界大事記》，成都：新新新聞報社，1941 年。

李炳炎編著《中國新聞史》，台北：陶氏出版社，1986 年。

李彬著《中國新聞社會史（1815-2005）》，上海：上海交通大學出版社，2007 年。

李龍牧著《中國新聞事業稿》，上海：上海人民出版社，1985 年。

李瞻主編《中國新聞史》，台北：學生書局，1979 年。

周佳榮著《近代日人在華報業活動》，香港：三聯書店，2007 年。

卓南生著《中國近代報業發展史：1815-1874》增訂版，北京：中國社會科學出版社，2002 年。

侯杰著《〈大公報〉與近代中國社會》，天津：南開大學出版社，2006 年。

袁昶超著《中國報業小史》，香港：新聞天地社，1957 年。

馬蔭良著《中國報紙簡史》（英文版），上海：申報館，1937 年。

梁元生著《林樂知在華事業與〈萬國公報〉》，香港：中文大學出版社，1978 年。

梁家祿、鍾紫、趙玉明、韓松著《中國新聞業史（古代至 1949 年）》，南寧：廣西人民出版社，1984 年。

梁群球主編《廣州報業（1827-1990）》，廣州：中山大學出版社，1992 年。

章丹楓著《近百年來中國報紙之發展及其趨勢》，上海：開明書店，1942 年。

許煥隆編著《中國現代新聞史簡編》，鄭州：河南人民出版社，1989 年。

復旦大學新聞系新聞史教研室編寫《簡明中國新聞史》，福州：福建人民出版社，1986 年。

曾虛白主編《中國新聞史》，台北：三民書局，1966 年。

程其恒編《戰時的中國報業》，桂林：銘真出版社，1943 年。

彭偉步著《海外華文傳媒概論》，廣州：暨南大學出版社，2007 年。

黃汝翼著《新聞事業進化小史》，上海：中央日報社，1928 年。

黃卓明著《中國古代報紙探源》，北京：人民日報出版社，1983 年。

馮愛群著《中國新聞史》，台北：台灣政工幹校教育處，1966 年。

馮愛群編著《華僑報業史》，台北：台灣學生書局，1967 年。

黃瑚《中國新聞事業發展史》，上海：復旦大學出版社，2001 年。

楊光輝等編《中國近代報刊發展概況》，北京：新華出版社，1986 年。

趙君豪著《中國近代之報業》，上海：商務印書館，1940 年。

趙敏恒著《外人在華新聞事業》，上海：中國太平洋國際學會，1932 年。

劉興豪《報刊輿論與近代中國政治》，北京：中央編譯出版社，2011 年。

蔣國珍著《中國新聞發達史》，上海：世界書局，1927 年。

鄭逸梅著《書報話舊》，上海：學林出版社，1983 年。

賴光臨著《中國新聞傳播史》，台北：三民書局，1978 年。

錢杏邨著《晚清文藝報刊述略》，上海：古典文學出版社，1958 年。

謝駿著《新聞傳播史論研究》，福州：福建人民出版社，2006 年。

2. 香港報業史著作

《崢嶸歲月：原香港華僑日報兒童周刊創刊暨讀者會成立五十周年紀念》，香港，
1998 年。

《華商報史話》，廣州：廣東人民出版社，1991 年。

中國新聞社香港分社主編《港澳台海外華文報刊名錄》，香港：海天出版社、香港
中國新聞出版社，1993 年。

方積根、王光明編著《港澳新聞事業概觀》，北京：新華出版社，1992 年。

方駿、麥肖玲、熊賢君編著《香港早期報紙教育資料選萃》，長沙：湖南人民出版
社，2006 年。

何杏楓、張詠梅、黃念欣、楊鍾基主編《〈華僑日報〉副刊研究（1925.6.5-
1995.1.12）資料冊》，香港：香港中文大學中國語言及文學系「《華僑日報》副刊研
究」計劃，2006 年。

何亮亮著《八面來風：香港傳媒面面觀》，北京：中國友誼出版公司，1998 年。

李少南著《媒介縱橫》，香港：次文化，1993 年。

李少南、梁偉賢編《香港傳播研究》，香港：香港中文大學新聞與傳播學系，
1994 年。

李谷城著《香港中文報業發展史》，上海：上海古籍出版社，2005 年。

李谷城著《香港報業百年滄桑》，香港：明報出版社，2000 年。

李家園著《香港報業雜談》，香港：三聯書店，1989 年。

林友蘭著《香港報業發展史》，台北：世界書局，1977 年。

南方日報社、廣東《華商報》史學會合編《白首記者話華商 —— 香港〈華商報〉創

刊四十五周年紀念文集》，廣州：廣東人民出版社，1987 年。

施清彬著《香港報紙商業戰》，香港：太平洋世紀出版社，1994 年、1999 年。

施清彬著《香港報業現狀研究》，香港：香港中國通訊社，2006 年。

柯達群著《港澳當代大眾傳播簡史》，香港：香港中國新聞出版社，2009 年。

香港大學新聞及傳播研究中心策劃，龍應台編《思索香港 —— 從媒體與公民社會的角度出發》，香港：次文化有限公司，2006 年。

香港中文大學群眾播導中心編《香港社會變遷與報業》，香港：海天書樓，1971 年。

香港中央圖書館編《香港報刊及文獻縮微資料介紹》，香港：康樂及文化事務署，2006 年。

香港中央圖書館編《華僑日報》（香港早期報刊簡介系列），香港：康樂及文化事務署，2009 年。

馬松柏著《香港報壇回憶錄》，香港：商務印書館，2001 年。

張圭陽著《金庸與報業》，香港：明報出版社，2000 年。

張圭陽著《香港中文報紙組織運作內容》，香港：廣角鏡出版社，1988 年。

張圭陽著《傳媒風 —— 傳媒的價值與運作》，香港：香港教育圖書公司，2006 年。

張國興著《中文報紙概觀》，香港：國際新聞協會亞洲計劃出版社，1968 年。

章新新主編《港澳台海外華文傳媒名錄》，香港：香港中國新聞出版社，2005 年。

陳不諱著《香港出版業》，香港：彩色世界有限公司，1989 年。

陳世光著《香港大眾傳媒產業概論》，香港：天地圖書有限公司，2001 年。

陳昌鳳著《香港報業縱橫》，北京：法律出版社，1997 年。

陳鳴著《香港報業史稿（1841-1911）》，香港：華光報業有限公司，2005 年。

莊玉惜著《街邊有檔報紙檔》，香港：三聯書店，2010 年。

逸仙舊侶編《香港報界史史料備考》，香港，1962 年。

葉裕彬著《香港印刷業的發展歷程和現狀》，北京：印刷工業出版社，1997 年。

鄭貞銘編著《香港大眾傳媒的過去、現在與未來：兼論香港新聞自由》，台北：中華港澳之友協會，1999 年。

鍾紫主編《香港報業春秋》，廣州：廣東人民出版社，1991 年。

鍾大年主編《香港內地傳媒比較》，北京：北京廣播學院出版社，2002 年。

楊正彥著《香港辦報札記》，北京：九州出版社，2005 年。

黃少儀著《廣告·文化·生活：香港報紙廣告 1945-1970》，香港：樂文書店，1999 年。

簡麗冰、朱陳慶蓮著《香港之報紙：1841-1979》，香港：中文大學出版社，1981 年。

3. 香港史及香港研究著作

《融會中西的香港文化 —— 新亞中學歷史考察小組報告》，香港：獲益出版事業有限公司，2000 年。

《香港年報》，香港：香港政府，1946-1996 年。

莊義遜主編《香港事典》，上海：上海科學普及出版社，1994 年。

宣韋主編《香港文化總覽》，深圳：海天出版社，2001 年。

《香江有情：東華三院與華人社會》，香港：康樂及文化事務署、東華三院，2011 年。

《香港保良局百年史略》，香港：保良局，1978 年。

丁新豹著《善與人同 —— 與香港同步成長的東華三院（1870-1997）》，香港：三聯書店，2010 年。

九龍樂善堂編輯委員會編《九龍樂善堂百年史實（1880-1980）》，香港：九龍樂善堂，1981 年。

王齊樂著《香港中文教育發展史》，香港：三聯書店，1996 年。

王賡武主編《香港史新編》上、下冊，香港：三聯書店，1997 年。

余繩武、劉蜀永著《十九世紀的香港》，香港：麒麟書業有限公司，1994 年。

余繩武、劉蜀永著《二十世紀的香港》，香港：麒麟書業有限公司，1995 年。

李東海編撰《香港東華三院一百二十五年史略》，香港：中國文史出版社，1998 年。

李培德編著《香港史研究書目題解》，香港：三聯書店，2001 年。

冼玉儀、劉潤和主編《益善行道——東華三院 135 周年紀念專題文集》，香港：三聯書店，2006 年。

林友蘭著《香港史話》（增訂本），香港：香港上海印書館，1985 年。

周永新著《見證香港五十年》，香港：明報出版社，1997 年。

周佳榮、鍾寶賢、黃文江著《香港中華總商會百年史》，香港：香港中華總商會，2002 年。

施其樂著，宋鴻耀譯《歷史的覺醒——香港社會史論》，香港：香港教育圖書公司，1999 年。

香港華商總會編《香港華商總會年鑑》，香港：香港華商總會，1932-1940 年、1947 年、1949 年。

馬鴻述、陳振名著《香港華僑教育》，台北：海外出版社，1958 年。

區少軒等編《香港華僑團體總覽》，香港：國際新聞社，1947 年。

張曉輝著《香港華商史》，香港：明報出版社，1998 年。

張麗著《20 世紀香港社會與文化》，新加坡：名創國際（新）私人有限公司，2005 年。

梁炳華主編《香港中西區地方掌故》，香港：中西區區議會，2003 年。

陳謙著《香港舊事見聞錄》，香港：中原出版社，1992 年。

馮邦彥著《香港華資財團（1841-1997）》，香港：三聯書店，1997 年。

爾東、黃家樑著《舊香港》，香港：文星圖書有限公司，2001 年。

楊奇主編《香港概論》上、下卷，香港：三聯書店，1990 年、1993 年。

黎晉偉編《香港百年史》，香港：南中國編譯出版社，1948 年。

劉存寬著《香港史論叢》，香港：麒麟書業有限公司，1998 年。

劉智鵬、周家建著《吞聲忍語 —— 日治時期香港人的集體回應》，香港：中華書局，2009 年。

劉義章、黃文江主編《香港社會與文化史論集》，香港：香港中文大學聯合書院，2002 年。

劉蜀永著《香港歷史雜談》，石家莊：河北人民出版社，1987 年。

劉蜀永主編《簡明香港史》新版，香港：三聯書店，2009 年。

魯言著《香港掌故》第 1-2 集，香港：廣角鏡出版社，1977 年、1979 年。

[英] 弗蘭克・韋爾什（Frank Welsh）著，王皖強、黃亞紅譯《香港史》，北京：中央編譯出版社，2007 年。

鄭宇碩著《八十年代的香港—— 轉型期的社會》，香港：大學出版印務公司，1981 年。

盧瑋鑾編《香港的憂鬱 —— 文人筆下的香港（1925-1941）》，香港：華風書局，1983 年。

關禮雄著《日佔時期的香港》，香港：三聯書店，1993 年。

蕭國健著《香港歷史與社會》，香港：香港教育圖書公司，1994 年。

[日] 濱下武志著，馬宋芝譯《香港大視野》，香港：商務印書館，1997 年。

顧明遠、杜祖貽主編《香港教育的過去與未來》，北京：人民教育出版社，2000 年。

4. 中國近代史及其他

張禮恒著《伍廷芳的外交生涯》，北京：團結出版社，2008 年。

莫文秀、鄒平、宋立英著《中華慈善事業：思想、實踐與演進》，北京：人民出版

社，2010 年。

陳明銶、饒美蛟主編《嶺南近代史論 —— 廣東與粵港關係，1900-1938》，香港：
商務印書館，2010 年。

《出版詞典》，上海：上海辭書出版社，1992 年。

王承仁、曹木清、吳劍傑等編《中國近百年史辭典》，武漢：湖北人民出版社，
1986 年。

《世界近代史辭典》，上海：上海辭書出版社，1998 年。

潘翎主編，崔貴強編譯《海外華人百科全書》，香港：三聯書店，1998 年。

《華僑華人百科全書·新聞出版卷》，北京：中國華僑出版社，1995 年。

陳玉堂編著《中國近現代人物名號大辭典》全編增訂本，杭州：浙江古籍出版社，
2005 年。

張學明、梁元生主編《歷史上的慈善活動與社會動力》，香港：香港教育圖書公司，
2007 年。

梁元生著《新加坡華人社會史論》，新加坡：新加坡國立大學中文系、八方文化創
作室，2005 年。

梁元生著《邊緣與之間》，香港：三聯書店，2008 年。

蔡洛、盧權著《省港大罷工》，廣州：廣東人民出版社，1980 年。

趙雨樂著《文化中國的重構 —— 近現代知識分子的思維與活動》，香港：香港教育
圖書公司，2009 年。

劉明達、唐玉良主編《中國工人運動史》第三卷，廣州：廣東人民出版社，1988 年。

張軍芳著《報紙是「誰」—— 美國報紙社會史》，北京：中國傳媒大學出版社，
2008 年。

（三）中文論文及單篇文章 ....

〈華僑日報慶祝金禧〉，《香港年鑑》第二十九回，香港：華僑日報社，1976 年。

〈華僑日報六十七年〉，《香港年鑑》第四十五回，香港：華僑日報社，1992 年。

〈華僑日報簡史〉，《華僑日報六十周年紀慶專刊》，香港：華僑日報社，1985 年。

〈香港華文報業演變〉，陳大同、陳文元編輯《百年商業》，香港：光明文化事業公司，1941 年。

丁潔〈香港保良局的成立和發展〉，《當代史學》第 8 卷第 1 期，2007 年 3 月。

丁潔〈香港報刊和圖書出版業務〉、〈香港藝術與文化生活〉，周佳榮、侯勵英、陳月媚主編《閱讀香港 —— 新時代的文化穿梭》，香港：香港教育圖書公司，2007 年。

丁潔〈香港保良局歷屆主席社會地位及其角色的演變〉，《歷史與文化》第 3 卷，2007 年 5 月。

王鳳超〈香港、澳門地區的主要報刊〉，《新聞研究資料》（總第 38 輯），北京：中國社會科學出版社，1987 年。

史文鴻〈從《華僑日報》的厄運看本港社會的轉化 —— 為何一份歷史大報會遭市場淘汰？〉，《星島日報》，香港：星島日報，1995 年 1 月 14 日。

余炎光〈抗戰初期的香港社會和經濟〉，《樹仁文史專刊》創刊號，香港：香港樹仁學院出版委員會，1996 年。

吳灞陵〈華僑日報之過去與現在〉，《香港年鑑》第八回，香港：華僑日報社，1955 年。

吳灞陵〈華僑日報二十五年〉，《香港年鑑》第二回，香港：華僑日報社，1949 年。

吳灞陵〈廣東之新聞事業〉（抽印本），廣東：中國文化協進會，1940 年；另載於廣東文物展覽會編印《廣東文物》卷八，上海：上海書店，1990 年。

卓南生〈早期香港傳媒與國家民族意識〉，《新聞研究資料》總第 55 輯，北京：中國社會科學出版社，1991 年。

周佳榮〈香港報刊發展及研究述評〉,《當代史學》第 7 卷第 4 期,香港:香港浸會大學歷史系,2006 年。

周佳榮〈澳門報刊的歷史和現狀〉,《歷史教育論壇》第 13 期,2008 年 3 月。

秦紹德〈我國近代新聞史探微 —— 兼論香港、上海早期報刊〉,《新聞研究資料》總第 48 輯,北京:中國社會科學出版社,1989 年。

陳畸〈香港報業的有關史料〉,《香港報業五十年:星島日報金禧報慶特刊》,香港:星島日報,1988 年。

黃增章〈抗戰期間香港的中文刊物〉,《中山大學學報》(社會科學版),1992 年第 3 期。

雷渝平〈1988 年的香港新聞事業〉,《新聞研究資料》總第 48 輯,北京:中國社會科學出版社,1989 年。

潘賢模〈鴉片戰爭後的香港報刊〉,《新聞研究資料》總第 11 輯,北京:中國社會科學出版社,1982 年。

鄭鏡明〈香港報業斷代史 —— 香港淪陷期間的中文報業〉,《明報月刊》第 23 卷第 10 期,香港:香港明報有限公司,1988 年。

謝駿〈香港初期報業研究〉,《新聞研究資料》總第 59 輯,北京:中國社會科學出版社,1992 年。

(四)日文書籍

三井物產株式會社香港支店《香港概観》,1939 年。

下条義克《香港華僑概説》,東京:東亞研究所,1939 年。

小野秀雄《內外新聞史》,東京:日本新聞協會,1961 年。

小廣勝《香港》,東京:岩波書店,1942 年。

中野實《香港》,蒼生社,1941 年。

外務省通商局《香港事情》,東京:啟成社,1917 年。

伊東憲《中華新聞發達史》,東京:上田屋書店,1937 年。

卓南生《中國近代新聞成立史》,東京:ぺりかん社,1990 年。

尾佐竹猛編《幕末明治新聞全集》第 1 卷,鹿兒島:大誠堂,1934 年。

香港日本商工會議所《香港年鑑 1941 年版》,1941 年。

鈴木俊《中國史》,東京:山川出版社,1954 年。

《香港ニ於ケル新聞事業》,調查部資料課,1939 年。

(五) 英文書刊 ··

Hong Kong Government Gazette.

Brich, Alan and Jao, Y.C., and Sinn, Yuk-yee Elizabeth. *Research Material for Hong Kong Studies*. Hong Kong: Centre of Asian Studies, University of Hong Kong, 1984.

Britton, Rosewell S. *The Chinese Periodical Press 1800-1912*. Shanghai: Kelly & Walsh Limited, 1933.

Chan, Ming K. *Historiography of the Chinese Labor Movement, 1895-1949: A Critical Survey and Bibliography of Selected Chinese Source Materials at the Hoover Institution*. California: Hoover Institution Press, Stanford University, 1981.

Chang, Kuo-sin. *A Survey of the Chinese Language Daily Press*. Hong Kong: Asian Programmer, International Press Institute, 1968.

Chu, Pao-liang (compiled). *Twentieth-Century Chinese Writers and Their Pen Names*. Boston, Mass.: G. K. Halls & Co., 1977.

Endacott, G. B. *A History of Hong Kong*. London: Oxford University Press, 1973.

Hutcheon, Robin. *SCMP The First Eighty Years*. Hong Kong: South China Morning Post, 1983.

Jarvie, C. *Hong Kong: A Society in Transition [contributions to the study of Hong Kong society]*. London: Routledge & Kegan Paul, 1969.

Kan, Lai-bing & Chu, Grace H. L. *Newspapers of Hong Kong 1841-1979*. Hong Kong, 1981.

Lethbridge, Henry J. *Hong Kong, Stability and Change: A Collection of Essays*. Hong Kong: Oxford University Press, 1978.

Leung, Kai-ping Benjamin and Wong, Y.C. Teresa. *25 Years of Social and Economic Development in Hong Kong*. Hong Kong: Centre of Asian Studies, University of Hong Kong, 1994.

Lin, Yu-tang. *A History of the Press and Public Opinion in China*. Chicago: University of Chicago Press, 1936.

Potter, Jack M. *A Hong Kong Collection*. Hong Kong: Hong Kong University Press, 1970.

Smith, Carl T. *A Sense of History: Studies in the Social and Urban History of Hong Kong*. Hong Kong: Hong Kong Educational Publishing Co., 1995.

Ting, Lee-hsia Hsu. *Government Control of the Press in Modern China, 1900-1949*. Cambridge, Mass: Harvard University Press, 1974.

Tsang, Yui-sang Steve. *A Documentary History of Hong Kong: Government and Politics*. Hong Kong: Hong Kong University Press, 1995.

Tsang, Yui-sang Steve. *A Modern History of Hong Kong [1841-1997]*. London: I.B. Tauris & Co., 1997.

（六）網上資料 ···

《華僑報》（澳門）：http://www.vakiodaily.com

《星島日報》：http://www.singtao.com

《明報》：http://www.mingpao.com

《南華早報》（*South China Morning Post*）：http://www.scmp.com

香港報業公會：http://www.nshk.org.hk

保良局：http://www.poleungkuk.org.hk

東華三院：http://www.tungwah.org.hk

香港保護兒童會：http://www.hkspc.org

香港賽馬會：http://www.hkjc.com

香港中華總商會：http://www.cgcc.org.hk

香港中華廠商聯合會：http://www.cma.org.hk